모모컨츄리

양말인형

모모컨츄리

양말인형

2022년 1월 3일 개정판 1쇄 인쇄
2022년 1월 10일 개정판 1쇄 발행

지은이 모모컨츄리(김국준, 정은혜)
펴낸이 정상석

기획·편집 윤보라
편집 디자인 앤미디어
표지 디자인 앤미디어
일러스트 홍수정
작품 사진 촬영 이성우(G1-studio)
과정 사진 촬영 도영찬(원인 스튜디오)
스타일링 이규엽

펴낸 곳 터닝포인트
등록번호 2005. 2. 17 제6-738호
주소 (03991) 서울특별시 마포구 동교로27길 53 지남빌딩 308호
대표전화 (02)332-7646
팩스 (02)3142-7646
ISBN 979-11-6134-104-0 13630
정가 16,000원

※ 이 책은 2015년에 출간된 모모컨츄리 양말인형 책의 개정판입니다.

내용 및 원고 집필 문의 diamat@naver.com
터닝포인트는 삶에 긍정적 변화를 가져오는 좋은 원고를 환영합니다.

모모컨츄리
양말인형

모모컨츄리(김국준, 정은혜) 지음

터닝 포인트

Preface 머리말

언젠가 양말로 만든 못생긴 인형을 본 기억이 납니다. 이름도 그냥 양말인형이었지요. 양말로 만든 인형답게 무늬는 화려하지만 크기는 작은, 못생겼지만 정감 있는 인형이었습니다.
저희는 당시 컨츄리 인형을 주로 만들고 있었습니다. 그래서 무시하는 시선 반, 호기심어린 시선 반으로 양말인형 작품들을 이리저리 찾아보았습니다. 그렇게 찾아본 양말인형들은 작고, 따뜻하고, 사랑스러웠으며 누구보다 친근한 모습이었습니다.
누구나 쉽게 살 수 있는 양말이어서, 혹은 신다 버리는 쉬운 물건이어서 그때 그 안에 있는 큰 가치를 보지 못하고 지나쳤더라면……. 지금의 '우리'는, 이렇게 따뜻한 인형들은 태어날 수 있었을까요?
이 책을 읽으시는 모든 독자님들이 양말이라는 따뜻하고 가치 있는 소재로, 세상 어떤 인형보다 정감 있고 사랑스러운 모습의 따뜻한 인형을 만드셨으면 좋겠습니다.

모모컨츄리
김국준&정은혜

양말인형을 만드는 데 사용하는
재료와 도구

수면 양말

주로 겨울에 많이 신는 양말로, 보슬보슬한 실의 느낌이 살아있는 양말입니다. 보온성이 좋고 두툼하며 바느질할 때 땀이 거의 보이지 않기 때문에 일반 양말보다 바느질하기가 편합니다.

패션 양말

양말인형을 만드는 데에는 성인 양말 중에서도 색상과 패턴이 다양한 패션 양말을 많이 씁니다. 발목 입구가 돌돌 말리는 양말이나 단을 접어 박은 양말, 레이스가 달린 양말 등 다양한 모양의 양말이 있습니다.

1 **가위**: 바느질한 양말을 재단할 때 씁니다. 천이 잘 잘리는 날카로운 가위가 적합합니다.

2 **단추·리본 테이프**: 인형의 장식에 사용하는 부자재로, 단추는 눈이나 팔 연결 조인트 및 장식에 주로 씁니다.

3 **블러셔·브러시**: 인형 볼에 홍조를 표현할 때 씁니다. 색연필이나 파스텔 등으로 대체할 수도 있습니다.

4 **글루건**: 양말에 장식을 고정할 때 많이 씁니다.

5 **펠트**: 얼굴 부속으로 많이 쓰이며, 주로 감침질로 연결합니다. 인형의 소품 제작에도 많이 씁니다.

6 **방울솜**: 인형에 주로 쓰이는 솜으로, 뭉치지 않아 라인이 잘 나옵니다. 구름솜으로 대체해도 됩니다.

7 **겸자**: 바느질한 양말을 뒤집을 때나 솜을 집어넣을 때 많이 씁니다.

⑧ **자**: 인형의 사이즈를 재거나 작업할 간격을 맞출 때 씁니다.

⑨ **시침핀·핀쿠션**: 바느질할 때 양말이 틀어지거나 움직이지 않도록 고정하는 핀과 이를 휴대하는 쿠션입니다.

⑩ **실**: 퀼트실이나 펠트실 등의 튼튼한 실을 사용하면 한 줄로, 일반 면실을 사용한다면 두 줄로 바느질합니다. 수를 놓을 때는 주로 자수용 실이나 펠트실을 사용합니다.

⑪ **아크릴 물감 · 도트봉**: 눈으로 단 단추에 하이라이트를 찍을 때 씁니다. 색상은 주로 흰색을 씁니다.

⑫ **바늘**: 가늘고 적당한 길이의 바늘은 기본 바느질에 쓰고, 굵고 긴 바늘은 눈이나 팔다리를 달 때 씁니다.

⑬ **기화·수성펜**: 시간이 지나거나 물에 적시면 그린 내용이 지워지는 펜입니다. 자국이 남으면 안 되는 부분에 씁니다.

양말인형에 필요한 기초 지식

양말인형 제작 용어

실물본: 실제 작품 크기의 도안을 말합니다. 이를 기준으로 형지를 만듭니다.

형지: 실물본의 각 부위를 모양 그대로 오려 낸 종이로, 원단에 도안을 그릴 때 씁니다. 실물본에 대고 그린 후 오려 내기 때문에 투명한 소재를 사용하는 것이 좋고, 여러 번 사용하기 때문에 쉽게 손상되지 않는 플라스틱 소재를 사용하는 것이 좋습니다.

시접: 바느질을 한 뒤, 잘라서 뒤집기 전 남겨 두는 여유분을 말합니다. 우리 책의 도안선은 바느질선이기 때문에 도안을 그리고 바느질한 뒤 항상 시접을 남기고 재단해야 합니다.

창구멍: 바느질한 양말을 뒤집을 수 있는 구멍을 말합니다. 보통 박지 않고 남겨 두거나 필요한 경우 가위로 살짝 잘라서 구멍을 만듭니다.

바느질 기법

박음질: 바늘땀을 한 땀 길이만큼 온전하게 뒤로 돌아와 뜨는 바느질 방법입니다. 겉에서 보면 사이가 뜨지 않는 일직선으로 놓입니다. 반박음질과 함께 양말의 기본 바느질 방법으로 씁니다. 이 책에서 바느질하라는 설명은 박음질과 반박음질 어느 쪽을 사용해도 좋습니다.

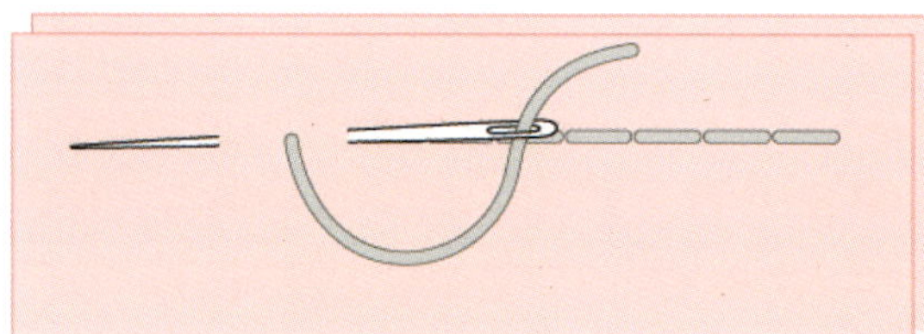

반박음질: 박음질과 같은 방법으로 바느질하되, 뒤로 돌아갈 때 반만 돌아와 뜨는 바느질 방법입니다. 겉에서 보면 땀의 길이와 간격이 같게 놓입니다. 박음질과 함께 양말의 기본 바느질 방법으로 씁니다. 이 책에서 바느질하라는 설명은 반박음질과 박음질 어느 쪽을 사용해도 좋습니다.

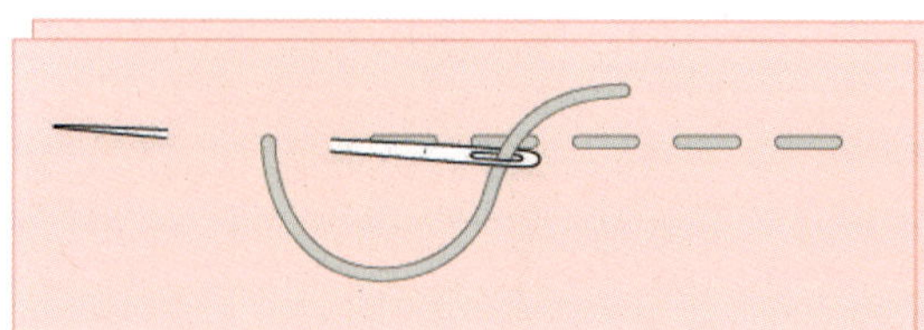

공그르기: 바느질선을 겉으로 보이지 않게 처리해야 할 때 주로 쓰이는 바느질 방법으로, 위아래 한 땀씩 번갈아가며 바느질해서 겉에서 땀이 거의 보이지 않게 바느질합니다. 인형의 목과 몸통을 연결할 때나 꼬리 같은 부속을 연결할 때, 창구멍을 막을 때 많이 씁니다.

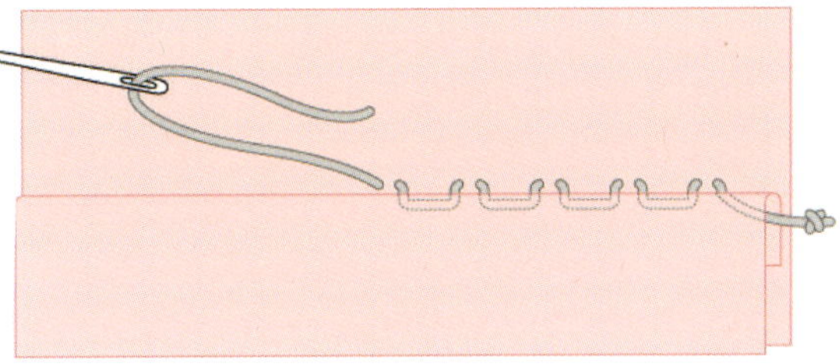

감침질: 공그르기와 같이 겉에서 바느질선을 보이지 않게 처리하는 바느질 방법으로, 양말의 끝단을 마주대고 얇게 떠서 한 방향으로 감아가며 바느질합니다. 주로 인형에 펠트를 달 때나 자잘한 부속을 연결할 때, 혹은 창구멍을 막을 때 씁니다.

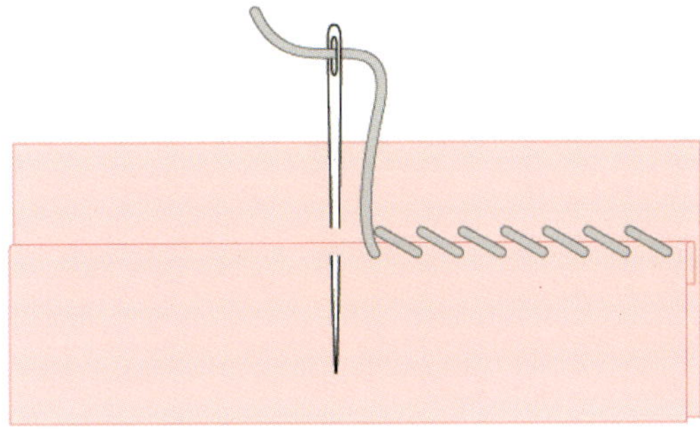

아우트라인 스티치: 반박음질처럼 뒤에서부터 바늘을 꽂아 왼쪽에서 시작하여 사선으로 바늘땀을 포개서 선을 표현합니다. 선이 많이 포개지면 굵은 선, 덜 포개지면 가는 선으로 표현됩니다. 인형의 얼굴에 표정을 표현하거나 곡선 라인을 수놓을 때 많이 씁니다.

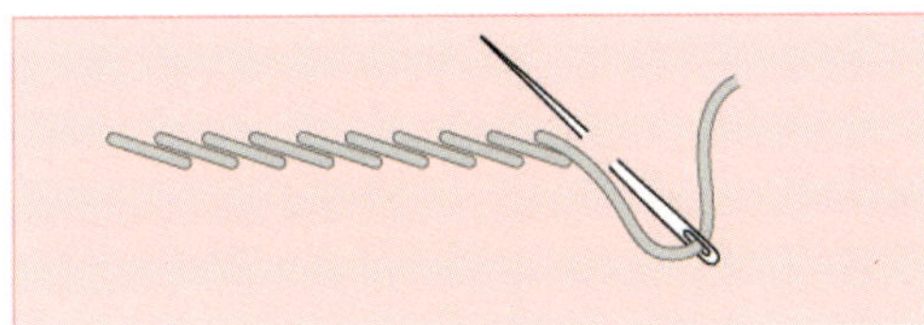

홈질 스티치: 손바느질의 기본이 되는 바느질 방법으로, 일정한 간격을 두고 천의 위에서 아래로 반복해서 떠 가며 진행하는 바느질 방법입니다. 양말인형 작업에서는 주로 겉으로 표현되는 장식 홈질 스티치로 많이 씁니다.

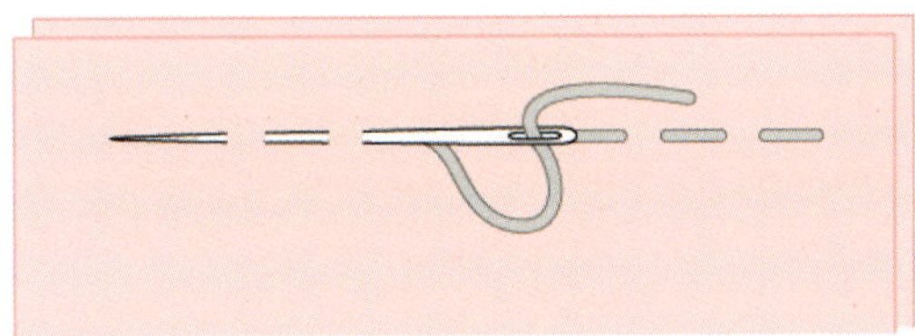

버튼홀 스티치: 단추 구멍을 만들거나 끝단의 올이 풀리지 않도록 끝을 휘감아 바느질하는 방법입니다. 바느질 간격과 깊이를 일정하게 해야 예쁘게 나옵니다.

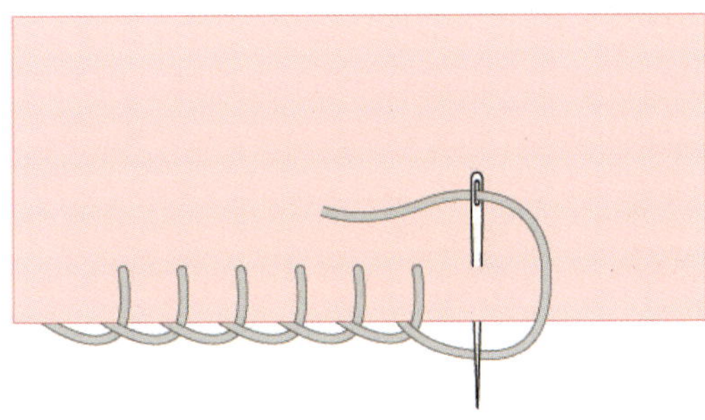

형지 만들기

01 실물본과 형지를 만들 반투명 도안지를 준비합니다.

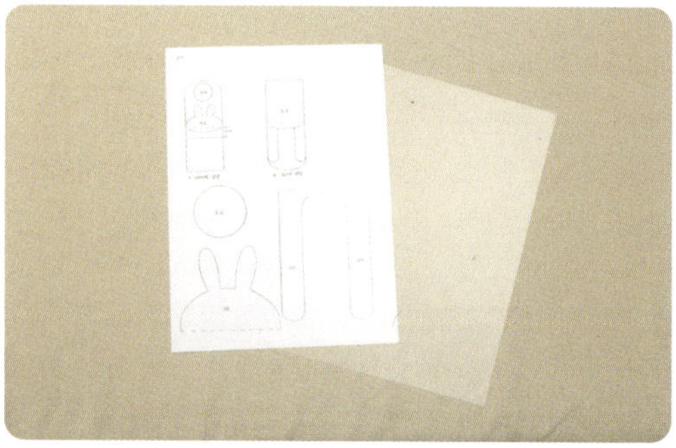

TIP

반투명 도안지는 OHP 필름이나 투명한 L홀더 파일로 대체해도 됩니다.

02 실물본 위에 반투명 도안지를 올리고 유성펜으로 도안을 따라 그립니다.

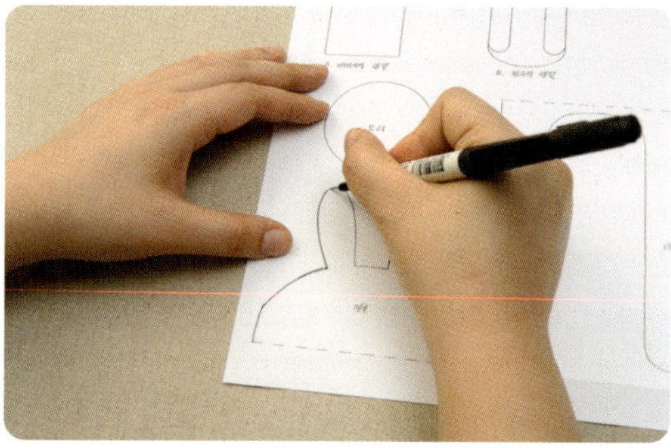

03 반투명 도안지에 그린 도안을 가위로 오려 내면 형지가 완성됩니다.

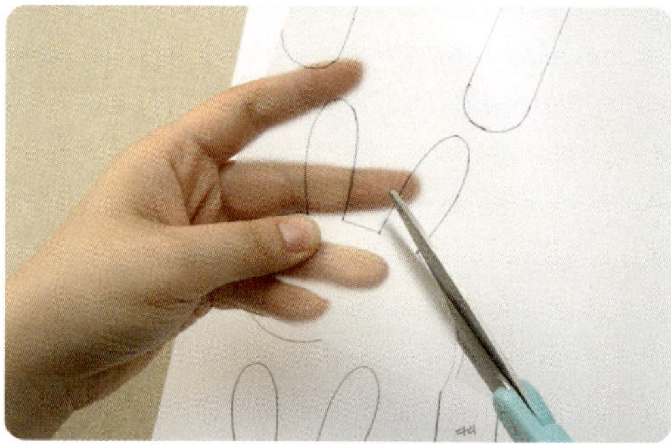

04 도안 그리기 가이드를 참고하여 양말 내 해당 위치에 형지를 올려 도안을 그립니다.

TIP

펠트 도안 작업

펠트는 실물본의 크기보다 상하좌우에 약간 여유를 남겨 자른 뒤, 도안을 그린 부분만 오려내 사용합니다.

contents

목차

서커스단 원숭이 타타

p.80

낚시꾼 고양이 핑코

p.88

장난꾸러기 아기양 롭

p.96

PART 4

고급편: 양말인형 마스터하기

신선한 우유를 좋아하는 젖소 하누

p.104

요조숙녀 롭이어 레비

p.110

수다쟁이 아기닭 토리

p.116

학구파 까마귀 위즐

p.122

토끼가 되고 싶은 아기 주노

p.128

PART 5
번외편: 양말로 만드는 소품

PART 01

작품 갤러리:
우리가 눈을 돌린 사이에

요조숙녀 롭이어 레비
제작법 P.111 실물본 P.176

애교쟁이 하마 릴리
제작법 P.73 실물본 P.172

소심한 아기곰 폴라
제작법 P.57 실물본 P.169

장난꾸러기 아기양 롬
제작법 P.97 실물본 P.175

까칠한 토끼 로즈

제작법 P.29 실물본 P.165

학구파 까마귀 위즐

제작법 P.123 실물본 P.177

수다쟁이 아기닭 토리

제작법 P.117 실물본 P.177

밤의 제왕 박쥐 큐라

제작법 P.43 실물본 P.167

할로윈 킹 스켈레톤 헤어핀

제작법 P.145 실물본 P.180

서커스단 원숭이 타타

제작법 P.81 실물본 P.174

왕눈이 개구리 퍼시

제작법 P.35 실물본 P.166

아기돼지 와니

제작법 P.49 실물본 P.168

강아지 화가 코비

제작법 P.65 실물본 P.170

토끼가 되고 싶은 아기 주노

제작법 P.129 실물본 P.178

낚시꾼 고양이 핑코

제작법 P.89 실물본 P.172

신선한 우유를 좋아하는 젖소 하누

제작법 P.105 실물본 P.175

PART 02

초급편:
처음 만드는 양말인형

01 까칠한 토끼 로즈

주머니에 손을 꽂은 로즈, 오늘은 무슨 생각을 하는 걸까요?

준비물

양말
분홍색 스트라이프 양말 1짝, 베이지색 양말 1짝

부자재
나무 단추 2개, 진갈색 단추 2개

도안 그리기 가이드

• 실물본: 165쪽 •

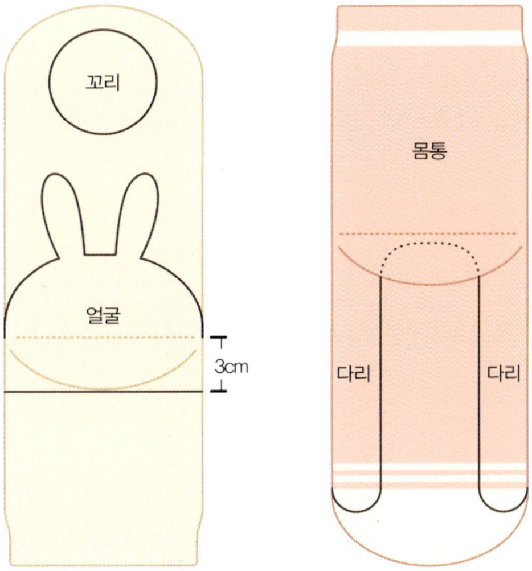

작업 과정

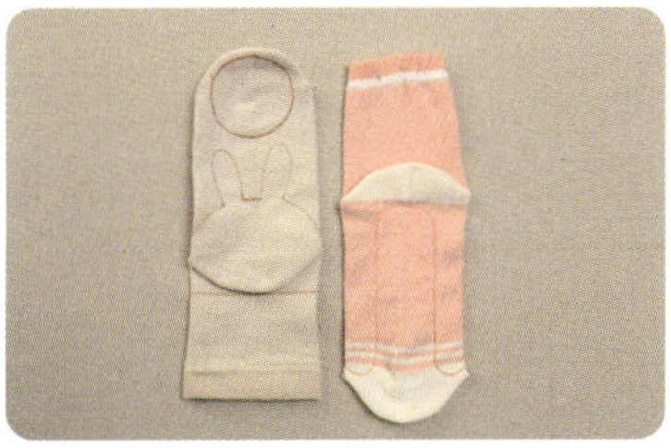

01 양말을 뒤집은 뒤, 도안 그리기 가이드를 참고하여 양말에 도안을 그립니다.

02 머리와 몸통은 도안을 따라 위쪽의 창구멍을 남기고 바느질합니다.

TIP

이후 바느질하라는 설명은 박음질과 반박음질 어느 쪽을 사용해도 좋습니다.

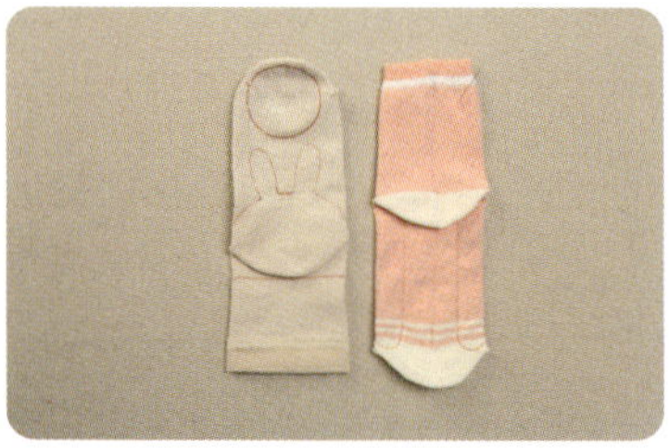

03 도안을 따라 창구멍을 제외한 전체를 바느질하여 준비합니다.

04 머리는 시접을 0.5cm 남기고 재단합니다.

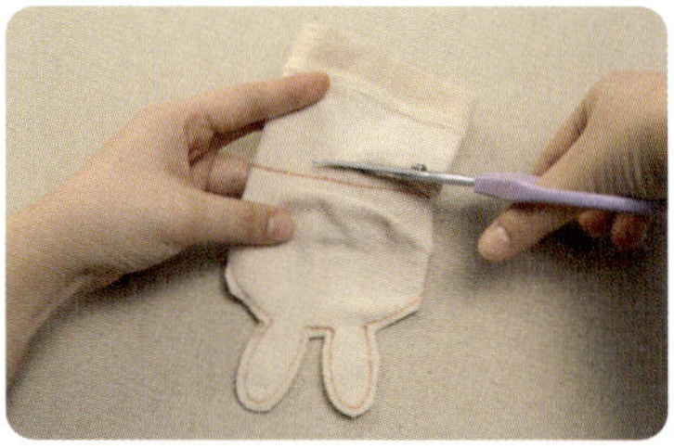

05 머리 아래쪽은 시접을 1cm 남기고 재단합니다.

06 꼬리는 둘레 시접을 1cm 남기고 재단합니다. 1장만 준비하면 됩니다.

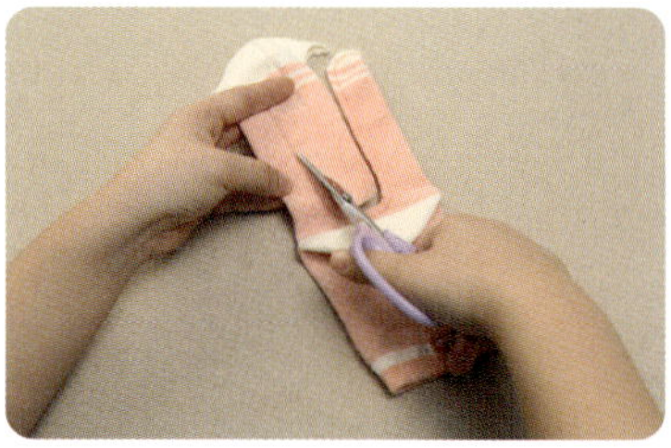

07 몸통은 시접을 0.5~0.7cm 남기고 재단합니다.

08 도안을 따라 필요한 부분에는 시접을 남겨 모든 부분을 재단합니다.

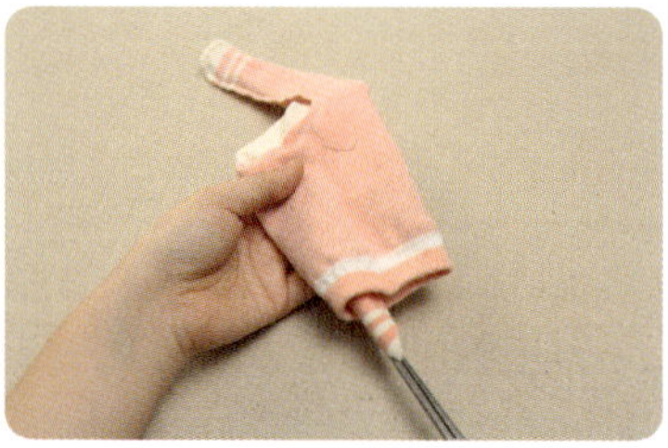

09 몸통은 발끝을 겸자로 잡아당겨 뒤집습니다.

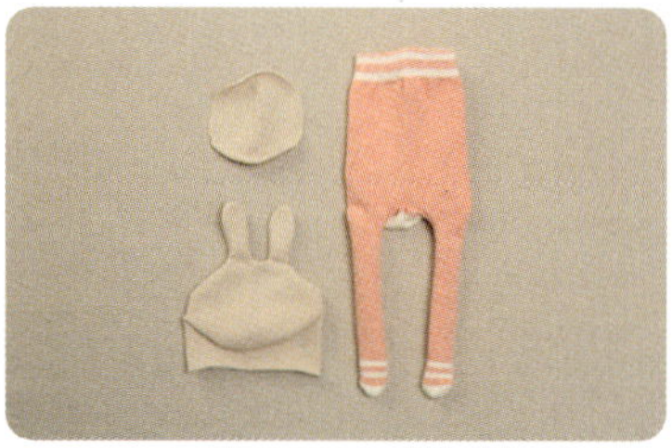

10 머리도 귀 끝을 겸자로 잡아당겨 뒤집어 준비합니다.

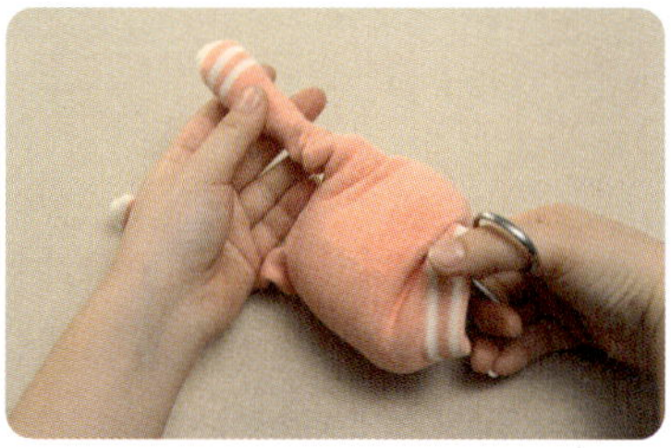

11 몸통에 방울솜을 넣어 채웁니다.

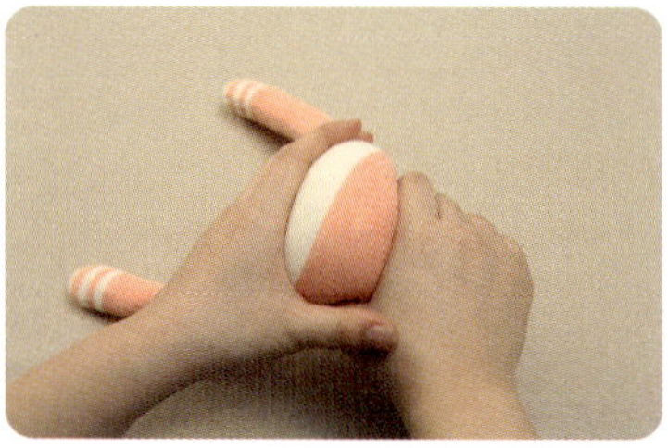

12 몸통에 넣은 솜은 엉덩이가 잘 표현되도록 손으로 주물러 모양을 잡습니다.

13 머리에도 솜을 적당량 집어넣은 뒤, 창구멍 둘레에 홈질 스티치를 놓습니다.

14 실을 잡아당겨 창구멍을 오므립니다.

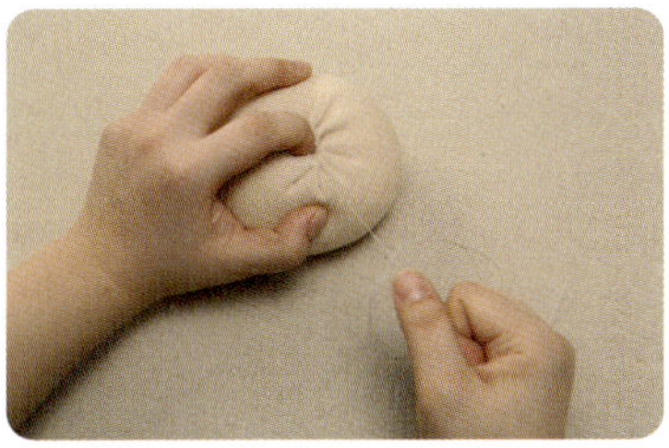

15 튀어나온 시접을 안쪽으로 밀어넣습니다.

16 시접을 집어넣은 뒤 매듭을 지어 구멍이 보이지 않게 마무리합니다.

17 머리와 몸통에 솜을 넣어서 준비합니다.

18 몸통 위쪽의 발목 밴드 부분을 뒤집어 접습니다.

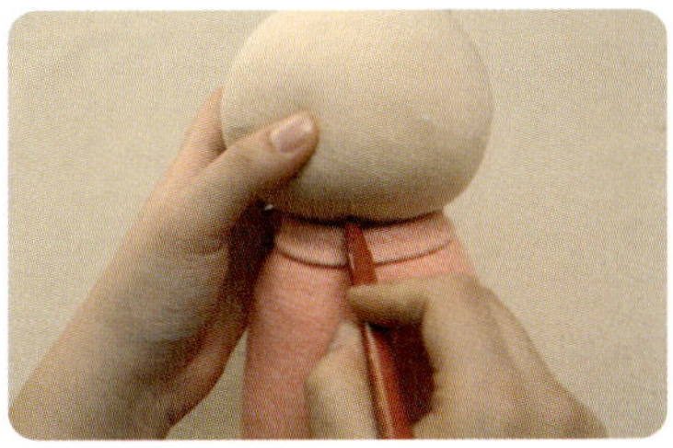

19 뒤집은 밴드 둘레와 머리 밑면을 연결하기 위해 수성펜으로 위치를 표시합니다.

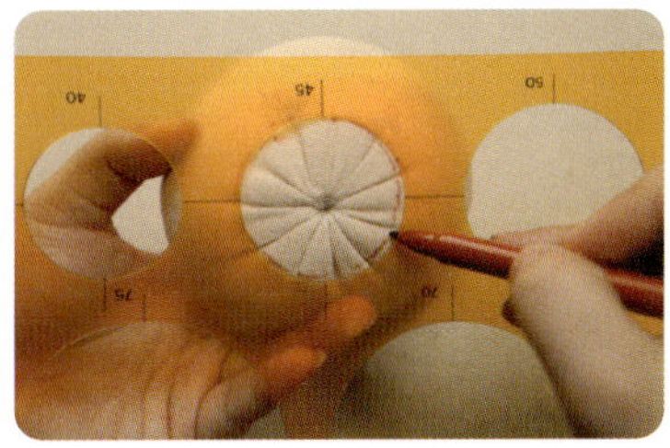

20 위치를 잡은 뒤 동그라미 자로 정확한 위치를 잡습니다. 동그라미 자가 없다면 종이컵을 이용해도 됩니다.

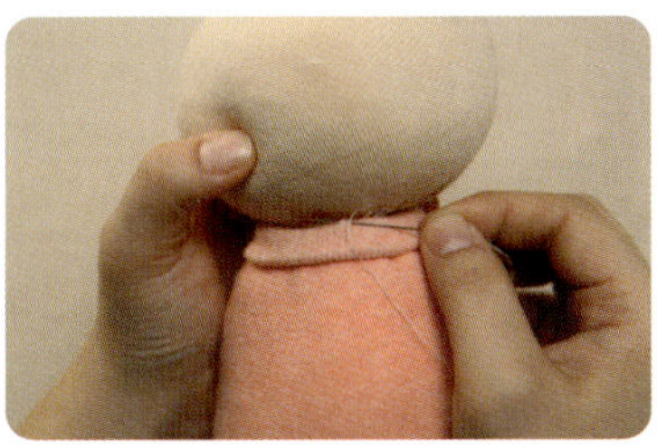

21 머리와 목을 공그르기로 연결합니다.

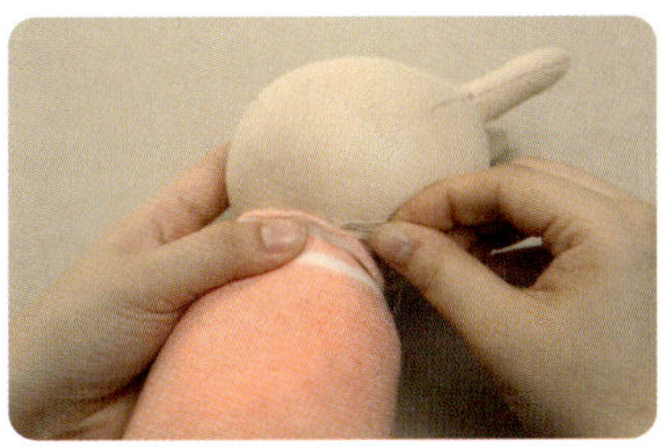

22 밴드의 접어 두었던 부분을 펴서 공그르기로 고정합니다.

23 머리가 흔들리지 않도록 튼튼하게 이어 준 모습입니다.

24 꼬리는 바느질선을 따라 둘레에 홈질 스티치를 놓은 뒤 실을 잡아당겨 오므립니다.

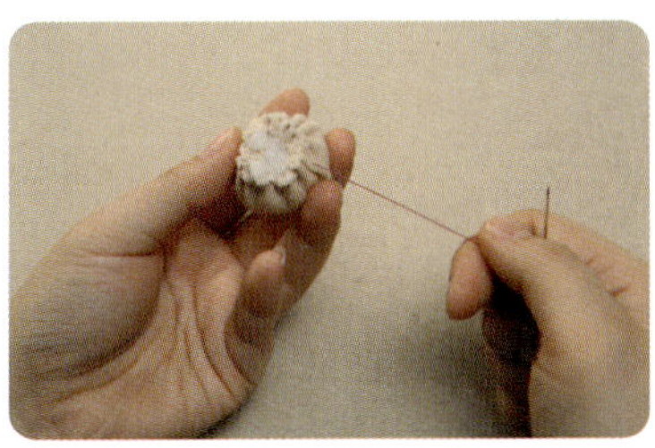

25 오므려져 생긴 공간에 솜을 채우고 실을 잡아당깁니다.

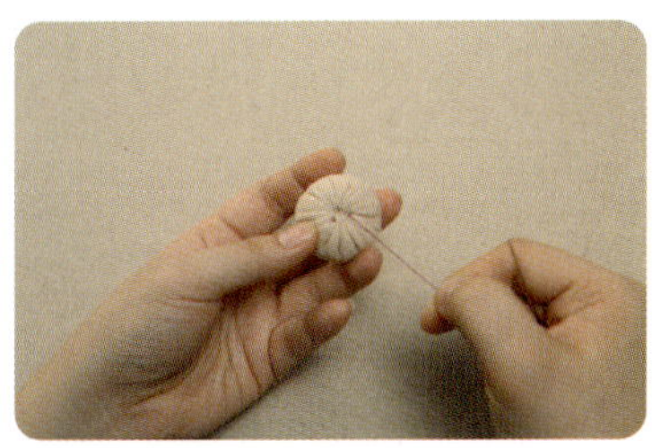

26 시접을 안쪽으로 집어넣은 뒤, 매듭을 지어 구멍이 보이지 않게 마무리합니다.

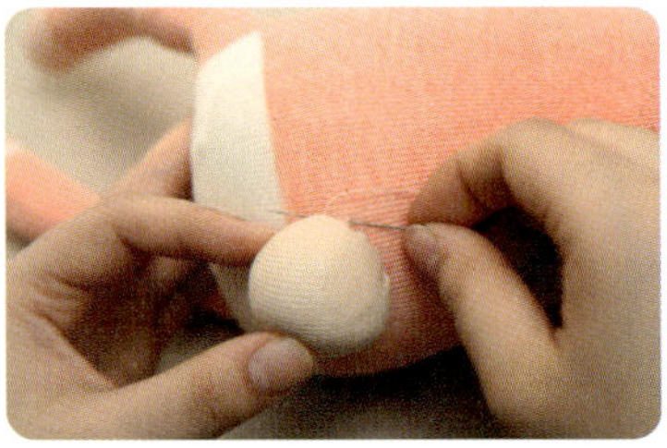

27 꼬리는 엉덩이에 공그르기로 연결합니다.

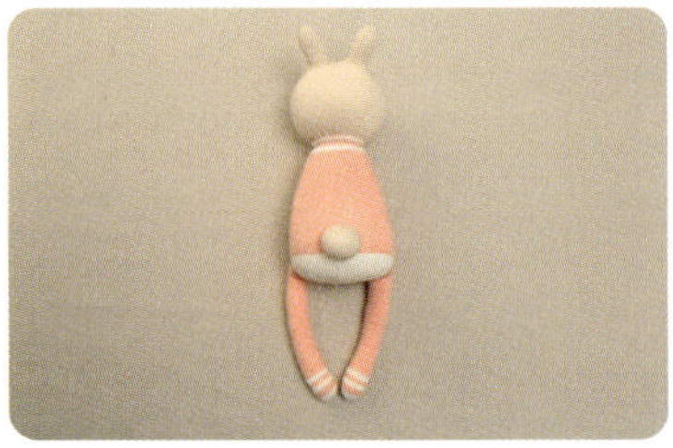

28 엉덩이 중앙에 위치를 잘 맞춰서 답니다.

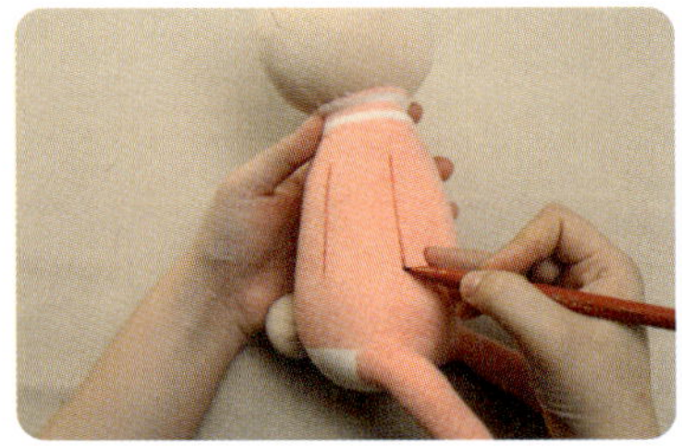

29 수성펜으로 팔의 위치를 직선으로 표시합니다.

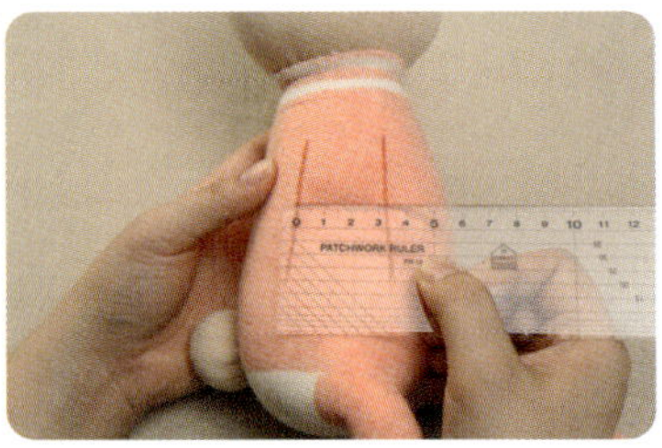

30 간격은 3.5~4cm 정도로 그립니다.

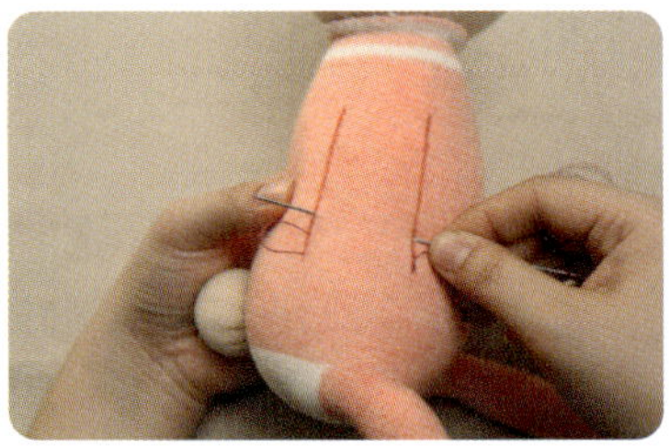

31 직선 위치의 앞뒤를 관통해서 바느질합니다.

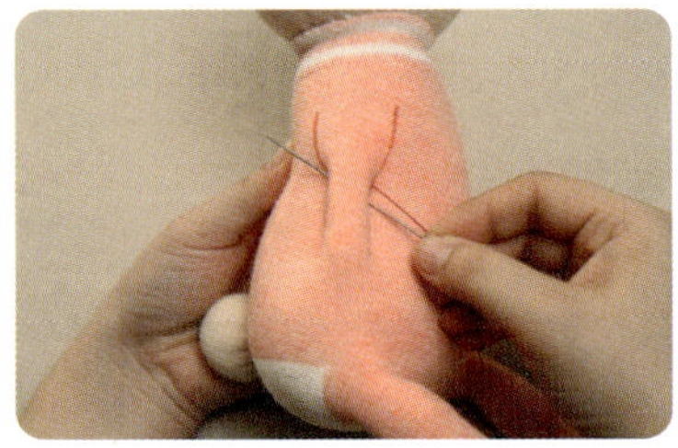

32 실을 잡아당겨 가며 바느질합니다.

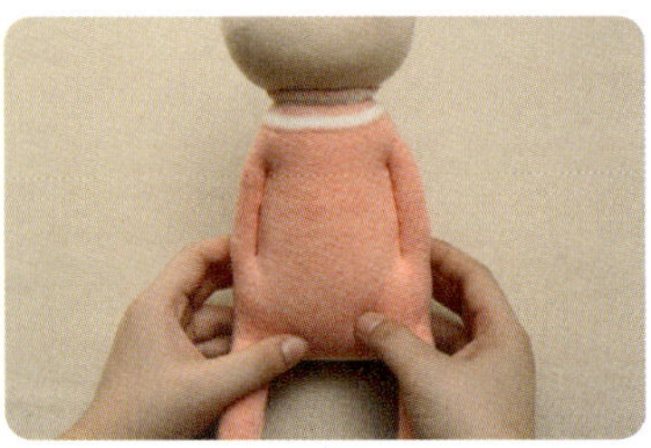

33 양쪽 팔을 모두 바느질하면 주머니에 손을 꽂고 있는 모습으로 완성됩니다.

34 기화펜으로 얼굴에 눈썹과 눈, 코, 인중을 그립니다.

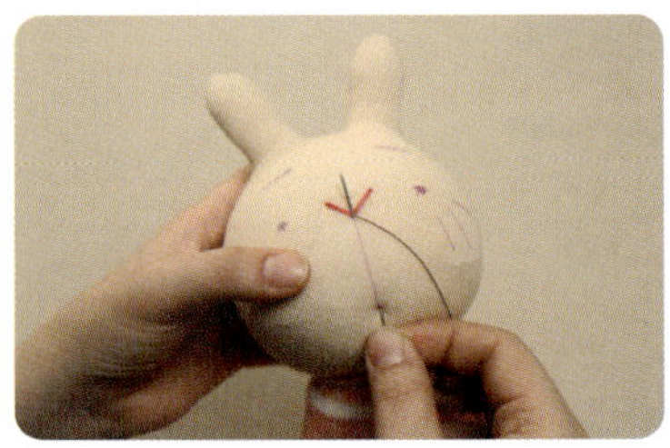

35 코는 분홍색 실로 수놓고, 인중은 갈색 실로 수놓습니다.

36 눈썹도 인중과 같은 색상의 실로 수놓습니다.

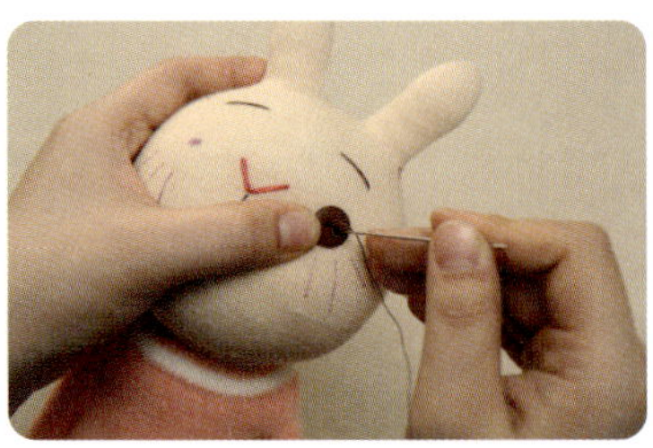

37 눈을 표시한 위치에 진갈색 단추를 대고, 같은 색 실로 앞뒤 관통해서 눈을 답니다.

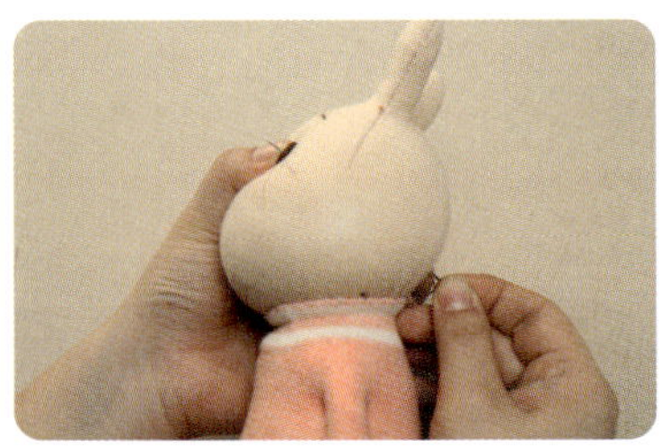

38 눈을 달 때에는 바늘을 머리 뒤쪽으로 빼서 실을 잡아당겨 고정해 가며 답니다.

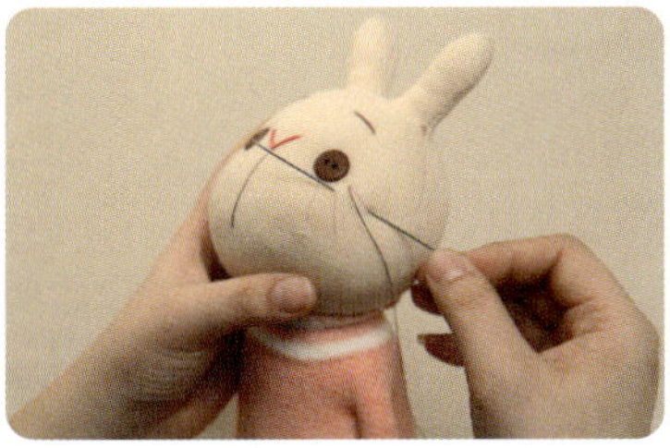

39 눈과 속눈썹은 갈색 실로 수놓습니다.

40 얼굴이 완성되었습니다.

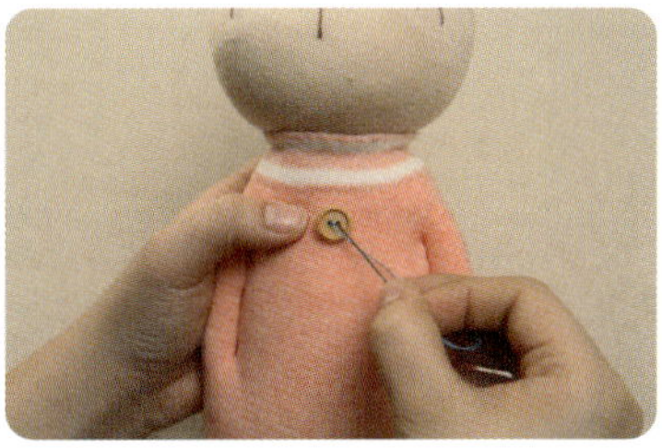

41 옷 앞쪽에는 나무 단추 2개를 답니다.

42 도트봉에 아크릴 물감을 묻혀 눈동자의 하이라이트를 찍습니다.

43 볼에 블러셔를 발라 홍조를 만듭니다.

44 완성되었습니다.

02 왕눈이 개구리 퍼시

햇볕을 좋아하는 왕눈이 퍼시, 오늘도 먼저 와서 친구들을 기다리고 있어요.

준비물

양말
노란 도트 양말 1짝, 청록색 양말 2짝

부자재
흰색 펠트, 검은색 단추 2개

도안 그리기 가이드

• 실물본: 166쪽 •

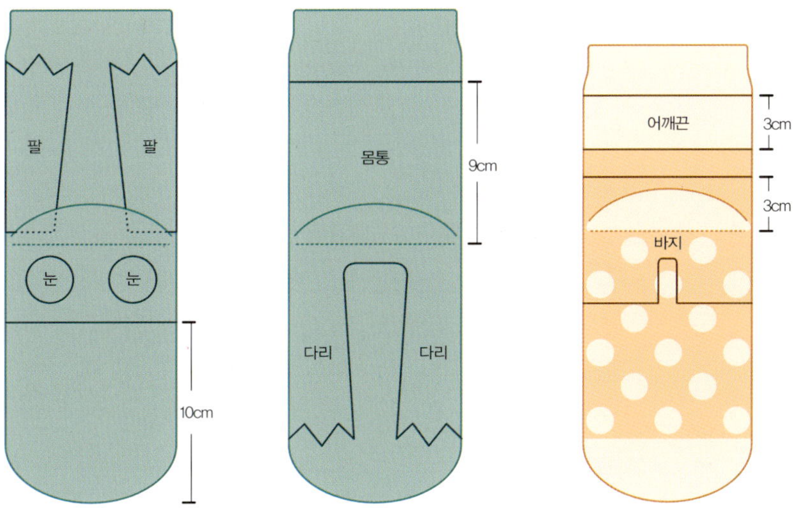

작업 과정

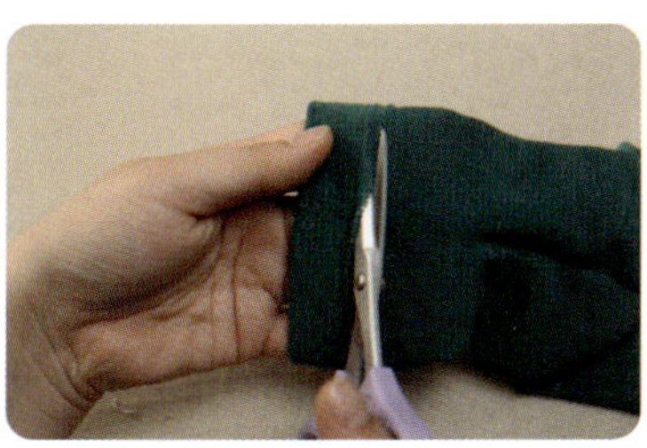

01 청록색 양말을 뒤집은 뒤, 양말의 접어 박은 윗단을 틉니다.

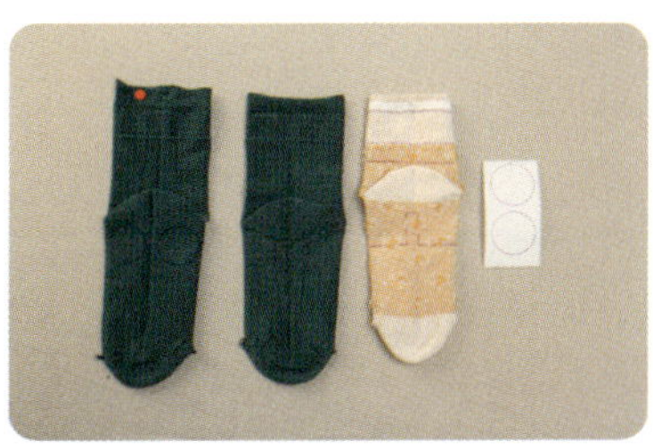

02 도안 그리기 가이드를 참고하여 양말에 도안을 그립니다.

TIP

펠트 도안 작업
펠트는 실물본의 크기보다 상하좌우에 약간 여유를 남겨 자른 뒤, 도안을 그린 부분만 오려내 사용합니다.

03 도안을 따라 몸통을 바느질합니다.

04 팔은 위쪽의 창구멍을 제외한 모든 부분을 바느질하고, 위쪽의 머리는 시접을 남겨 재단합니다.

05 눈은 창구멍 없이 둘레를 전부 바느질합니다.

06 바지는 도안을 따라 다리 안쪽 부분만 바느질합니다.

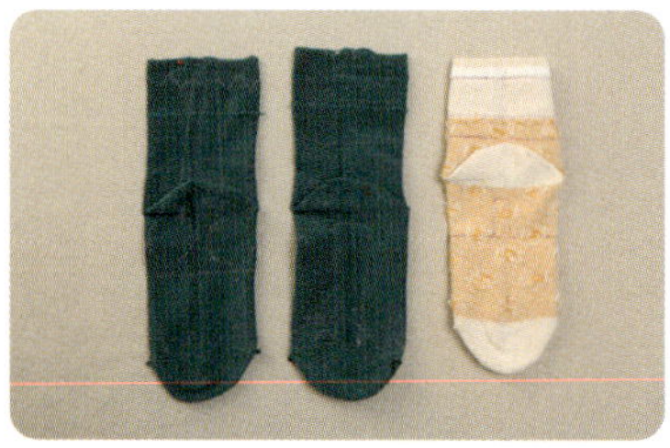

07 머리와 어깨끈 부분을 제외한 나머지 부분을 모두 바느질하여 준비합니다.

08 팔 끝의 뾰족한 끝 부분은 시접을 0.5cm 남겨 재단합니다.

09 다리 끝의 뾰족한 끝 부분은 시접을 0.5cm 남겨 재단합니다.

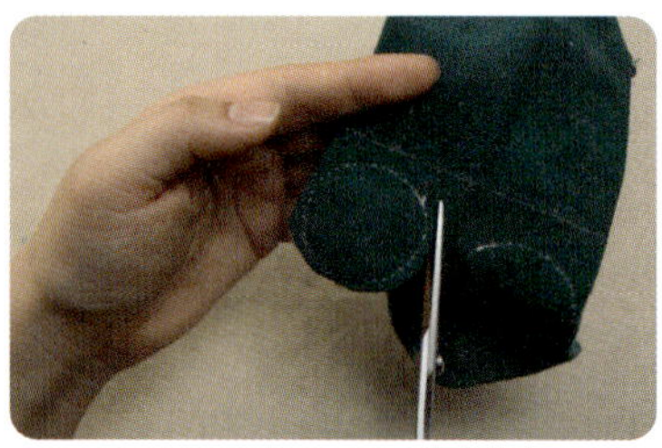

10 눈은 둘레 시접을 0.5cm 남겨 재단합니다.

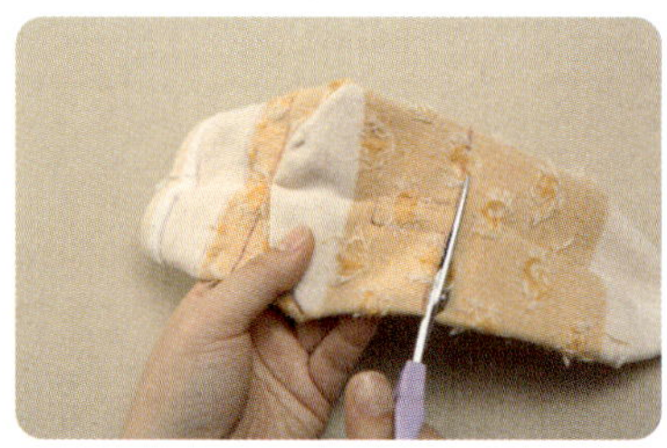

11 바지는 아래쪽의 도안선을 따라 재단한 뒤, 다리 사이는 최대한 짧게 시접을 남겨 가며 재단합니다.

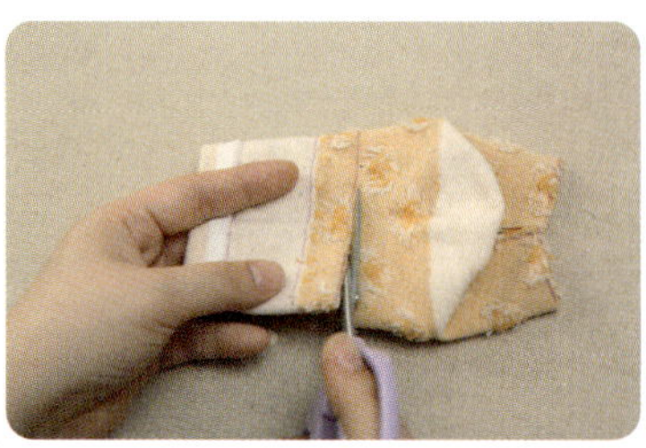

12 도안선을 따라 바지의 위쪽을 시접 없이 재단합니다.

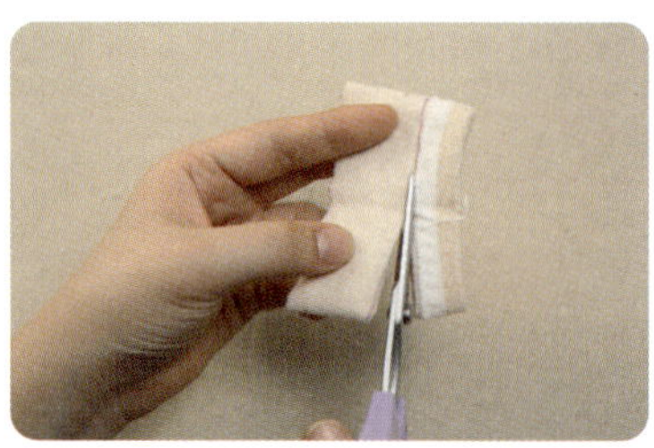

13 어깨끈 부분은 도안선을 따라 시접 없이 재단합니다.

14 시접 없이 자른 어깨끈은 옆 부분 한쪽을 자릅니다.

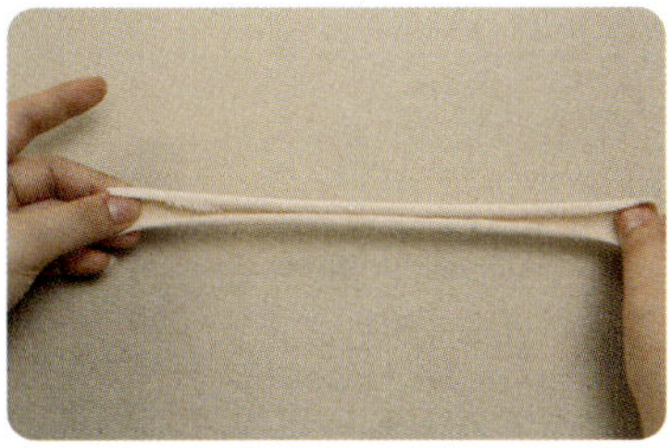

15 양 끝을 잡아 늘리면 안쪽으로 말려들어가며 긴 어깨끈이 됩니다.

16 도안을 따라 필요한 부분에는 시접을 남겨 모든 부분을 재단합니다.

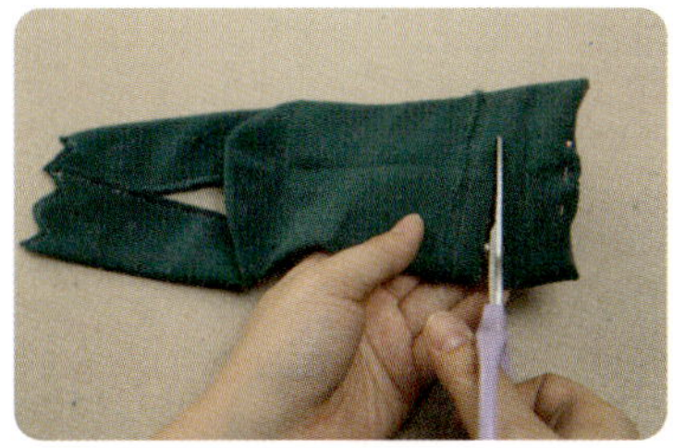

17 몸통은 바느질선에서 시접을 1cm 남겨 재단합니다.

18 겸자로 발 안쪽 끝 부분을 잡고 뒤집습니다.

19 다 뒤집으면 발끝 부분이 뾰족하게 나오도록 겸자로 정리합니다.

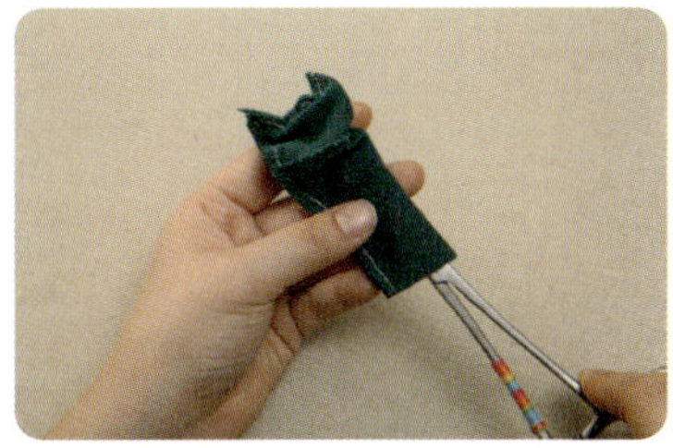

20 같은 방법으로 팔도 뒤집어서 정리합니다.

21 눈은 중앙에 열십자로 창구멍을 표시합니다.

22 창구멍을 따라 짧게 가위집을 냅니다.

23 창구멍 안쪽으로 겸자를 넣어 뒤집습니다.

24 남은 부분도 모두 뒤집어서 준비합니다.

25 발끝 부분부터 차근차근 솜을 집어넣습니다.

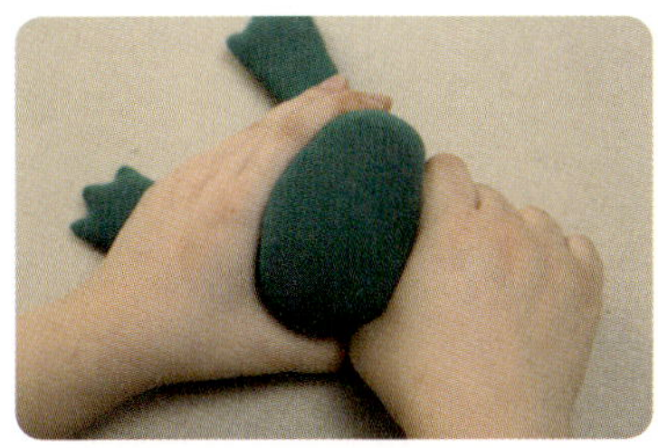

26 몸통에 넣은 솜은 엉덩이 부분이 잘 표현되도록 손으로 주물러 모양을 잡습니다.

27 몸통은 창구멍 둘레에 홈질 스티치를 놓습니다.

28 실을 잡아당겨 창구멍을 오므립니다.

29 잡아당긴 뒤 밖으로 나온 시접을 안으로 집어넣습니다.

30 시접을 넣은 뒤 조금 더 잡아당겨서 구멍이 생기지 않도록 마무리합니다.

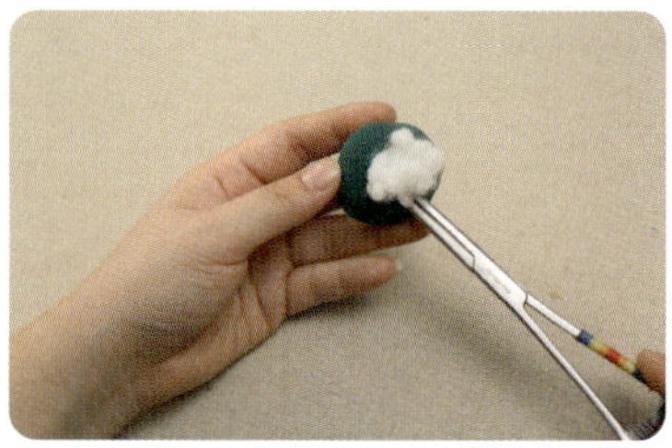

31 눈은 겸자로 창구멍을 통해 솜을 집어넣습니다.

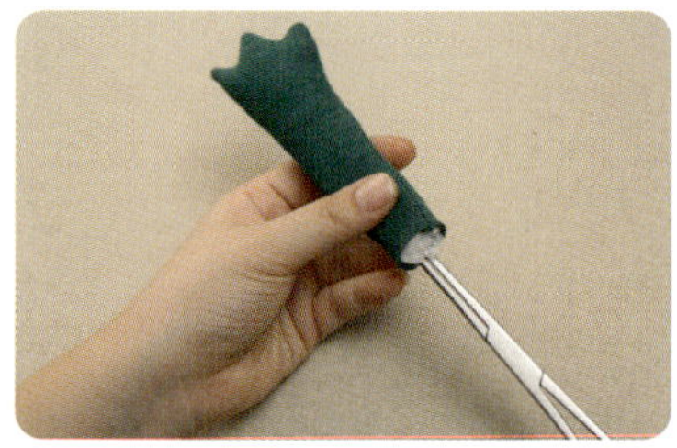

32 팔도 손끝이 잘 살도록 겸자로 솜을 집어넣습니다.

33 팔 위쪽의 창구멍 둘레에 홈질 스티치를 놓습니다.

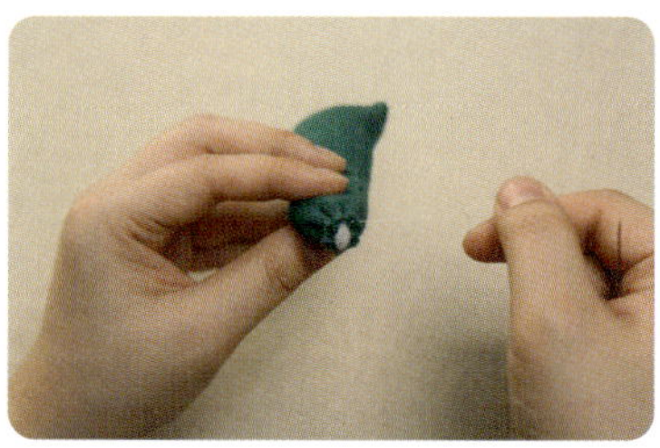

34 실을 잡아당겨서 오므립니다.

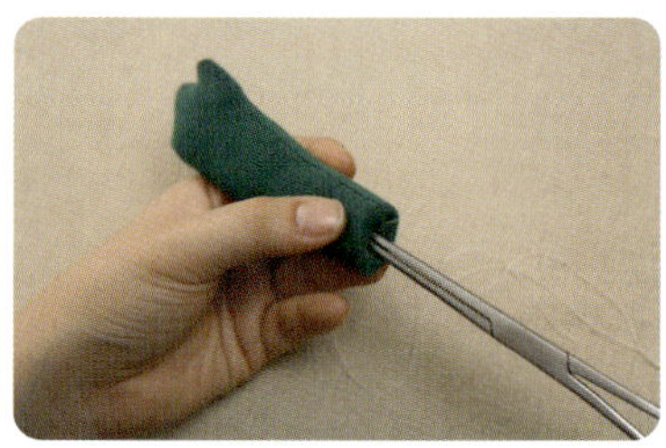

35 잡아당긴 뒤 밖으로 튀어나온 시접을 겸자로 집어넣습니다.

36 조금 더 잡아당겨서 창구멍이 보이지 않게 마무리합니다.

37 눈에 눈동자를 만들 흰색 펠트를 감침질로 연결합니다.

38 두 눈에 펠트를 연결한 모습입니다.

39 머리는 바느질선을 따라 둘레에 홈질 스티치를 놓습니다.

40 실을 잡아당겨 오므립니다.

41 시접을 안쪽으로 집어넣어 가며 실을 잡아당깁니다.

42 창구멍이 보이지 않게 마무리합니다.

43 몸통과 머리를 공그르기로 연결합니다.

44 머리가 흔들리지 않도록 튼튼하게 잇습니다.

45 눈은 머리 위쪽에 공그르기로 연결합니다.

46 반대쪽 눈도 균형을 맞춰서 공그르기로 연결합니다.

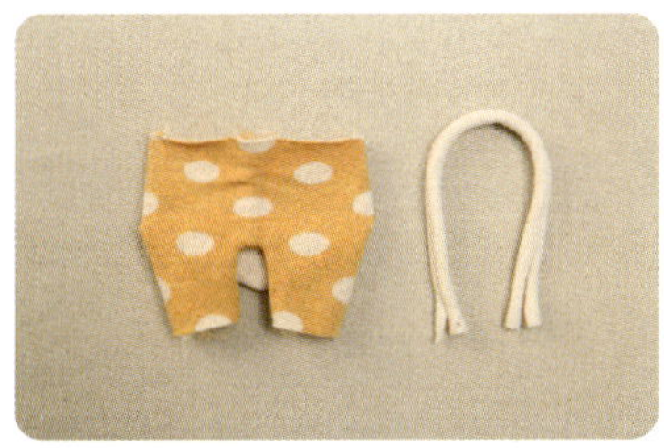

47 바지는 뒤집어서 준비하고, 끈은 잡아당겨서 안쪽으로 말린 채로 준비합니다.

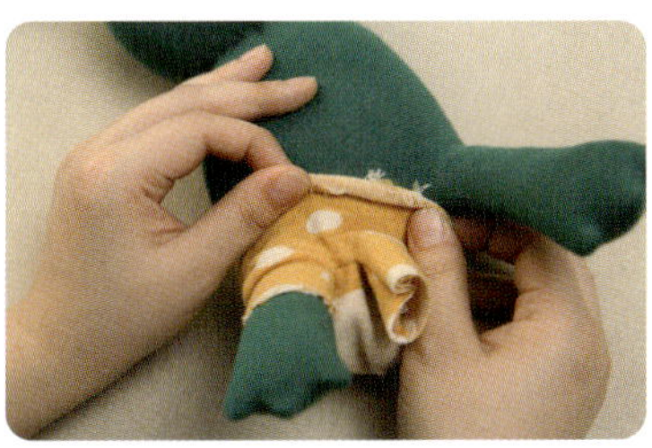

48 준비해 둔 바지를 입힙니다.

49 바지를 입힌 모습입니다.

50 팔은 양쪽을 관통하여 2~3회 왕복하며 바느질한 뒤 실을 잡아당겨서 튼튼하게 고정합니다.

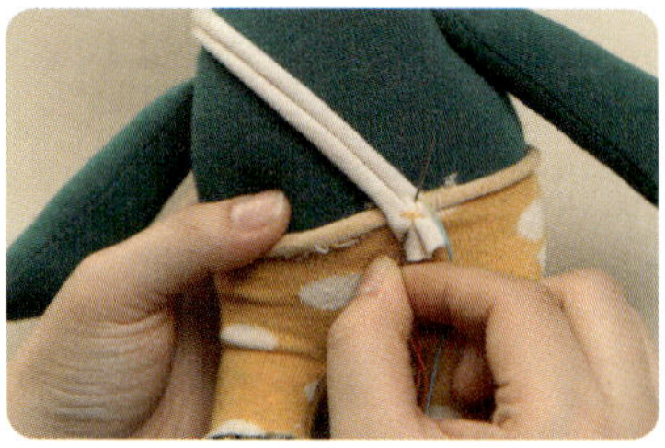

51 어깨끈은 앞면 오른쪽에 엑스자로 바느질하여 고정합니다.

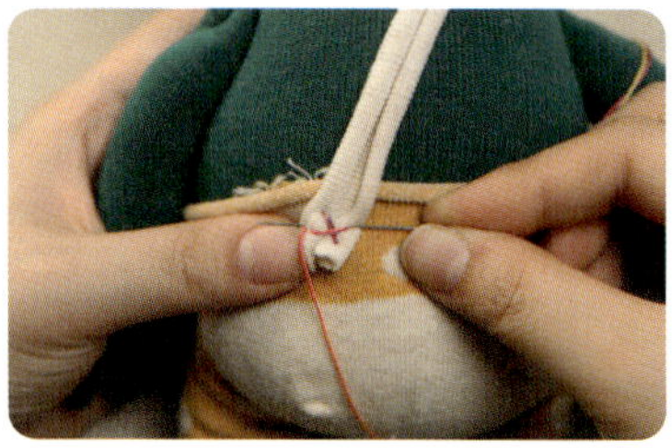

52 뒷부분 왼쪽에도 어깨끈을 엑스자로 바느질하여 고정합니다.

53 눈은 앞쪽에 검은색 단추를 댄 채로 관통해서 바느질한 뒤, 실을 잡아당겨 튼튼하게 고정합니다.

54 반대쪽 눈도 균형을 맞춰서 답니다.

55 입과 코는 기화펜으로 먼저 그려 둡니다.

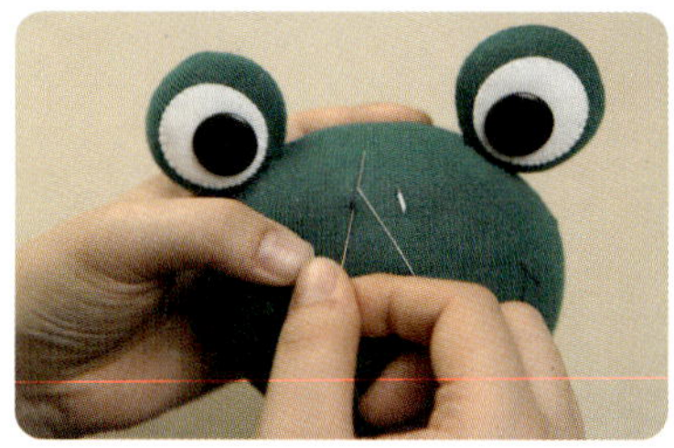

56 코는 흰색 실로 자수를 놓습니다.

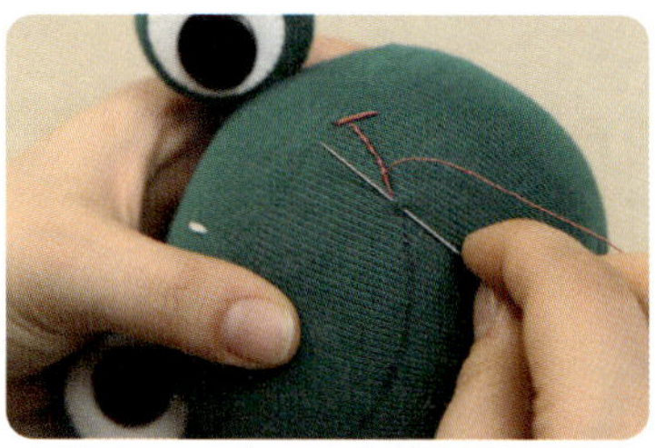

57 입은 분홍색 실로 아우트라인 스티치를 놓습니다.

58 도트봉에 아크릴 물감을 묻혀 눈동자를 찍습니다.

59 볼에 블러셔를 발라 홍조를 만듭니다.

60 완성되었습니다.

03 밤의 제왕 박쥐 큐라

'밤을 즐기려면 지금은 자야 하는데…….' 큐라는 불면증인가 봐요.

준비물

양말

회색 양말 1짝

부자재

검은색 콩단추 2개, 분홍색 펠트, 회색 펄 펠트, 왕관 모티브 1개, 빨간색 리본 테이프

도안 그리기 가이드

• 실물본: 167쪽 •

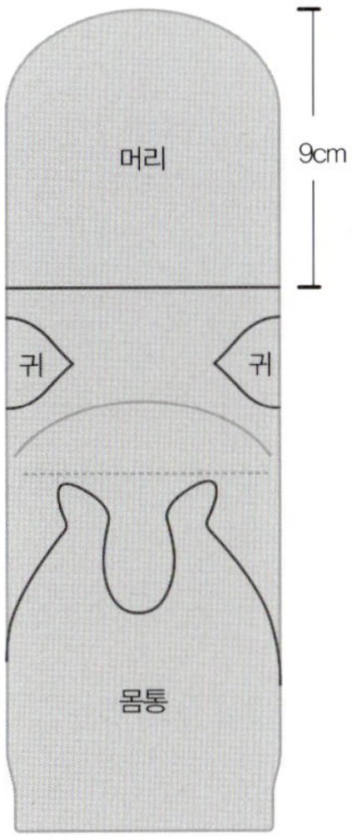

작업 과정

01 양말을 뒤집은 뒤, 도안 그리기 가이드를 참고하여 양말에 도안을 그립니다.

TIP

펠트 도안 작업

펠트는 실물본의 크기보다 상하좌우에 약간 여유를 남겨 자른 뒤, 도안을 그린 부분만 오려내 사용합니다.

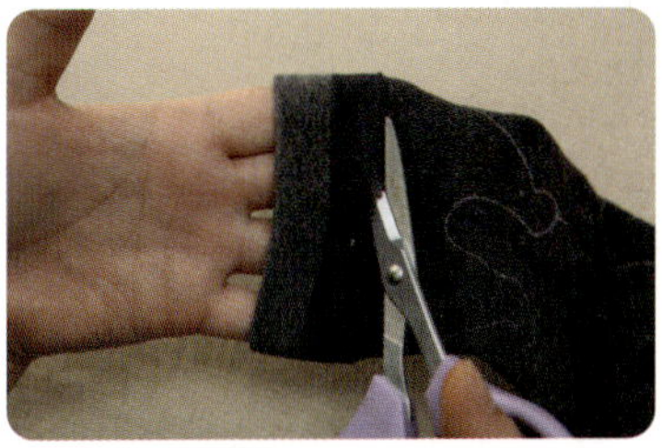

02 양말의 접어 박은 윗단을 틉니다.

03 바느질선을 따라 몸통을 바느질합니다.

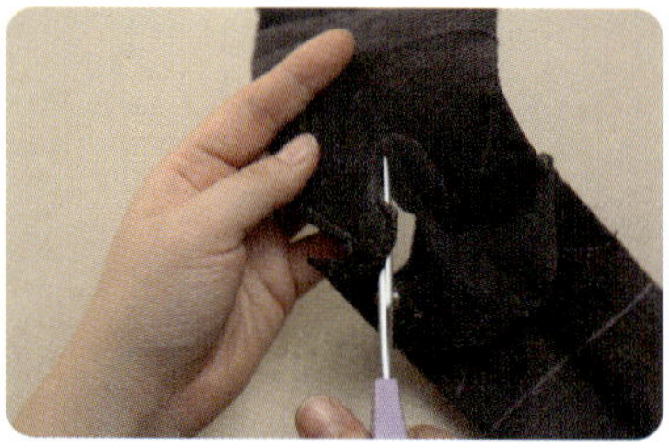

04 시접을 0.5cm 남기고 재단합니다.

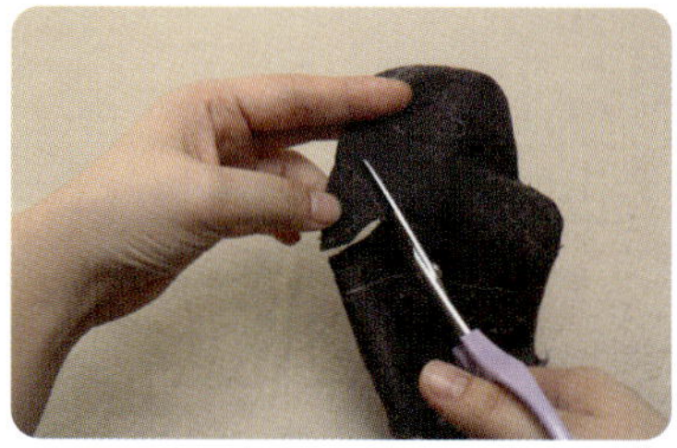

05 바느질한 귀 부분도 시접을 남기고 재단합니다.

06 머리는 시접을 1cm 남기고 재단합니다.

07 도안을 따라 필요한 부분에는 시접을 남겨 모든 부분을 재단합니다.

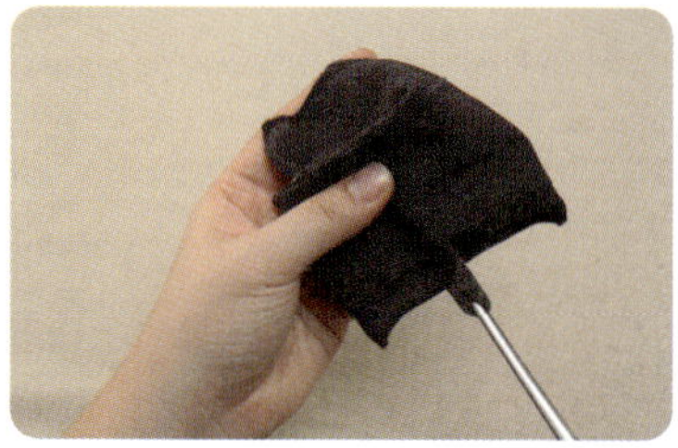

08 몸통은 발끝 부분을 잡고 겸자로 뒤집습니다.

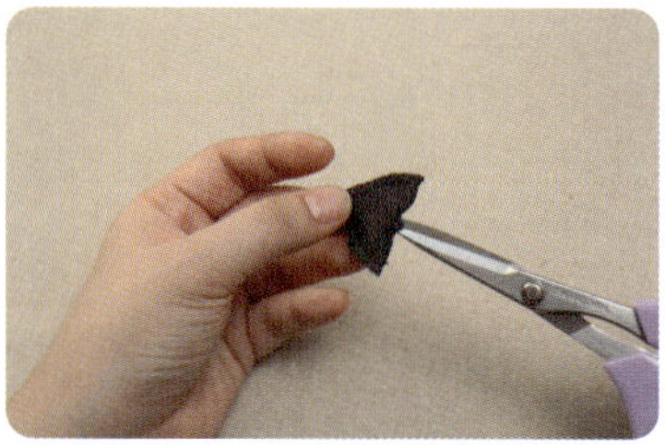

09 귀는 아래쪽에 작게 가위집을 내서 창구멍을 만든 뒤, 겸자로 뒤집습니다.

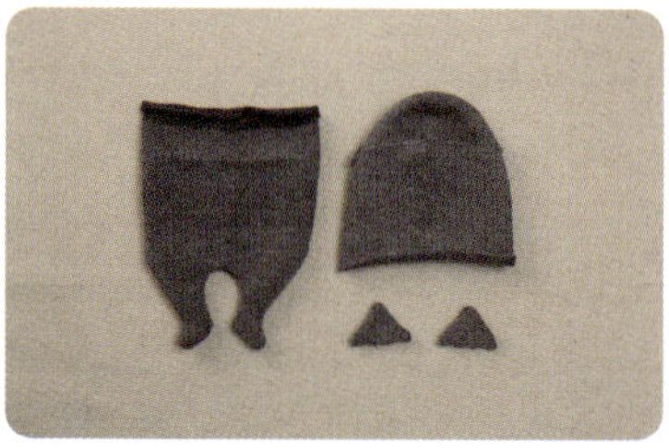

10 모든 부분을 뒤집어서 준비합니다.

11 몸통은 발끝부터 겸자로 솜을 넣습니다.

12 몸통은 창구멍 둘레에 홈질 스티치를 놓습니다.

13 실을 잡아당겨 창구멍을 오므린 후, 튀어나온 시접을 안으로 집어넣어 마무리합니다.

14 머리는 창구멍 둘레에 홈질 스티치를 놓습니다.

15 실을 잡아당겨 창구멍을 오므리고, 시접을 안쪽으로 집어넣어 마무리합니다.

16 귀 안쪽 부분에 홈질 스티치를 놓습니다.

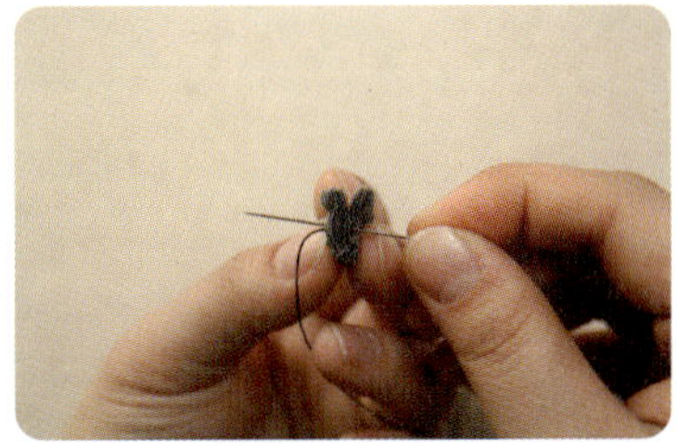

17 귀 아래쪽을 반으로 접은 뒤 중간 부분을 감침질로 고정합니다.

18 중간 부분을 감침질한 뒤 펼치면 앞모습은 왼쪽 그림, 뒷모습은 오른쪽 그림처럼 됩니다.

19 머리와 몸통을 공그르기로 연결합니다. 머리가 흔들리지 않도록 튼튼하게 잇습니다.

20 시침핀으로 양쪽 귀의 위치를 잡습니다.

21 귀의 아래쪽을 공그르기로 연결합니다.

22 양쪽 귀를 공그르기로 연결합니다.

23 재단해 놓은 코 모양 펠트를 얼굴 중앙에 감침질로 답니다.

24 수성펜으로 눈, 코, 눈썹의 위치를 표시합니다.

25 검은색 실로 눈썹과 입을 수놓습니다.

26 눈은 검은색 콩단추를 대고 뒤쪽으로 잡아당겨서 답니다.

27 얼굴이 완성되었습니다.

28 수성펜으로 팔의 위치를 3.5~4cm의 간격의 직선으로 표시합니다.

29 직선 위치의 앞뒤를 관통해서 실을 잡아당겨 가며 바느질합니다.

30 양쪽 팔을 모두 바느질하면 주머니에 손을 꽂고 있는 모습으로 완성됩니다.

31 뒷부분에 날개 위치를 잡아 시침핀으로 고정합니다.

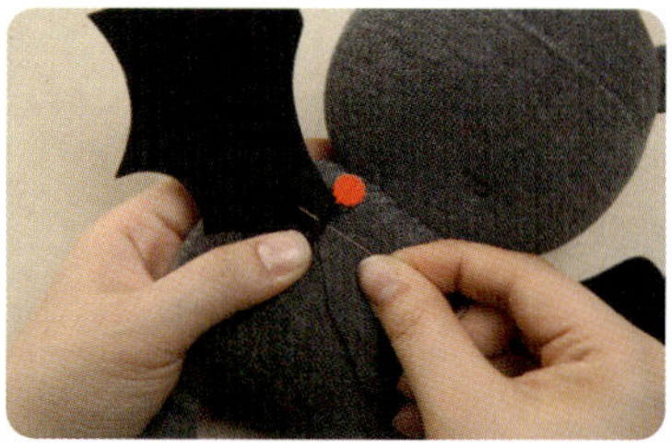

32 날개 끝 부분을 감침질로 고정합니다.

33 양쪽 날개를 균형을 맞춰 답니다.

34 리본을 묶어서 목에 글루건으로 붙입니다.

35 볼에 블러셔를 발라 홍조를 만듭니다.

36 글루건으로 왕관 아래쪽에 글루를 바릅니다.

37 머리 왼쪽에 고정합니다.

38 완성되었습니다.

04 아기돼지 와니

'옆 동네에 늑대가 산다는데…….' 와니네 집은 나무로 지어서 걱정이 많은가 봐요.

준비물

양말
아이보리색 양말 1짝, 줄무늬 양말 1짝

부자재
하늘색 펠트, 진갈색 단추 2개, 나무 단추 2개, 빨간색 구슬 1개

도안 그리기 가이드

• 실물본: 168쪽 •

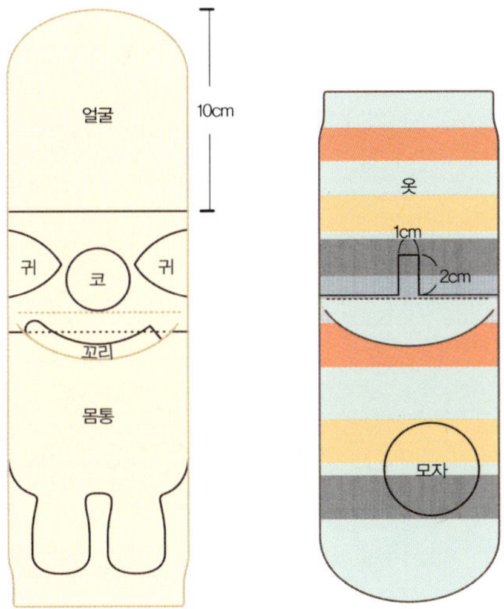

작업 과정

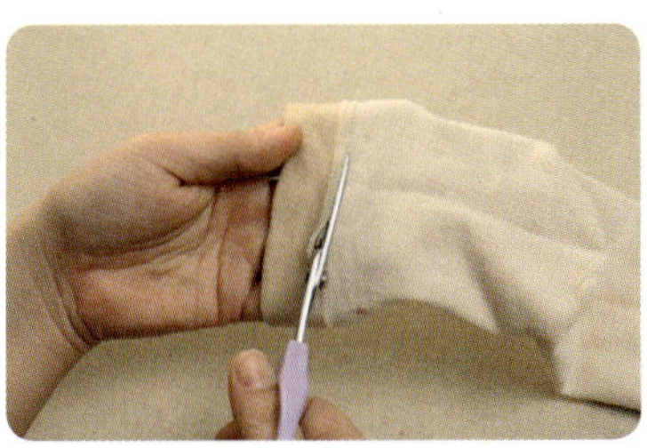

01 양말을 전부 뒤집은 뒤, 머리와 몸통을 만들 아이보리색 양말의 윗단을 틉니다.

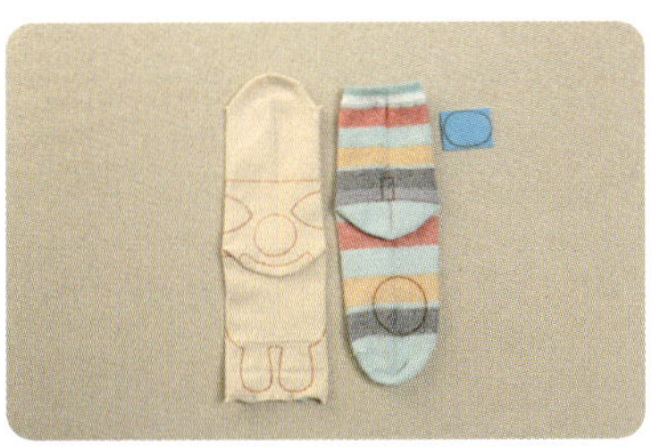

02 도안 그리기 가이드를 참고하여 각 양말에 도안을 그립니다.

TIP

펠트 도안 작업
펠트는 실물본의 크기보다 상하좌우에 약간 여유를 남겨 자른 뒤, 도안을 그린 부분만 오려내 사용합니다.

03 그려 둔 도안을 따라 몸통 아래 다리를 바느질합니다.

04 옷의 가랑이 부분을 바느질합니다.

05 뒤꿈치 쪽에 그린 꼬리는 창구멍을 남기고 바느질합니다.

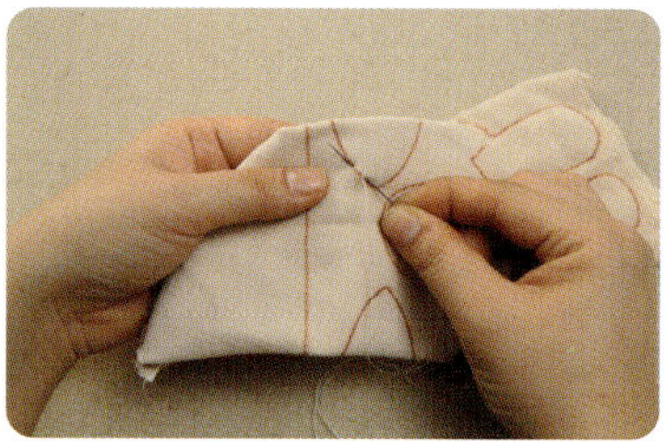

06 귀는 창구멍 없이 바느질합니다.

07 전체 바느질을 마치면 옷은 도안을 따라 재단합니다. 가랑이 쪽은 시접을 살짝 남겨서 재단합니다.

08 모자로 쓰일 원은 시접을 0.7cm 남기고 재단합니다.

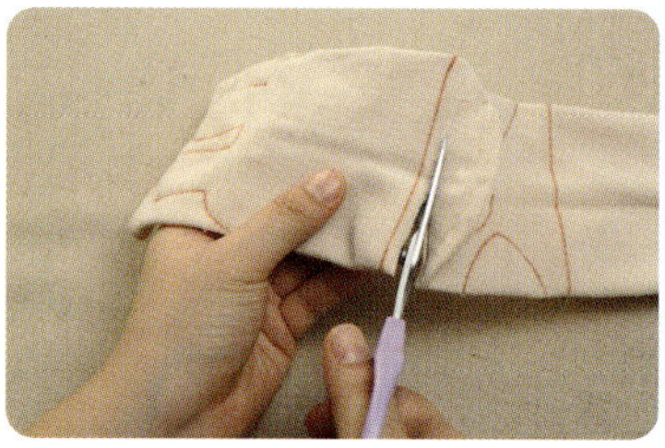

09 몸통 위쪽은 가능한 만큼 시접을 남기고 재단합니다.

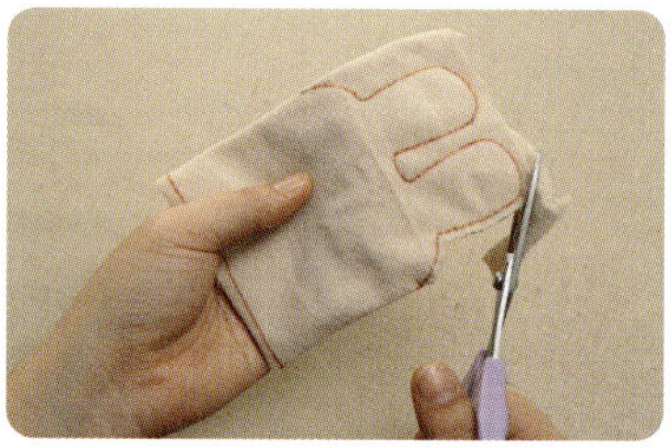

10 다리 부분은 시접을 0.5cm 남기고 재단합니다.

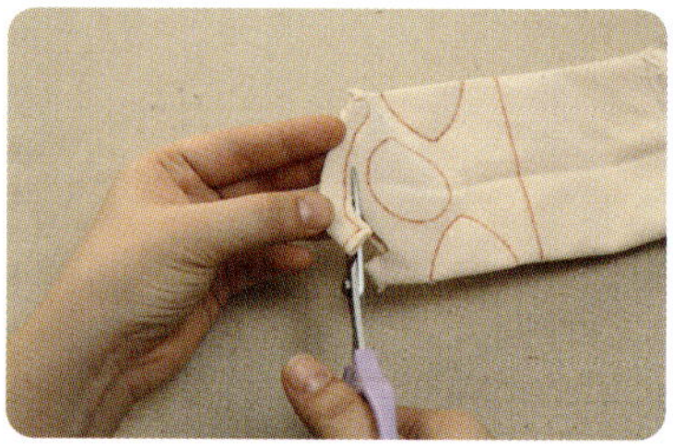

11 꼬리는 최소한의 시접을 남기고 재단합니다.

12 코로 쓰일 원은 둘레의 시접을 0.5~0.7cm 남기고 1장만 재단하여 준비합니다.

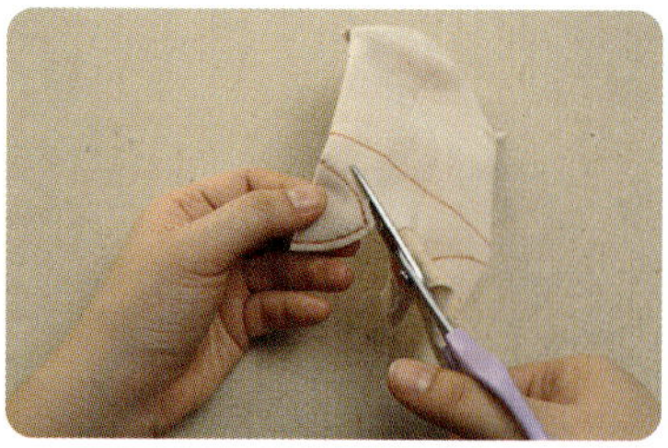

13 귀는 시접을 0.5cm 남기고 재단합니다.

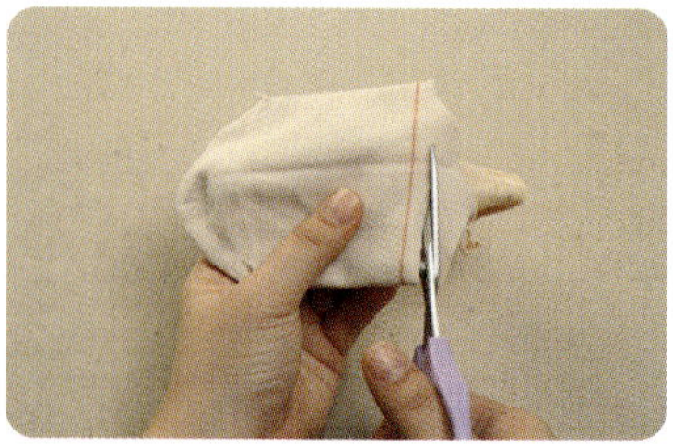

14 머리는 시접을 1cm 남기고 재단합니다.

15 도안을 따라 필요한 부분에는 시접을 남겨 모든 부분을 재단합니다.

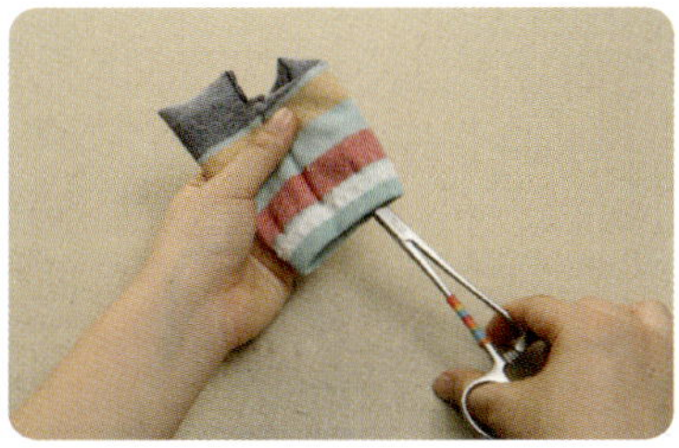

16 옷은 발끝 부분을 잡고 겸자로 뒤집습니다.

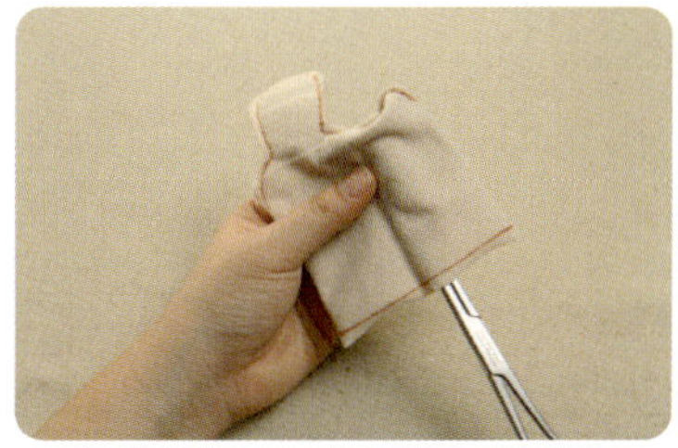

17 몸통은 발끝 부분을 잡고 겸자로 뒤집습니다.

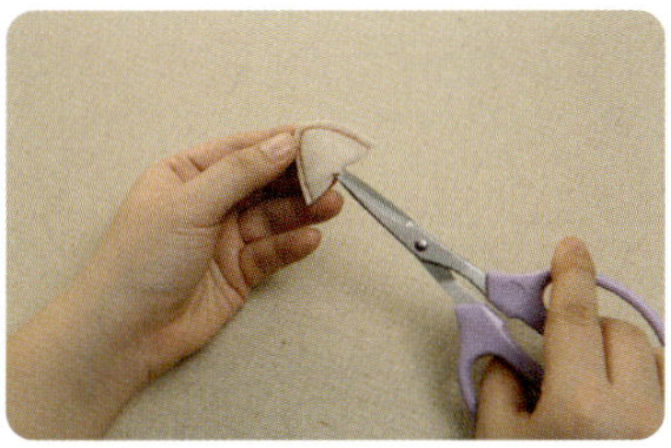

18 귀는 아래쪽에 작게 가위집을 내서 창구멍을 만듭니다.

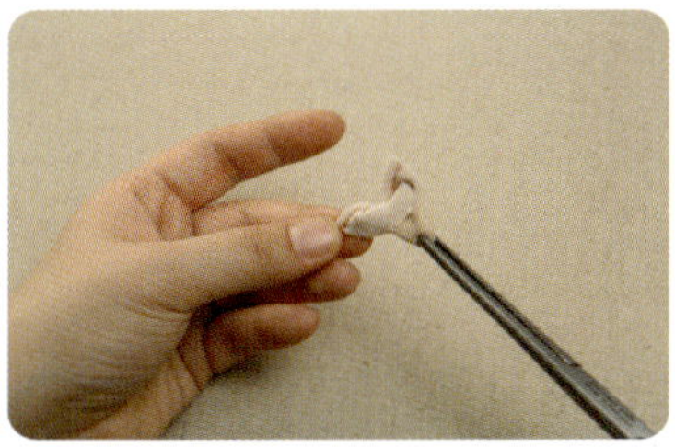

19 창구멍으로 겸자를 넣어 뒤집습니다.

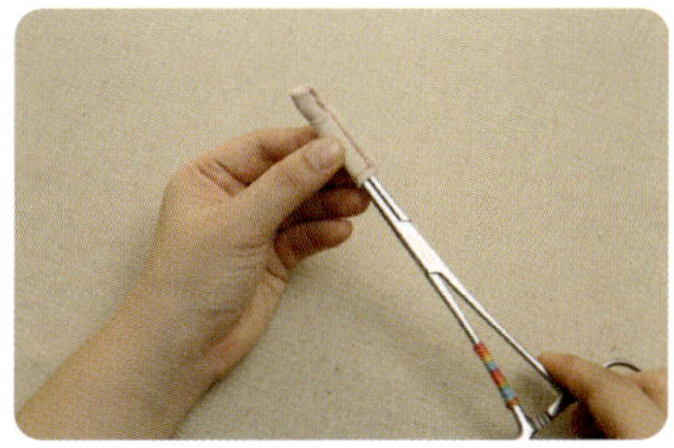

20 꼬리는 끝을 겸자로 잡아당겨 뒤집습니다.

21 모든 부분을 뒤집어서 준비합니다.

22 몸통은 발끝부터 겸자로 솜을 넣습니다.

23 몸통은 창구멍 둘레에 홈질 스티치를 놓습니다.

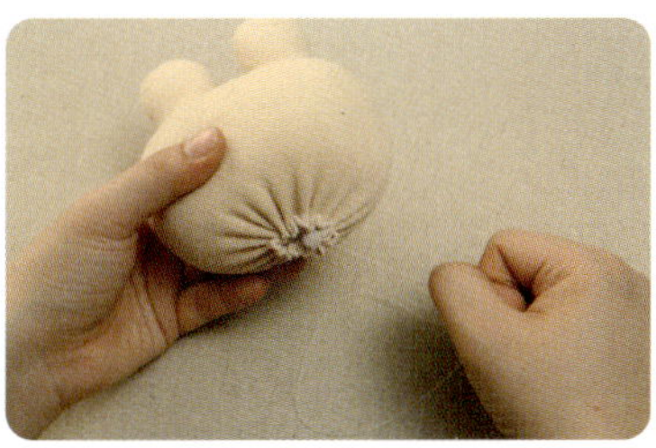

24 실을 잡아당겨 창구멍을 오므립니다.

25 잡아당긴 뒤 밖으로 나온 시접을 안으로 집어넣어 마무리합니다.

26 머리에도 솜을 넣은 뒤 창구멍 둘레에 홈질 스티치를 놓습니다.

27 실을 잡아당겨 창구멍을 오므립니다.

28 잡아당긴 뒤 밖으로 나온 시접을 안으로 집어넣어 마무리합니다.

29 머리와 몸통을 공그르기로 연결합니다. 머리가 흔들리지 않도록 튼튼하게 잇습니다.

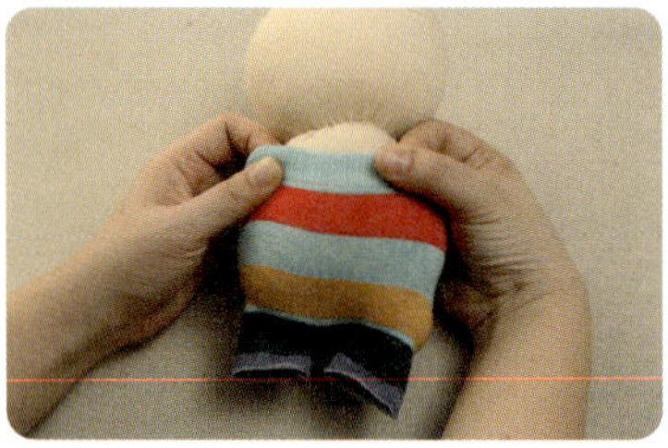

30 옷으로 준비해 둔 줄무늬 양말을 입힙니다.

31 코는 바느질선을 따라 둘레에 홈질 스티치를 놓습니다.

32 실을 살짝 당겨 오므려진 공간에 솜을 집어넣습니다. 실을 더 당겨 꽉 조인 뒤, 겸자로 깔끔하게 마무리합니다.

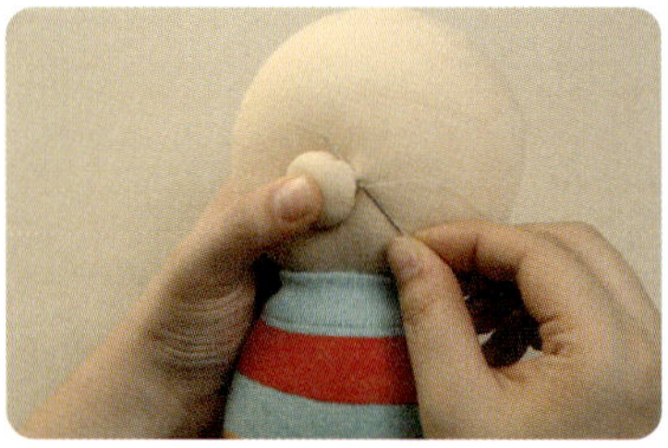

33 코를 얼굴의 중앙에 공그르기로 연결합니다.

34 귀 아래쪽 창구멍을 감침질로 막습니다.

35 양쪽 귀를 머리 위쪽의 동일한 높이에 공그르기로 연결합니다.

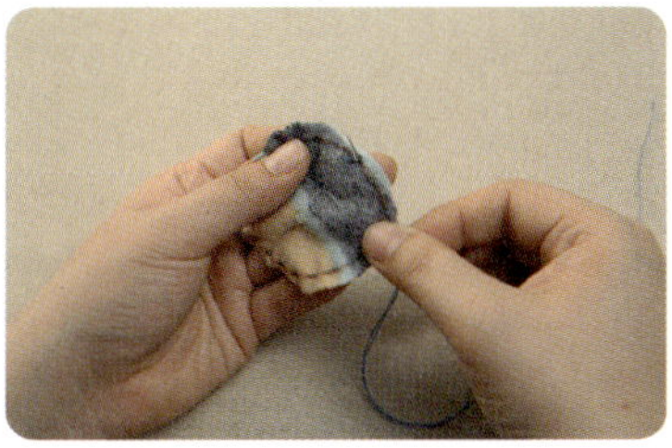

36 모자는 바느질선을 따라 둘레에 홈질 스티치를 놓습니다.

37 실을 살짝 당겨 오므려진 공간에 솜을 집어넣습니다. 실을 더 당겨 꽉 조인 뒤, 겸자로 깔끔하게 마무리합니다.

38 모자 아래쪽에 챙으로 사용할 펠트를 대고 감침질로 연결합니다.

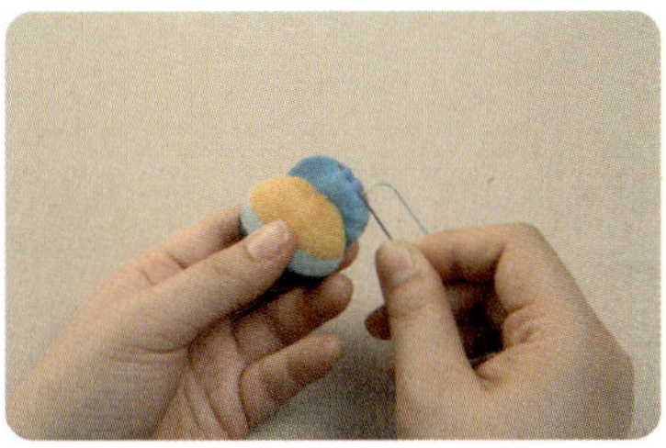

39 챙 앞쪽은 홈질 스티치로 장식합니다.

40 모자 위쪽 가운데에 구슬을 관통해서 답니다. 이때 실을 잡아당겨서 구슬이 모자 속에 폭 들어가게 답니다.

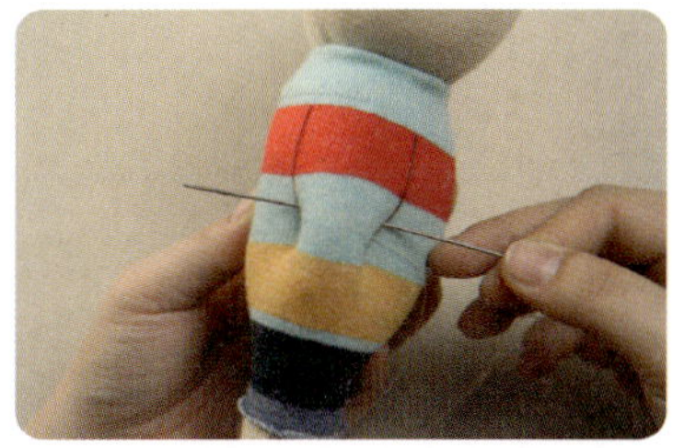

41 수성펜으로 팔의 위치를 직선으로 표시한 뒤 관통해서 바느질합니다. 팔의 간격은 3.5~4cm 정도로 그립니다.

42 꼬리는 바느질선을 따라 홈질 스티치를 놓습니다.

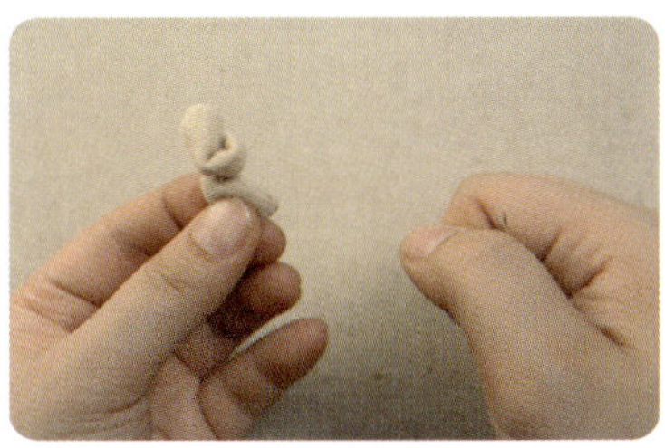

43 실을 잡아당겨서 돌돌 말린 돼지꼬리 모양을 만듭니다.

44 꼬리의 창구멍을 홈질 스티치로 잡아당겨 막은 뒤, 엉덩이에 공그르기로 연결합니다.

45 얼굴에 기화펜으로 표정을 그립니다.

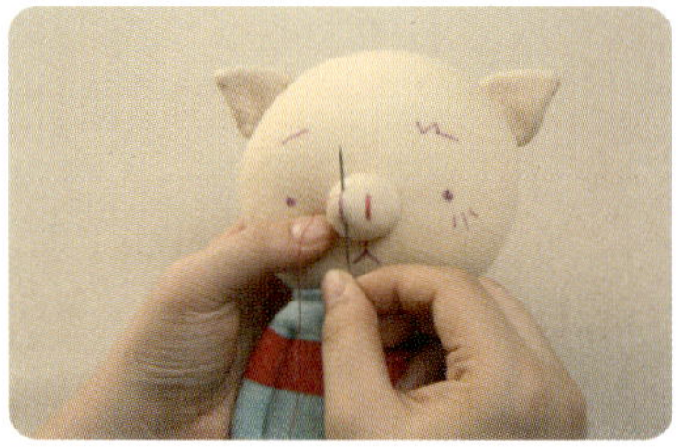

46 코는 분홍색 실로 수놓습니다.

47 입은 밤색 실로 수놓습니다.

48 눈은 진갈색 단추를 앞뒤로 관통해서 답니다. 이때 실을 잡아당겨서 얼굴에 단추가 폭 들어가게 답니다.

49 몸통 앞쪽에 나무 단추 2개를 답니다.

50 모자를 귀 근처에 글루건으로 붙입니다.

51 도트봉에 아크릴 물감을 묻혀 눈동자의 하이라이트를 찍습니다.

52 볼에 블러셔를 발라 홍조를 만듭니다.

53 완성되었습니다.

1

05 소심한 아기곰 폴라

오늘도 고민이 많은 아기 곰 폴라. 어떤 귀여운 고민을 하고 있을까요?

준비물

양말
회색 수면양말 2짝

부자재
크림색 펠트, 갈색 펠트, 검은색 단추 2개, 나무 단추 2개, 갈색 체크무늬 리본 테이프, 하트 모티브

도안 그리기 가이드

• 실물본: 169쪽 •

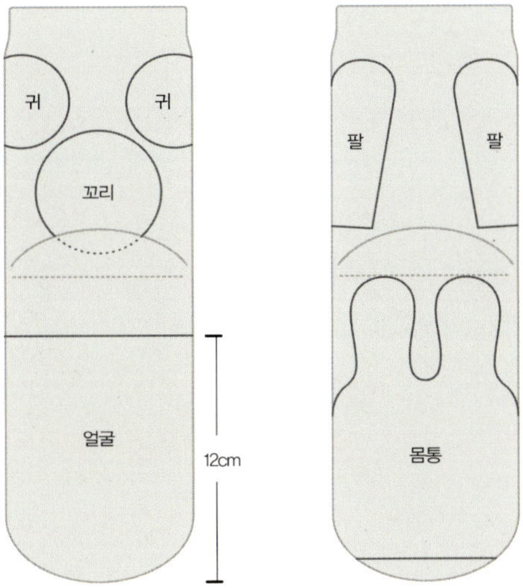

작업 과정

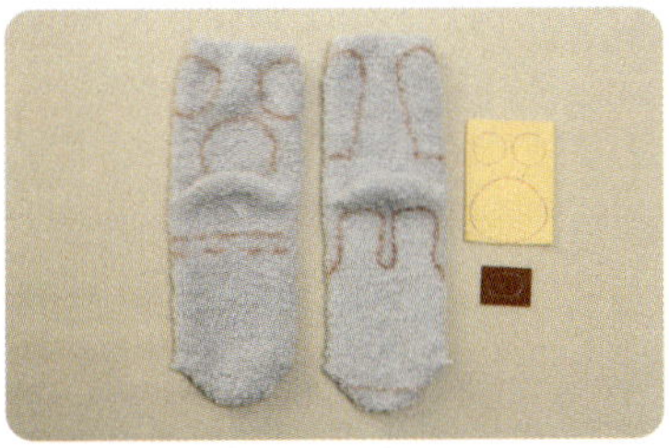

01 도안 그리기 가이드를 참고하여 각 양말에 도안을 그립니다.

TIP

펠트 도안 작업
펠트는 실물본의 크기보다 상하좌우에 약간 여유를 남겨 자른 뒤, 도안을 그린 부분만 오려내 사용합니다.

02 팔은 창구멍을 제외한 부분을 바느질합니다.

03 몸통도 동일한 방법으로 다리 부분을 바느질합니다.

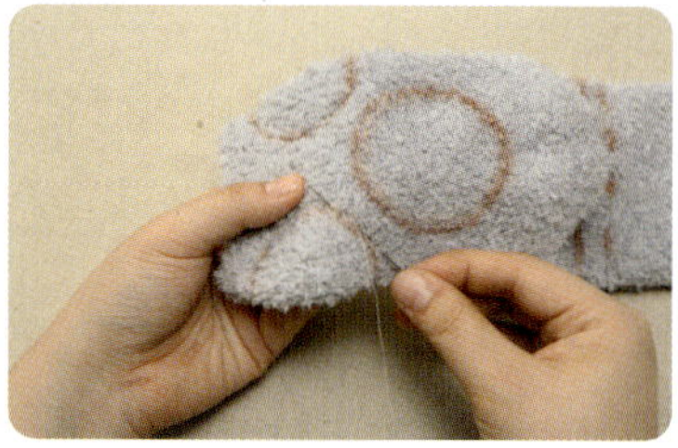

04 귀는 창구멍 없이 전체를 바느질합니다.

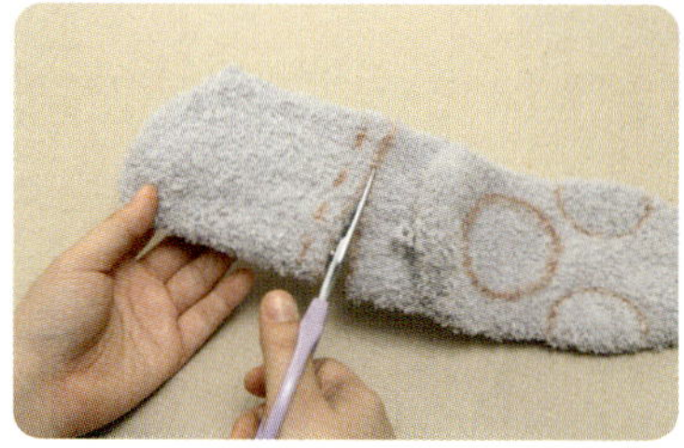

05 전체 바느질을 마치면 머리는 바느질선에서 시접을 1cm 남기고 재단합니다.

06 귀는 시접을 0.5~0.7cm 남기고 재단합니다.

07 꼬리는 둘레를 따라 바느질선에서 시접을 1cm 남기고 1장만 재단합니다.

08 몸통 아래쪽의 다리는 시접을 0.5cm 남기고 재단합니다.

09 몸통 위쪽은 바느질선에서 살짝 시접을 남기고 재단하여 창구멍을 만듭니다.

10 팔은 시접을 0.5~0.7cm 남기고 재단합니다.

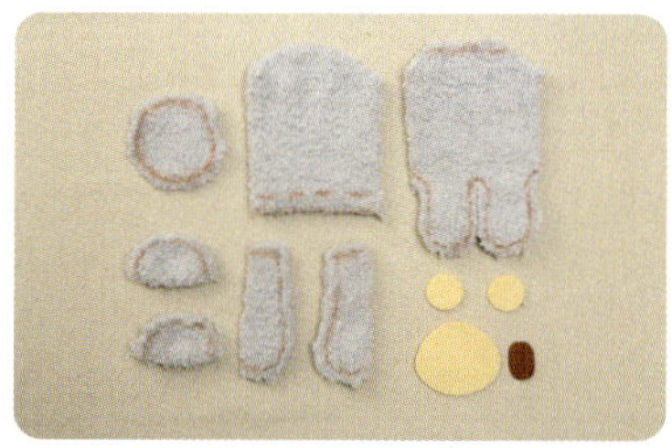

11 도안을 따라 필요한 부분에는 시접을 남기고 모든 부분을 재단합니다.

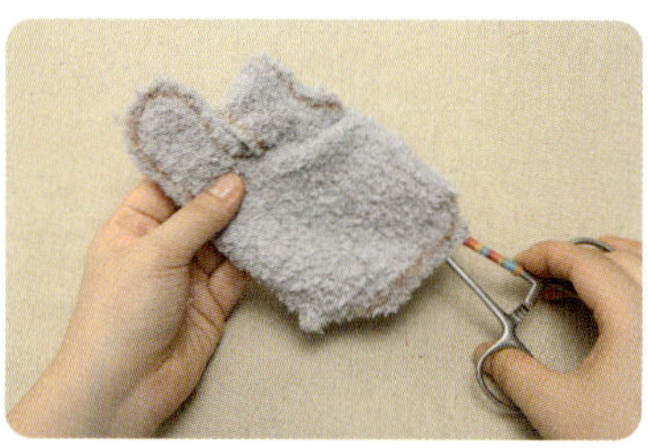

12 몸통은 창구멍을 통해 겸자로 발끝을 잡아당겨 뒤집습니다.

13 팔도 겸자로 손끝을 잡아당겨 뒤집습니다.

14 귀는 아래쪽에 작게 가위집을 내서 창구멍을 만든 뒤, 겸자를 넣어 뒤집습니다.

15 모든 부분을 뒤집어서 준비합니다.

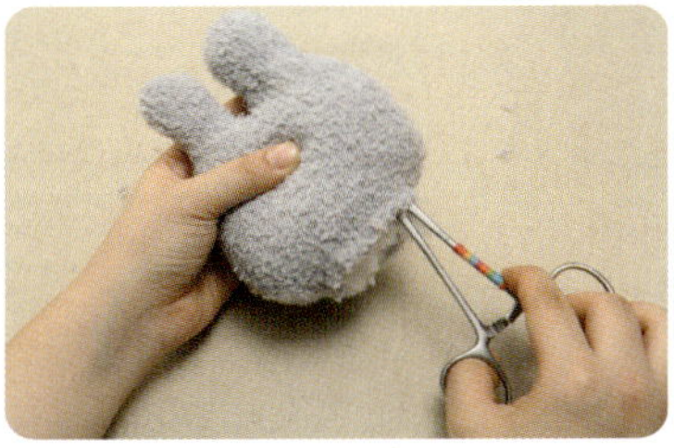

16 몸통은 창구멍을 통해 발끝부터 겸자로 솜을 넣습니다.

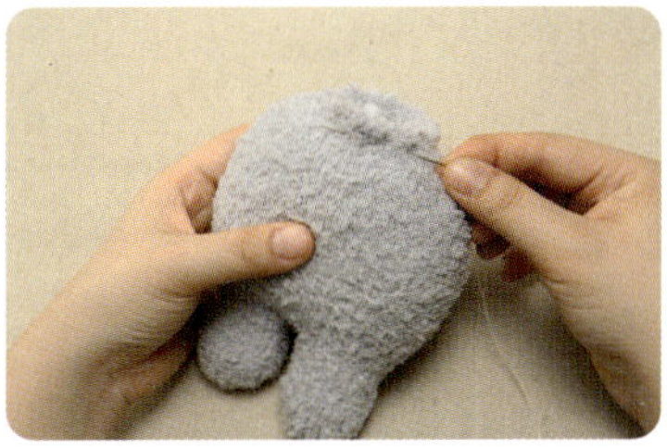

17 바느질선을 따라 창구멍 둘레에 홈질 스티치를 놓습니다.

18 실을 잡아당겨 창구멍을 오므립니다.

19 잡아당긴 뒤 밖으로 나온 시접을 안으로 집어넣어 마무리합니다.

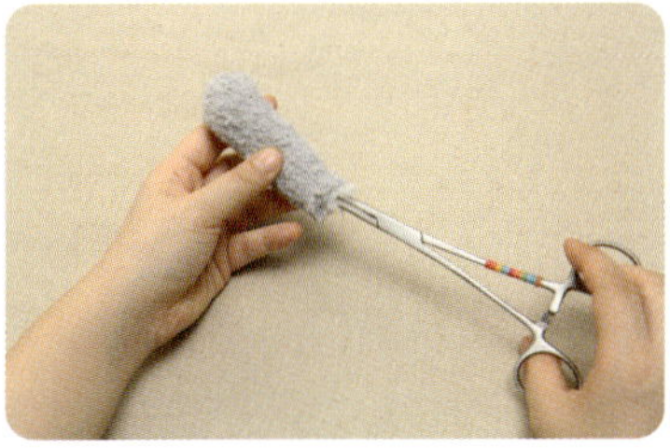

20 팔도 겸자로 솜을 집어넣습니다.

21 위쪽의 창구멍 둘레에 홈질 스티치를 놓습니다.

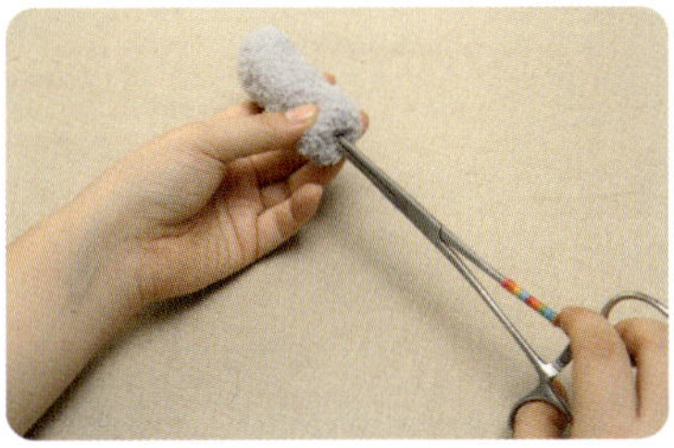

22 실을 잡아당겨 오므리고, 밖으로 나온 시접을 겸자로 집어넣어 마무리합니다.

23 꼬리는 바느질선을 따라 둘레에 홈질 스티치를 놓습니다.

24 실을 살짝 당겨 오므려진 공간에 솜을 집어넣고, 실을 더 당겨 조입니다.

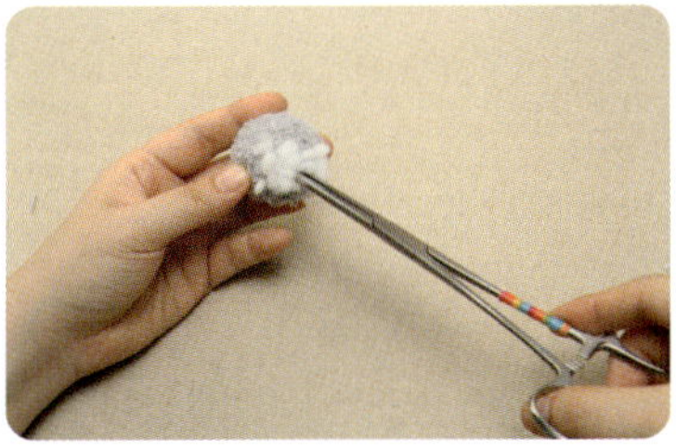

25 겸자로 튀어나온 솜과 시접까지 안쪽으로 집어넣어 마무리합니다.

26 머리에도 솜을 집어넣고 창구멍 둘레에 홈질 스티치를 놓습니다.

27 실을 잡아당겨 창구멍을 오므린 후, 시접을 안쪽으로 집어넣어 마무리합니다.

28 머리와 몸통을 공그르기로 연결합니다. 머리가 흔들리지 않도록 튼튼하게 잇습니다.

29 양팔은 위쪽에 나무 단추를 대고 관통해서 답니다.

30 꼬리는 엉덩이에 공그르기로 답니다.

31 귀에 재단해 놓은 크림색 펠트를 대고 감침질로 연결합니다.

32 양쪽 귀를 동일한 높이에 공그르기로 연결합니다.

33 얼굴 중앙에 재단해 놓은 크림색 펠트를 대고 감침질로 연결합니다.

34 재단해 놓은 코 모양 펠트를 크림색 펠트 위에 감침질로 연결합니다.

35 기화펜으로 얼굴에 표정을 그립니다.

36 갈색 실로 입과 눈썹을 수놓습니다.

37 눈은 검은색 단추를 대고 앞뒤로 관통해서 답니다. 이때 실을 잡아 당겨서 얼굴에 단추가 폭 들어가게 답니다.

38 도트봉에 아크릴 물감을 묻혀 눈동자의 하이라이트를 찍습니다.

39 볼에 블러셔를 발라 홍조를 만듭니다.

40 리본을 묶어서 글루건으로 목에 붙이고, 하트도 오른쪽 가슴에 붙입니다.

41 완성되었습니다.

PART 03

중급편:
양말인형 손에 익히기

06 강아지 화가 코비

열정 페이가 지긋지긋한 코비. '내 재능을 알아봐 줄 사람은 언제 나타날까?'

준비물

양말

연갈색 양말 3짝, 남색 줄무늬 양말 1짝

부자재

검은색 다이마루 천, 검은색 콩단추 2개, 파란색 콩단추 1개, 나무 단추 2개

도안 그리기 가이드

• 실물본: 170쪽 •

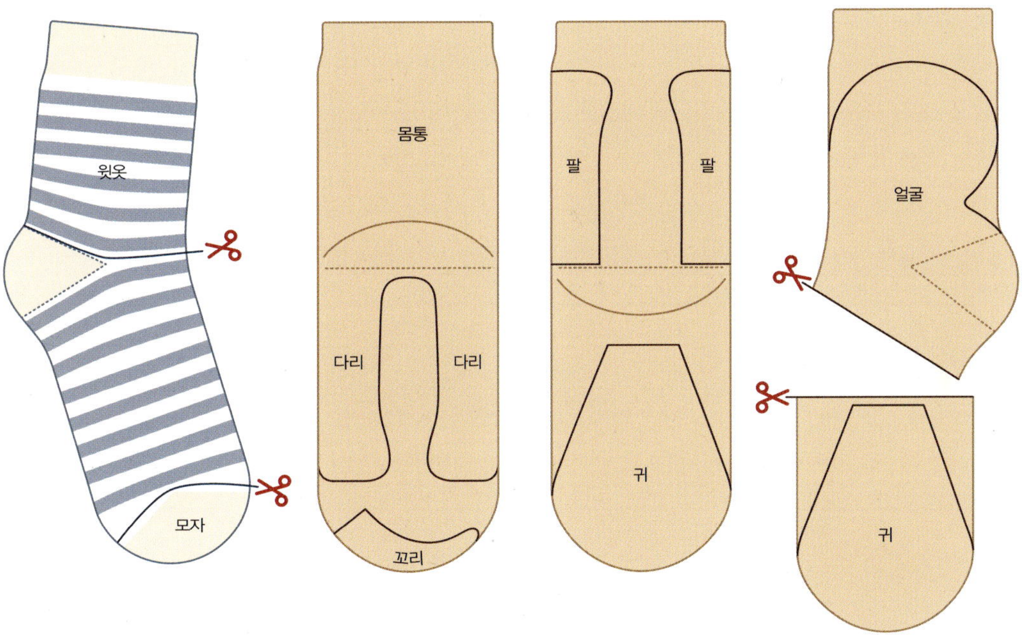

TIP

귀 한쪽과 머리가 같이 들어가는 양말은 정면이 보이도록 펼친 아래쪽에 귀를 그려서 재단한 뒤, 옆면이 보이도록 펼친 위쪽에 머리를 그립니다.

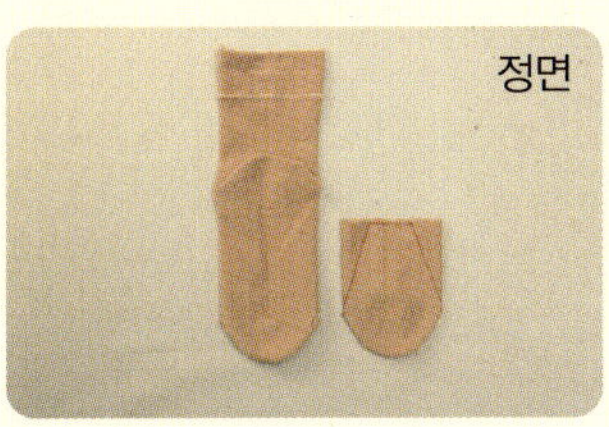

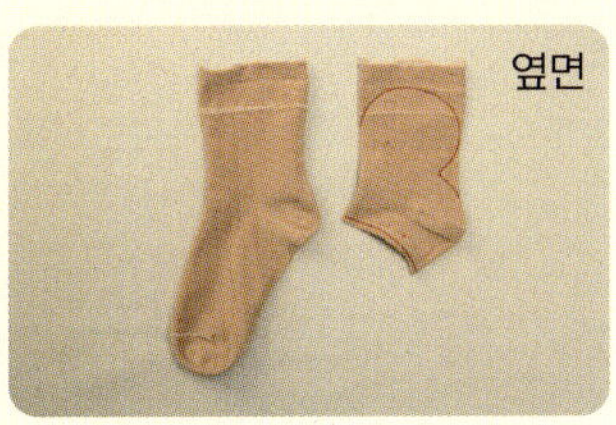

작업 과정

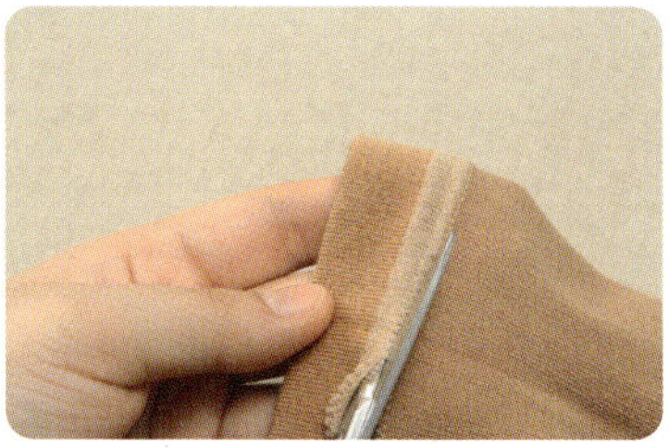

01 양말을 전부 뒤집은 뒤, 몸을 만들 연갈색 양말 3짝의 접어 박은 윗단을 모두 틉니다.

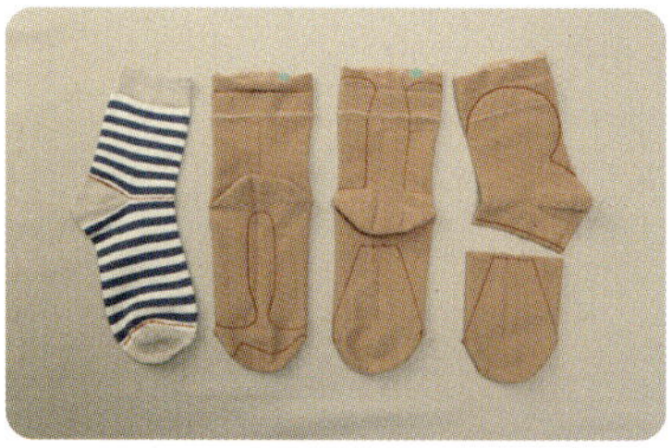

02 도안 그리기 가이드를 참고하여 각 양말에 도안을 그립니다.

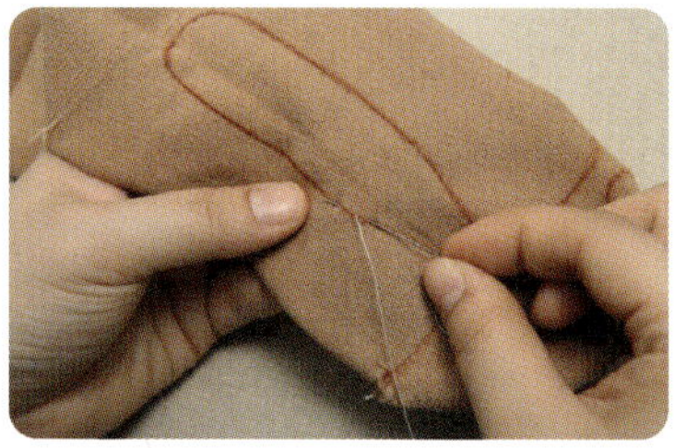

03 도안을 따라 몸통을 바느질합니다.

04 귀는 위쪽 창구멍을 제외한 부분을 바느질합니다.

05 팔은 위쪽 창구멍을 제외한 부분을 바느질합니다.

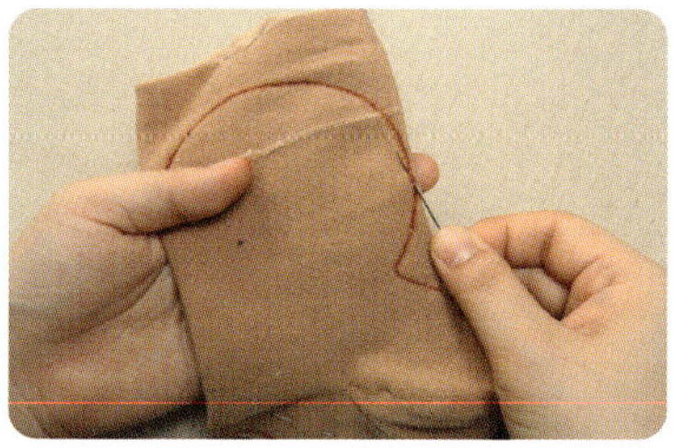

06 머리는 위쪽의 바느질선을 따라 바느질합니다.

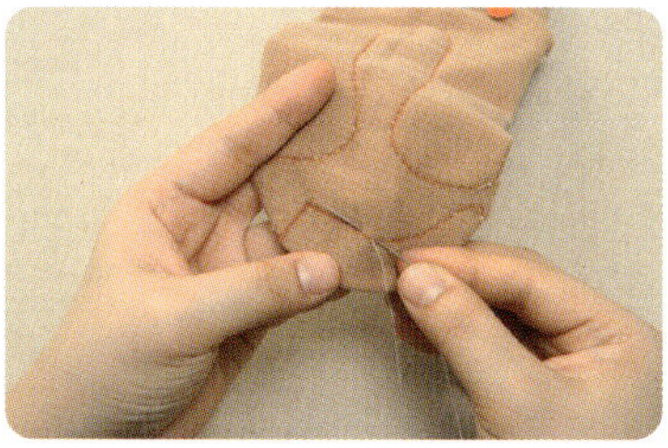

07 양말의 발끝 부분에 그린 꼬리도 바느질합니다.

08 전체 바느질을 마치면 시접을 0.7cm 남기고 다리부터 재단합니다.

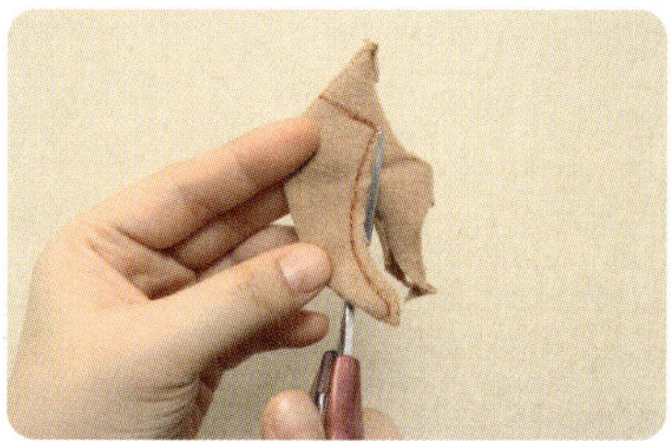

09 꼬리는 시접을 0.5cm 남기고 재단합니다.

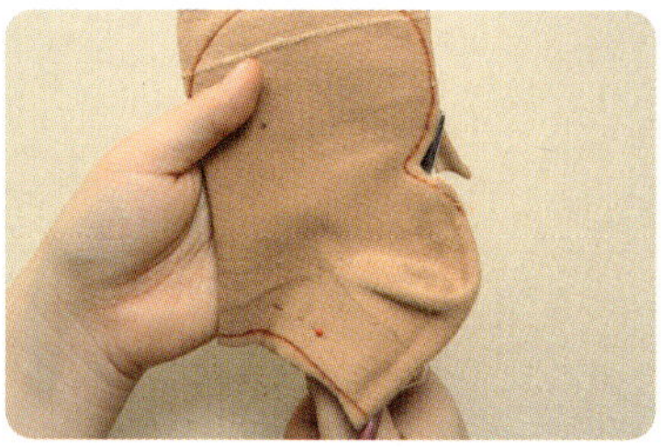

10 머리도 시접을 0.5cm 남기고 재단합니다.

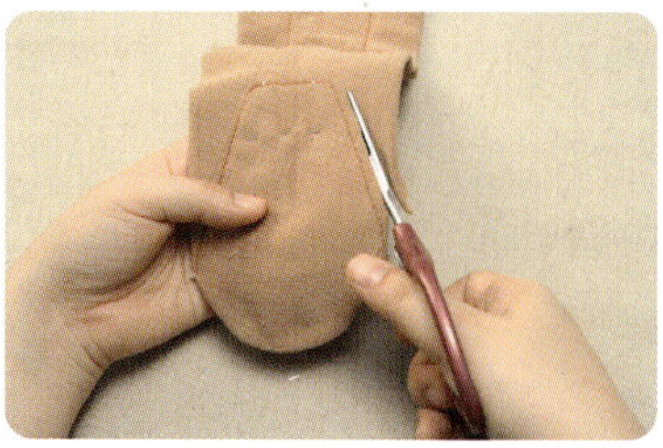

11 귀는 시접을 0.7cm 남기고 재단합니다.

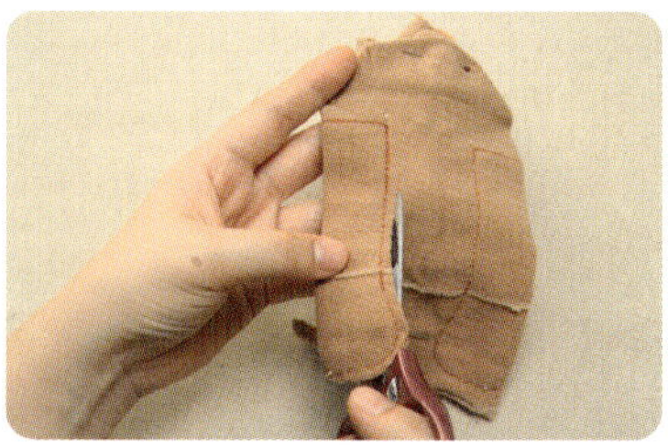

12 팔도 시접을 0.7cm 남기고 재단합니다.

13 윗옷으로 쓰일 부분은 뒤꿈치선 위쪽까지 시접 없이 재단합니다.

14 모자가 될 발가락 부분도 시접 없이 재단합니다.

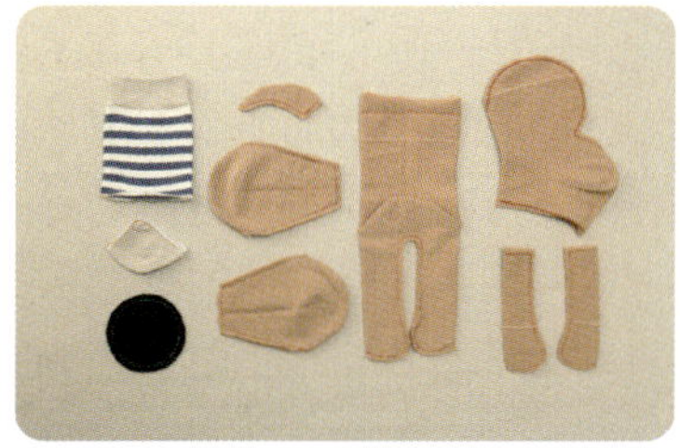

15 도안을 따라 필요한 부분에는 시접을 남겨 모든 부분을 재단합니다.

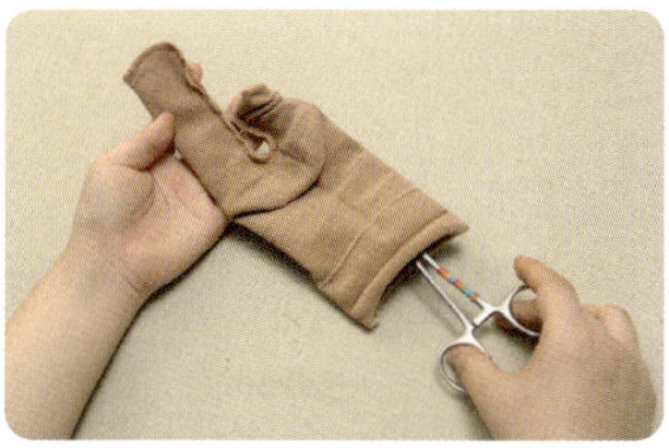

16 몸통은 발끝 부분을 겸자로 잡고 뒤집습니다.

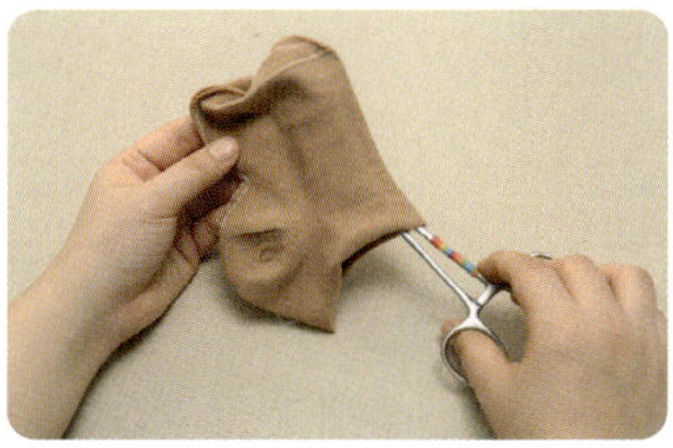

17 머리도 안쪽 끝을 겸자로 잡고 뒤집습니다.

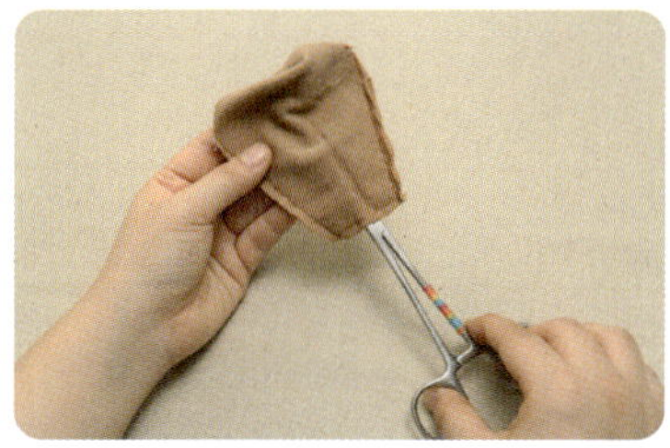

18 귀는 위쪽 창구멍을 통해 겸자로 뒤집습니다.

19 팔도 안쪽 끝을 겸자로 잡고 뒤집습니다.

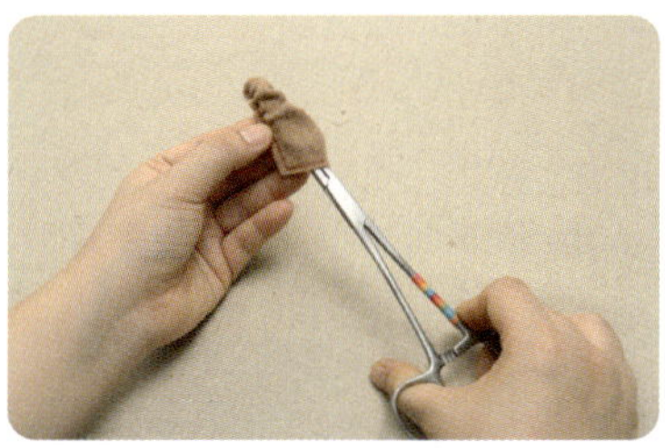

20 꼬리도 창구멍을 통해 겸자로 뒤집습니다.

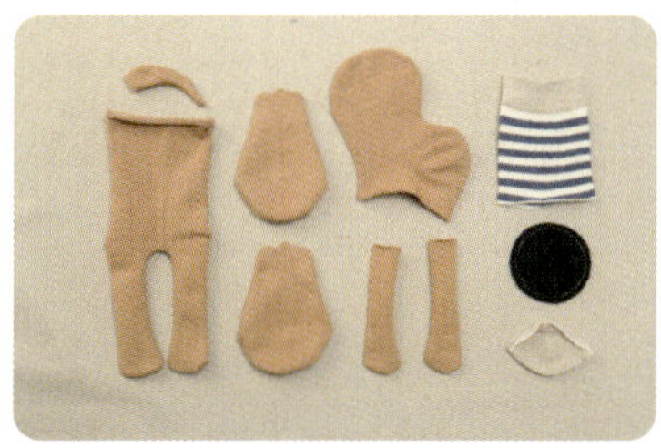

21 모든 부분을 뒤집어서 준비합니다.

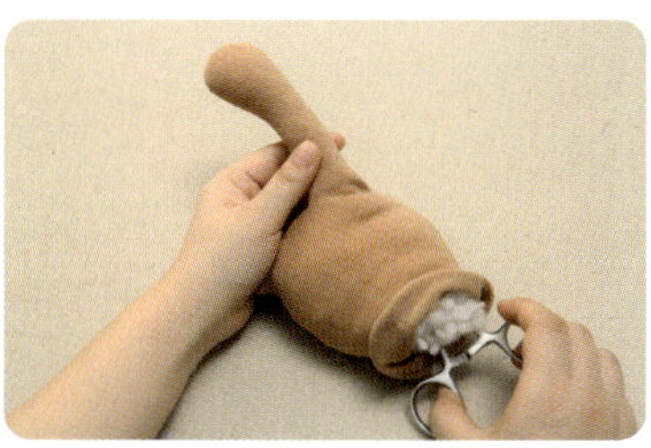

22 몸통은 발끝부터 겸자로 솜을 넣습니다.

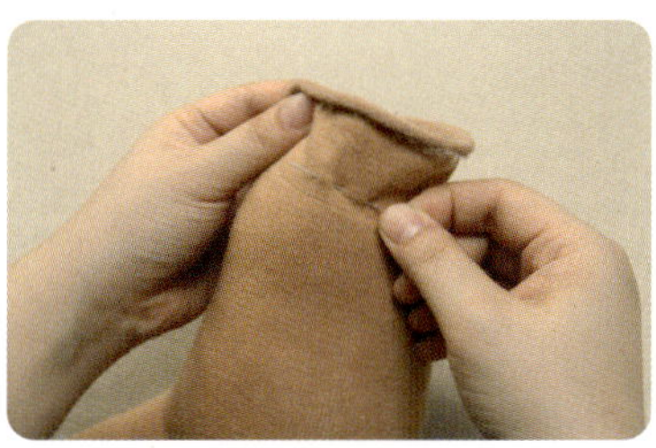

23 몸통 위쪽의 접어 박혀 있던 자국을 따라 둘레에 홈질 스티치를 놓습니다.

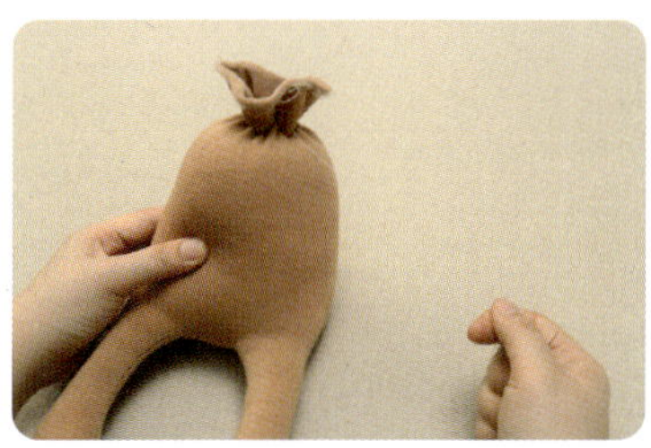

24 실을 잡아당겨 창구멍을 오므립니다.

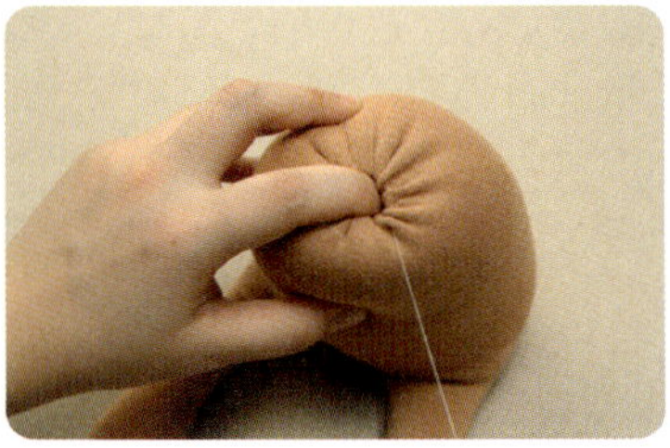

25 튀어나온 시접을 안으로 집어넣어 마무리합니다.

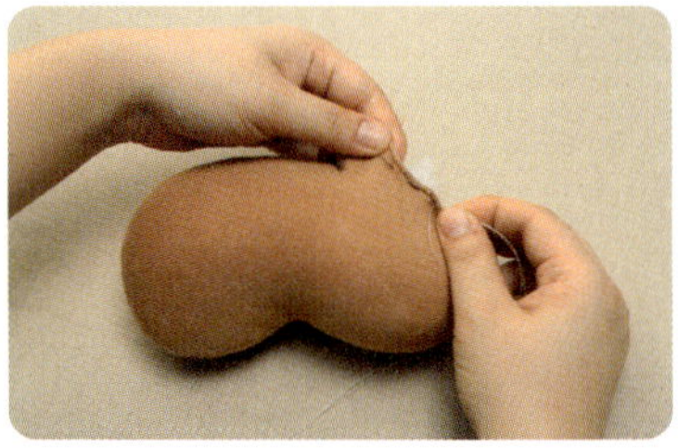

26 머리에도 솜을 넣은 뒤 창구멍 둘레에 홈질 스티치를 놓습니다.

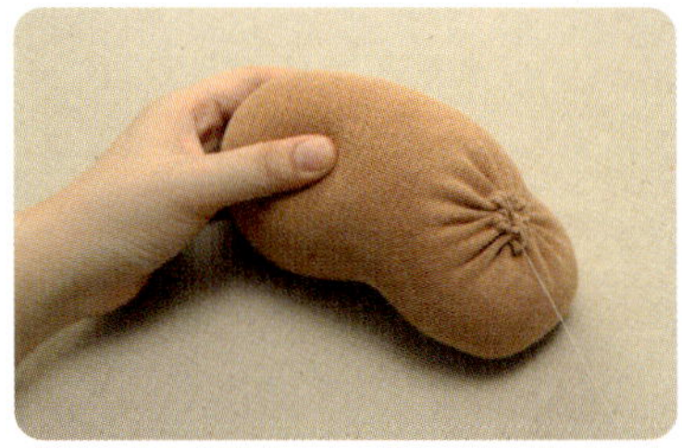

27 실을 잡아당겨 창구멍을 오므립니다.

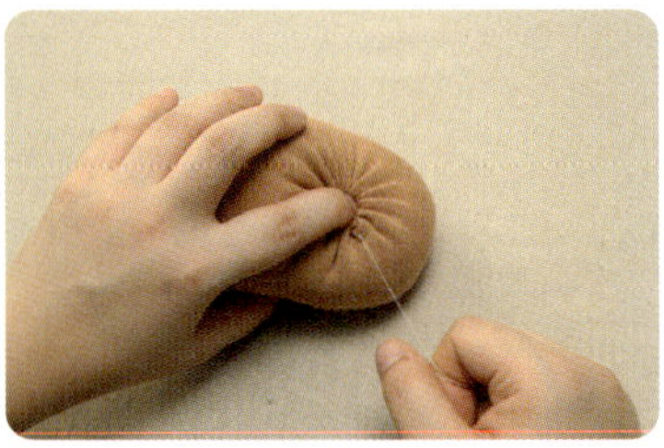

28 튀어나온 시접을 안쪽으로 집어넣어 마무리합니다.

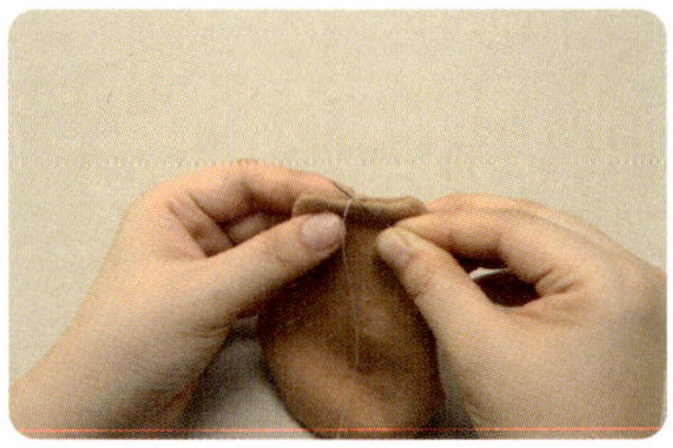

29 귀의 창구멍을 공그르기로 막습니다.

30 귀는 1cm 정도 안쪽의 둘레에 홈질 스티치를 놓습니다.

31 팔은 겸자로 솜을 집어넣고, 창구멍 둘레에 홈질 스티치를 놓습니다.

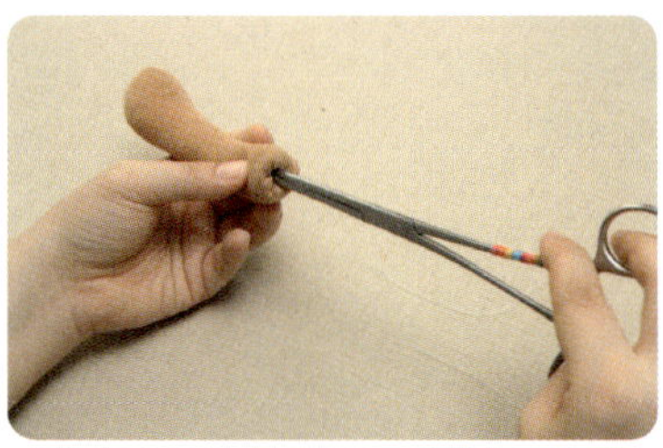

32 실을 잡아당긴 뒤 시접을 안쪽으로 집어넣어 마무리합니다.

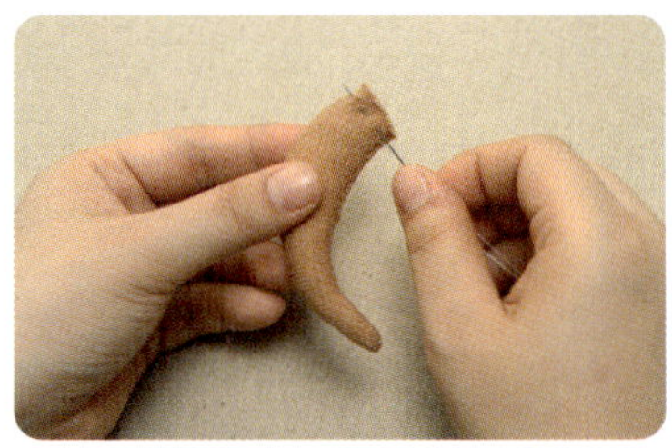

33 꼬리도 겸자로 소량의 솜을 집어넣고, 창구멍 둘레에 홈질 스티치를 놓습니다.

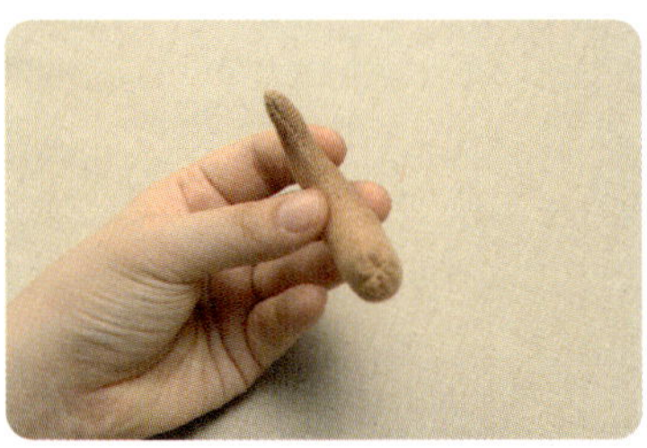

34 실을 잡아당긴 뒤 시접을 안쪽으로 집어넣어 마무리합니다.

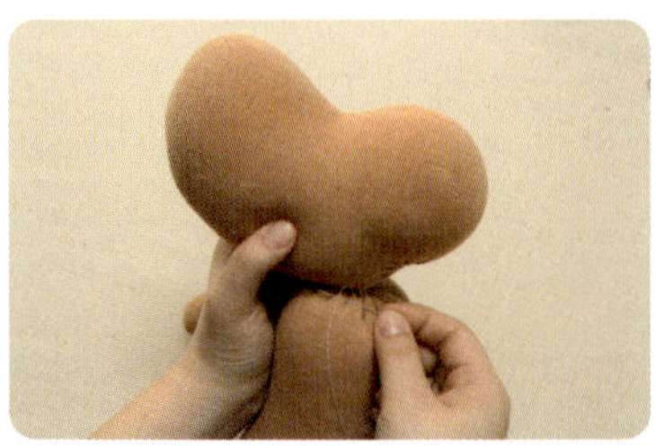

35 머리와 몸통을 공그르기로 연결합니다. 머리가 흔들리지 않도록 튼튼하게 잇습니다.

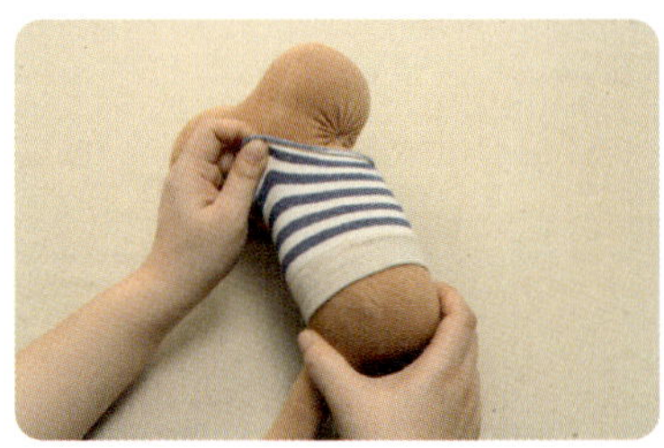

36 옷으로 준비해 둔 줄무늬 양말을 입힙니다.

37 목둘레에 홈질 스티치를 놓으며 잡아당겨 주름을 잡습니다.

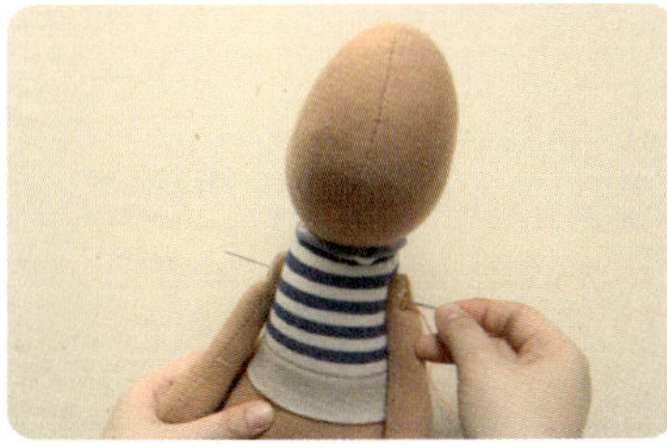

38 양팔은 위쪽에 나무 단추를 대고 관통해서 답니다.

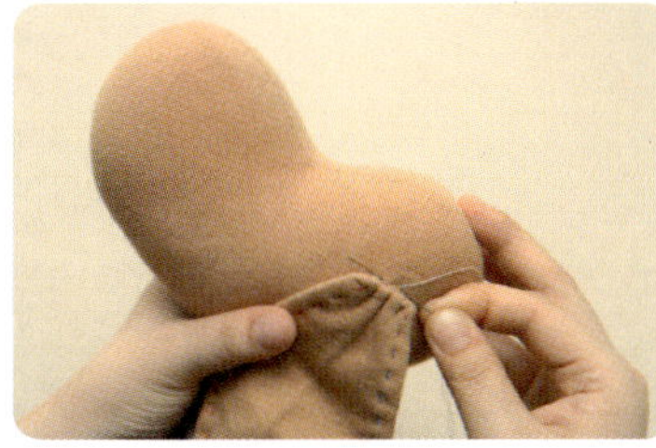

39 귀는 머리의 옆 부분에 공그르기로 연결합니다.

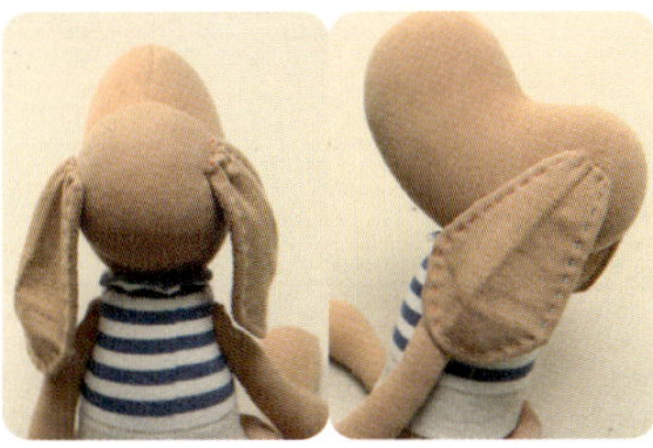

40 귀를 단 앞모습은 왼쪽 그림, 뒷모습은 오른쪽 그림처럼 됩니다.

41 코는 준비한 검은색 디아마루 천의 둘레에 홈질 스티치를 놓아서 준비합니다.

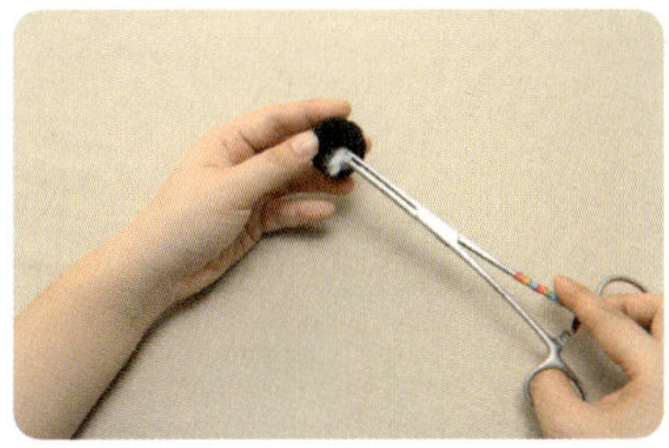

42 실을 잡아당겨 창구멍을 오므린 뒤 겸자로 솜을 집어넣습니다.

43 시접을 안쪽으로 집어넣어 마무리합니다.

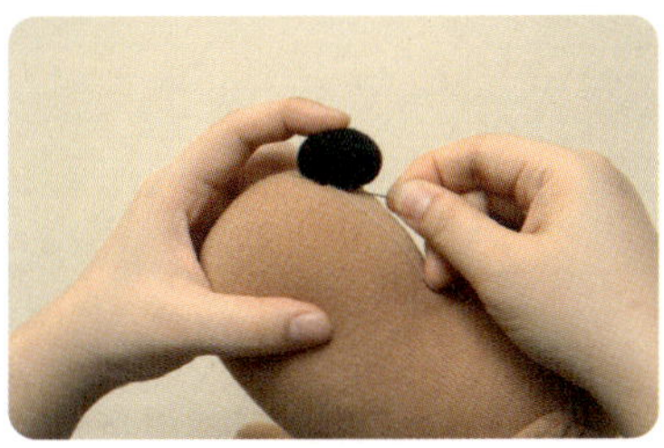

44 완성된 코를 얼굴 앞쪽에 공그르기로 답니다.

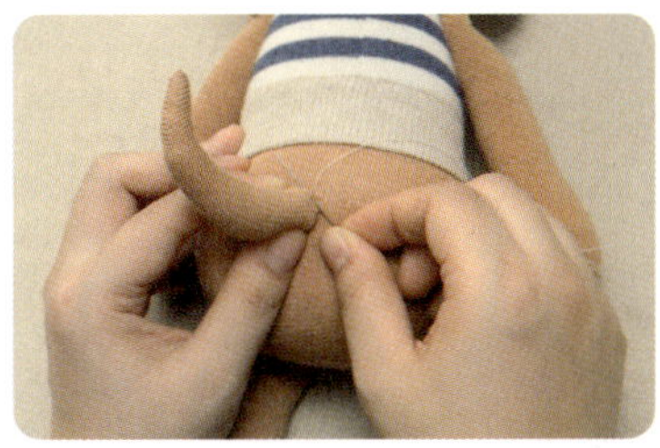

45 꼬리는 엉덩이에 공그르기로 답니다.

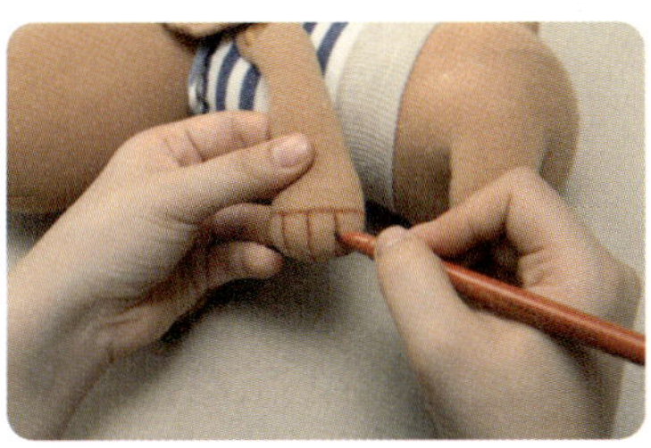

46 손끝에 수성펜으로 손가락을 그립니다.

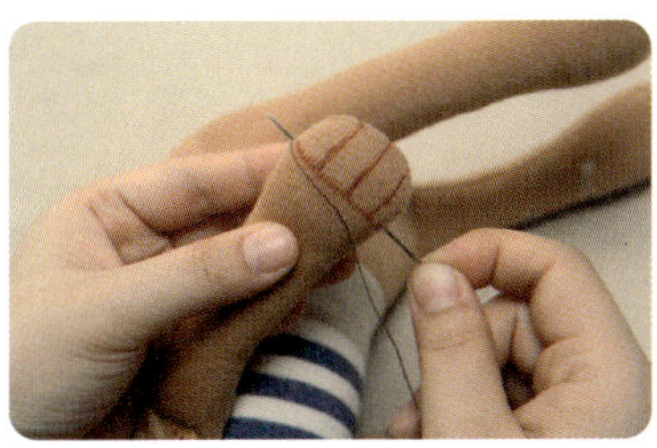

47 손끝의 양쪽을 관통해서 감침질합니다.

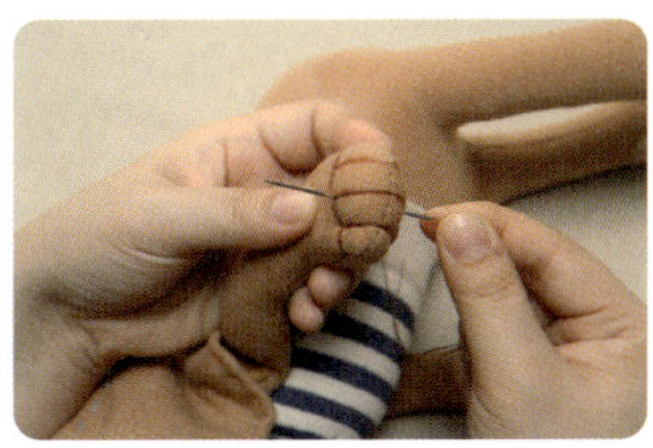

48 위쪽을 감침질한 뒤, 각 손가락도 감침질하고 잡아당겨 고정합니다.

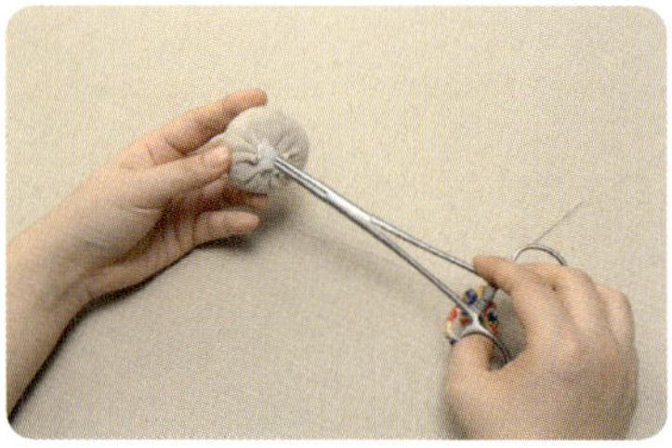

49 모자는 코를 만들 때처럼 둘레에 홈질 스티치를 놓고 실을 당겨 오므린 뒤, 겸자로 솜을 집어넣습니다.

50 수성펜으로 모자 중앙 부분을 표시합니다.

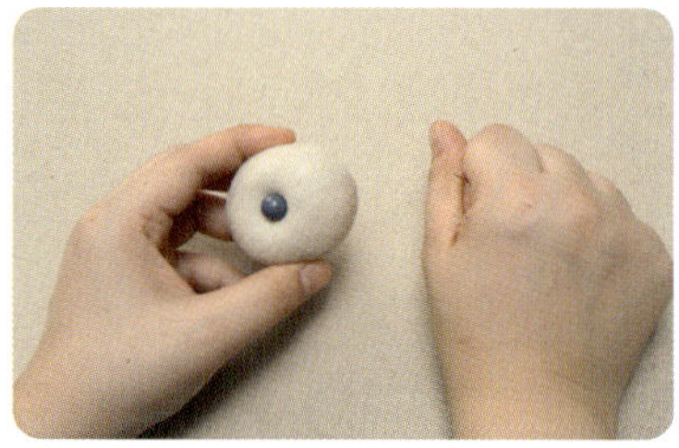

51 파란색 콩단추를 대고 모자의 위아래로 관통해서 답니다. 이때 실을 잡아당겨서 모자 속에 단추가 폭 들어가게 답니다.

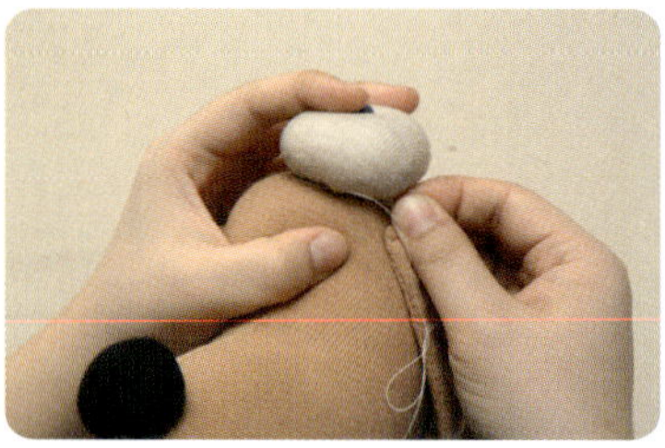

52 완성된 모자를 머리 위쪽에 공그르기로 답니다.

53 수성펜으로 눈의 위치를 표시한 뒤, 검은색 콩단추를 대고 양쪽을 관통해서 눈을 답니다. 이때 실을 잡아당겨서 얼굴에 단추가 폭 들어가게 답니다.

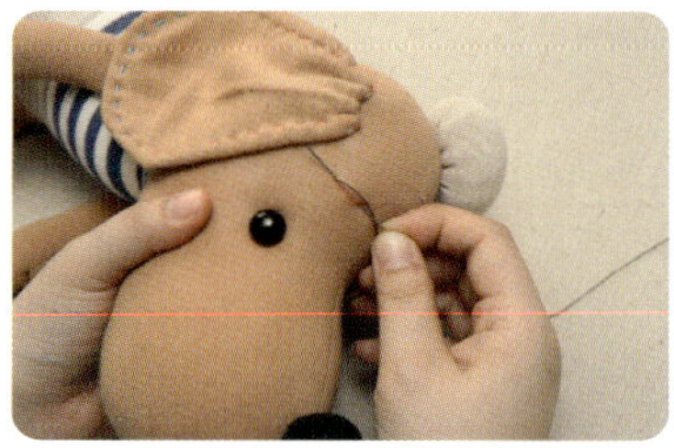

54 눈썹은 진갈색 실로 수놓습니다.

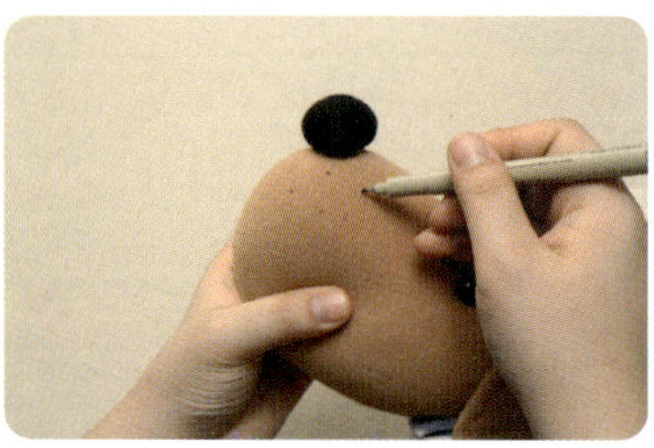

55 유성펜으로 코 주변에 점을 찍어서 콧수염을 표현합니다.

56 볼에 블러셔를 발라 홍조를 만듭니다.

57 완성되었습니다.

07 애교쟁이 하마 릴리

애교 만점, 인기 만점 릴리. 릴리는 오늘 하루도 많이 바쁜가 봐요.

준비물

양말

다홍색 줄무늬 양말 1짝, 오트밀색 양말 1짝, 연하늘색 양말 2짝

부자재

분홍색 별단추 2개, 진갈색 단추 2개, 나무 단추 2개, 반진주 1개

도안 그리기 가이드

• 실물본: 172쪽 •

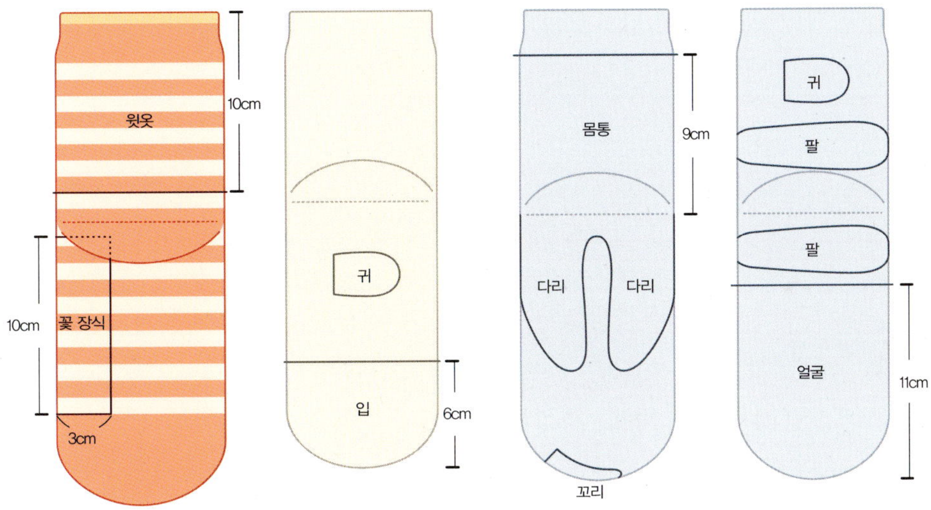

작업 과정

01 양말을 전부 뒤집은 뒤, 머리와 몸통을 만들 연하늘색 양말의 윗단을 틉니다.

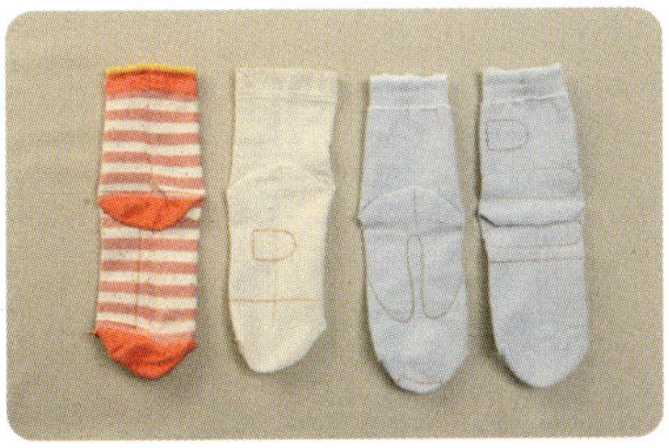

02 도안 그리기 가이드를 참고하여 각 양말에 도안을 그립니다.

03 그려 둔 도안을 따라 몸통을 바느질합니다.

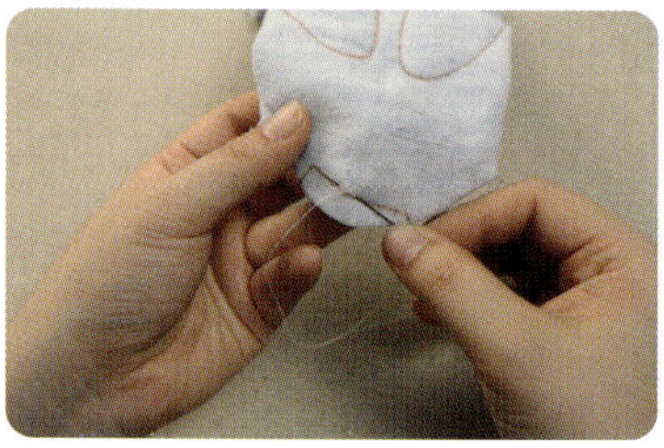

04 꼬리는 창구멍을 남기고 바느질합니다.

05 팔은 창구멍 없이 전체를 바느질합니다.

06 전체 바느질을 마치면 다리는 시접을 0.5~0.7cm 남기고 재단합니다.

07 꼬리는 시접을 최소한으로 남겨 재단합니다.

08 옷은 시접 없이 도안선을 따라 재단합니다.

09 꽃 장식은 시접 없이 도안선을 따라 1장만 재단합니다.

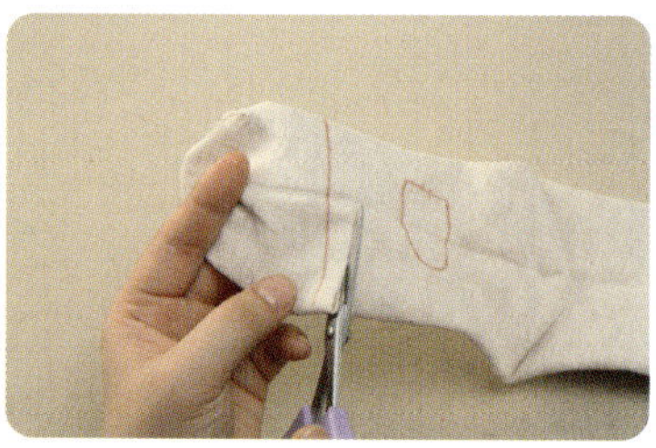

10 입 부분은 바느질선에서 1cm 시접을 남기고 재단합니다.

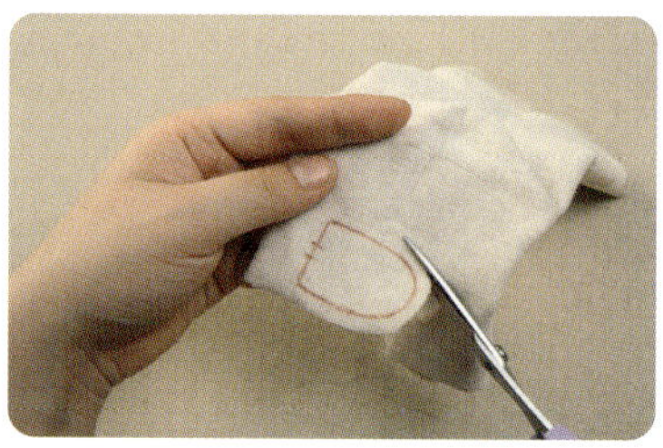

11 귀는 시접을 넉넉히 남기고 앞뒤 2장을 재단합니다.

12 연하늘색 양말에 그린 귀도 시접을 넉넉히 남기고 2장을 재단합니다.

13 귀 2장의 겉과 겉을 마주댄 상태로 창구멍을 남기고 바느질합니다.

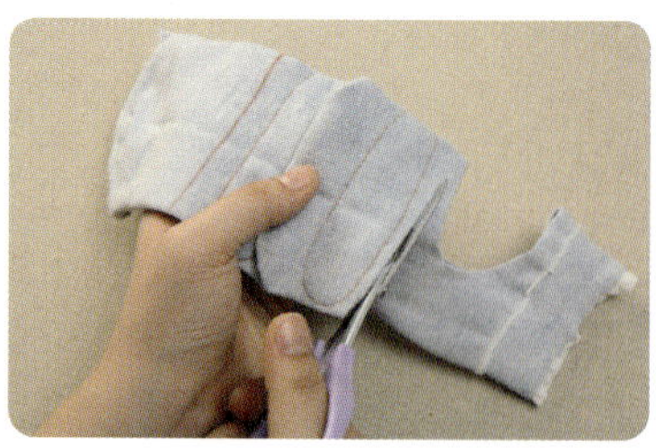

14 팔은 시접을 0.5~0.7cm 남기고 재단합니다.

15 도안을 따라 필요한 부분에는 시접을 남겨 모든 부분을 재단합니다.

16 몸통은 발끝 부분을 잡고 겸자로 뒤집습니다.

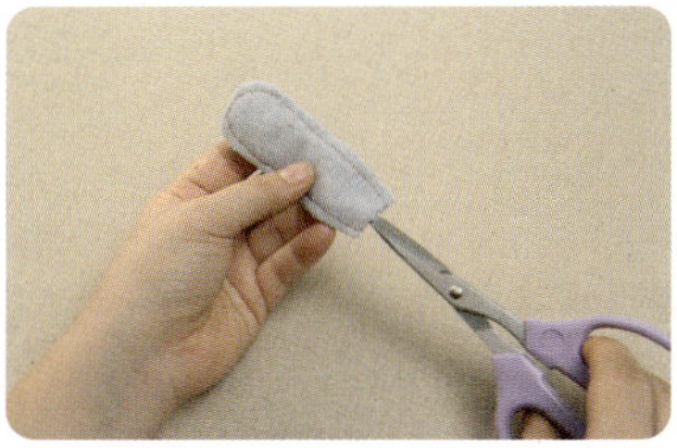

17 팔은 위쪽에 작게 가위집을 내서 창구멍을 만든 뒤, 겸자를 넣어 뒤집습니다.

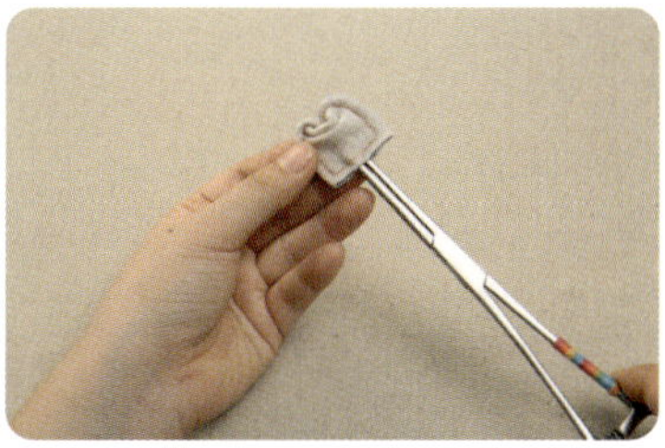

18 귀는 창구멍으로 겸자를 넣어 뒤집습니다.

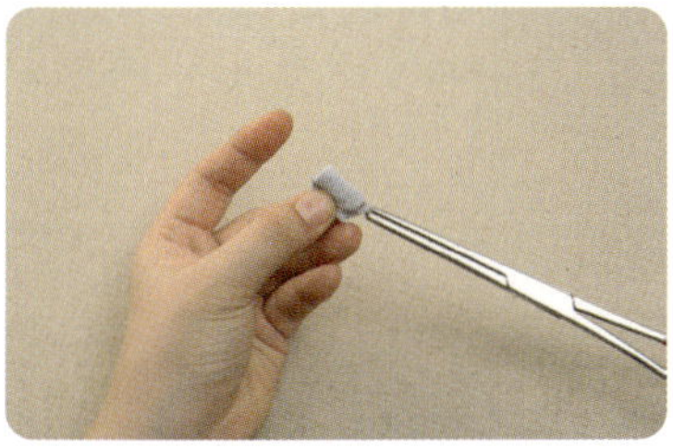

19 꼬리도 겸자로 뒤집습니다.

20 모든 부분을 뒤집어서 준비합니다.

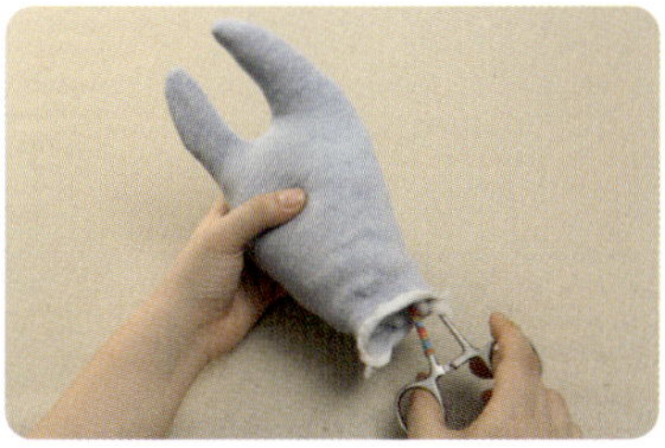

21 몸통에 겸자로 솜을 적당량 집어넣습니다.

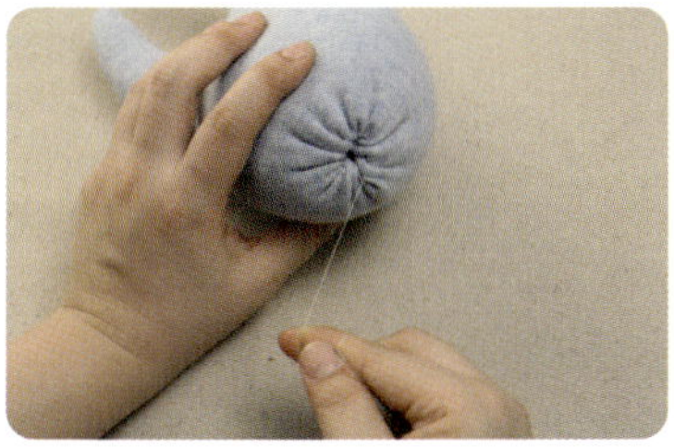

22 창구멍 둘레에 홈질 스티치를 놓은 뒤, 시접을 안쪽으로 집어넣어 마무리합니다.

23 머리에도 솜을 적당량 집어넣고 창구멍 둘레에 홈질 스티치를 놓습니다.

24 실을 잡아당긴 뒤 시접을 안쪽으로 집어넣어 마무리합니다.

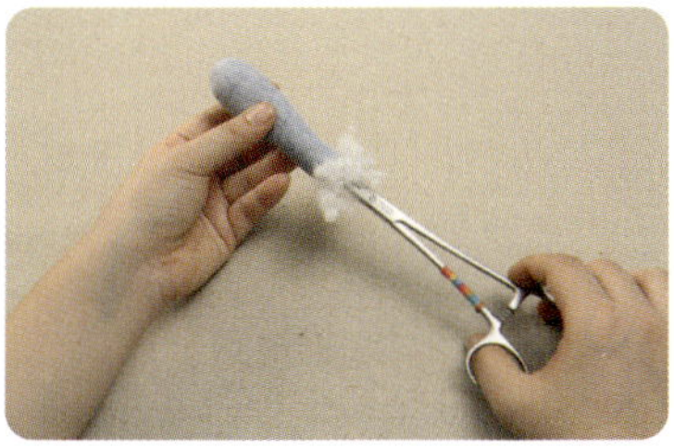

25 팔에도 겸자로 솜을 집어넣습니다.

26 위쪽 창구멍은 공그르기로 막습니다.

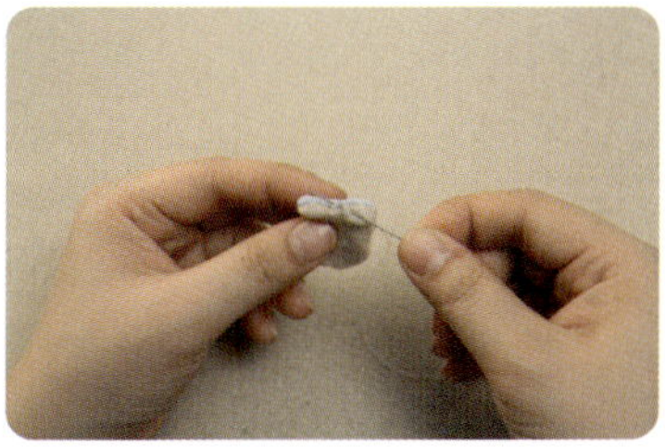

27 귀 아래쪽 창구멍도 공그르기로 막습니다.

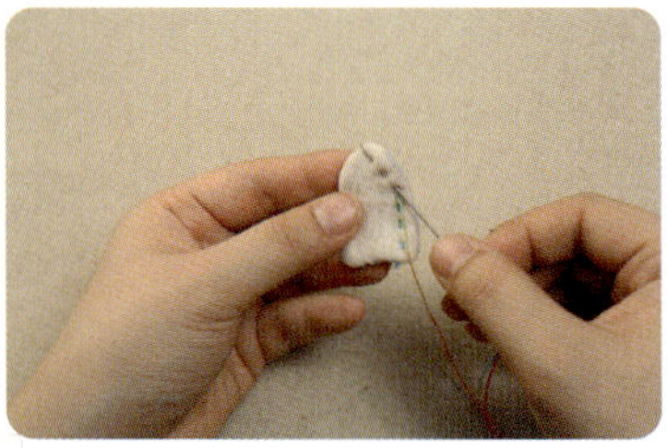

28 창구멍을 막은 귀는 1cm 정도 안쪽의 둘레에 홈질 스티치를 놓습니다.

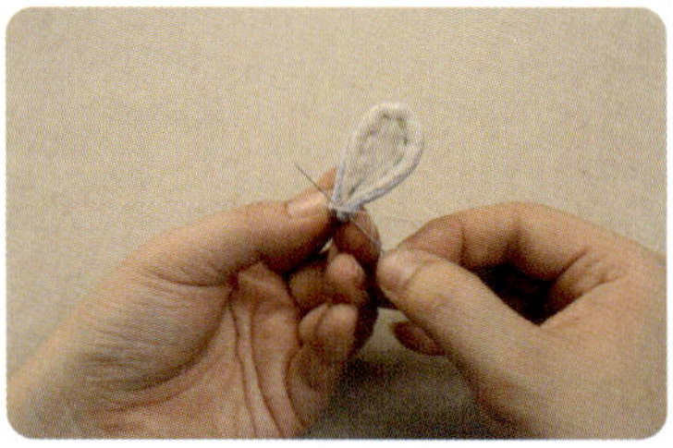

29 귀 아래쪽을 반으로 접어서 앞쪽을 감침질로 고정합니다.

30 옷은 양말의 접어 박은 윗단을 틉니다.

31 양말이 접혀 있던 경계선을 따라 둘레에 홈질 스티치를 놓습니다.

32 실을 잡아당겨 마무리합니다. 튀어나온 시접은 집어넣지 않아도 됩니다.

33 그대로 양말을 뒤집습니다.

34 몸통에 씌운 뒤, 아래쪽이 말려올라오지 않도록 바느질로 고정합니다

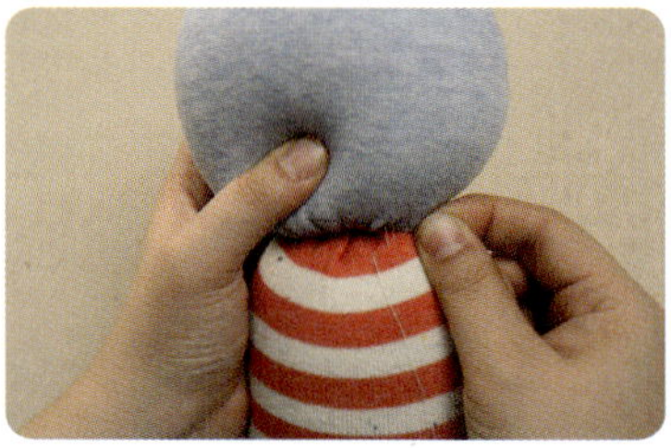

35 머리와 몸통을 공그르기로 연결합니다. 머리가 흔들리지 않도록 튼튼하게 잇습니다.

36 머리 장식은 반으로 접은 뒤 아래쪽에 홈질 스티치를 놓습니다.

37 실을 잡아당겨 둥글게 맙니다.

38 양팔은 위쪽에 나무 단추를 대고 관통해서 답니다.

39 수성펜으로 얼굴에 입 라인을 그립니다.

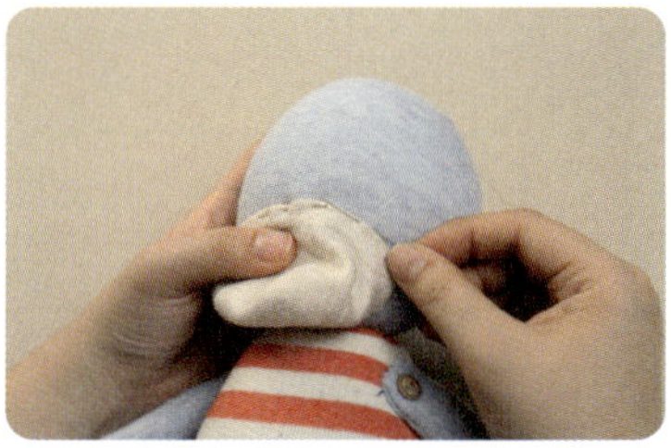

40 입 라인에 사용할 오트밀색 양말을 대고 자리를 잡습니다. 아래쪽에 창구멍을 남기고 시접을 접어 넣어 가며 공그르기로 연결합니다.

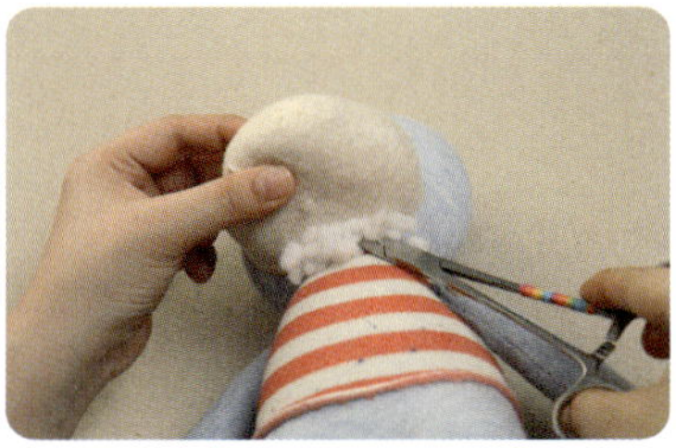

41 아래쪽 창구멍으로 솜을 집어넣습니다.

42 솜을 다 넣으면 공그르기로 창구멍을 막습니다.

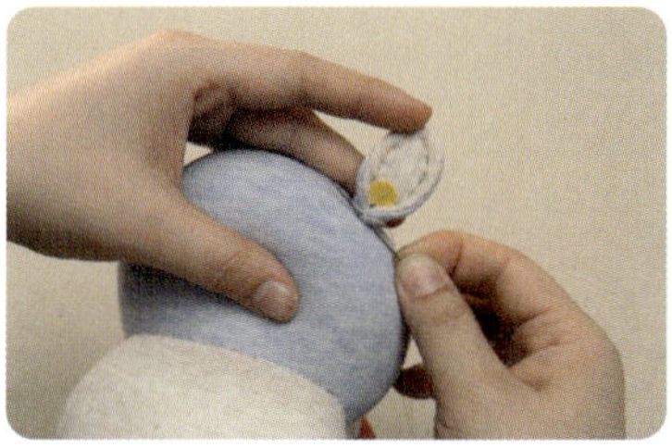

43 양쪽 귀는 공그르기로 머리에 연결합니다.

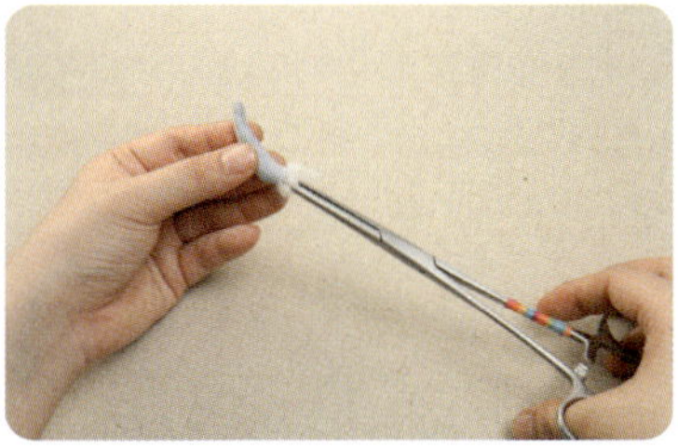

44 꼬리에 소량의 솜을 넣고 창구멍을 홈질 스티치로 막습니다. 튀어나온 시접은 겸자로 집어넣어 마무리합니다.

45 준비한 꼬리를 엉덩이에 공그르기로 답니다.

46 기화펜으로 눈과 눈썹, 콧구멍을 그립니다.

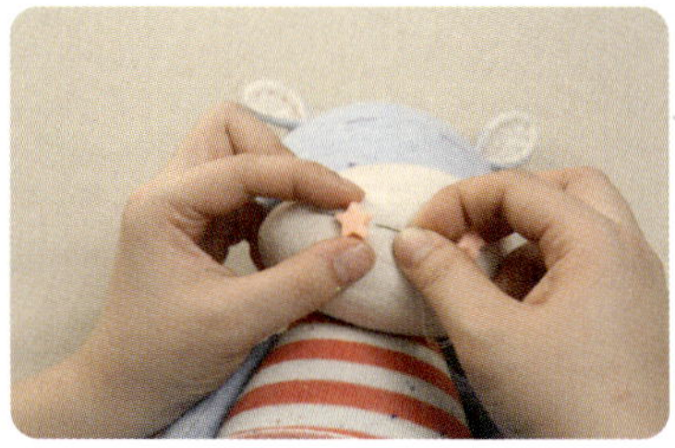

47 콧구멍 위치에 분홍색 별단추를 답니다.

48 눈은 진갈색 단추를 대고 앞뒤로 관통해서 답니다. 이때 실을 잡아 당겨서 얼굴에 단추가 폭 들어가게 답니다.

49 눈썹은 진갈색 실로 수놓습니다.

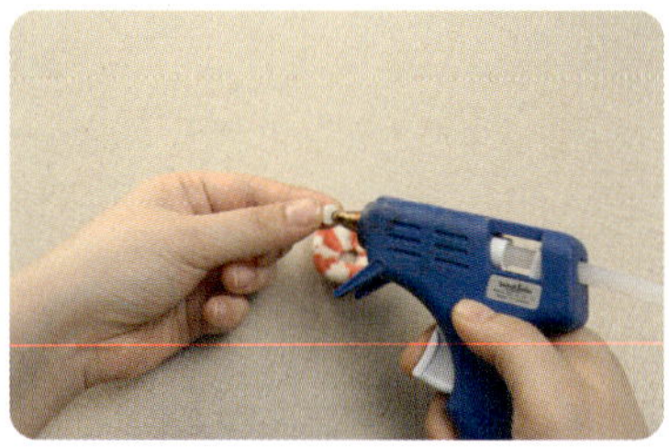

50 반진주를 준비해 둔 머리 장식 가운데에 글루건으로 붙입니다.

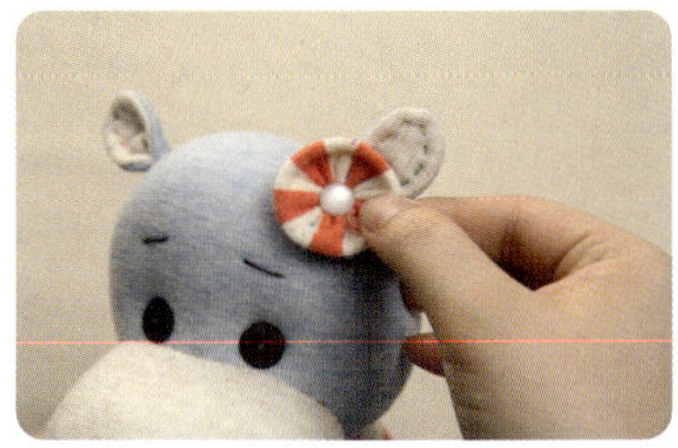

51 반진주를 붙여 완성한 머리 장식은 귀 근처에 글루건으로 붙입니다.

52 도트봉에 아크릴 물감을 묻혀 눈동자의 하이라이트를 찍습니다.

53 볼에 블러셔를 발라 홍조를 만듭니다.

54 완성되었습니다.

08 서커스단 원숭이 타타

외발자전거가 너무 어려운 타타. '그렇지만 여기서 포기할 수는 없지!'

준비물

양말
갈색 양말 2짝, 빨간색 별무늬 양말 1짝

부자재
검은색 단추 2개, 베이지색 펠트, 주황색 펠트

도안 그리기 가이드

• 실물본: 174쪽 •

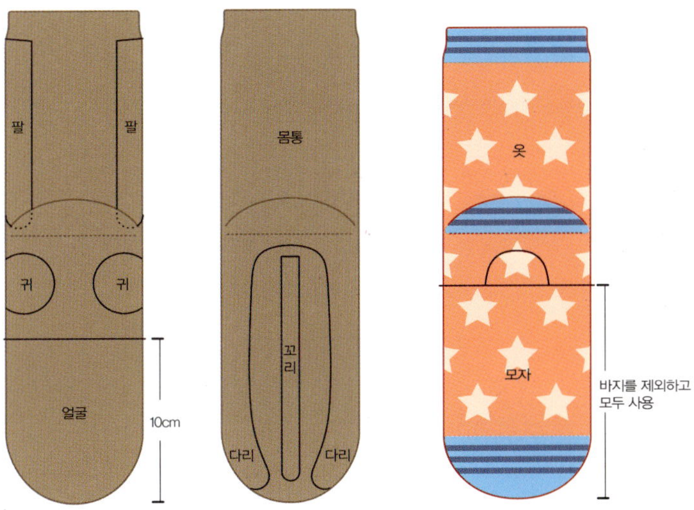

작업 과정

01 양말을 뒤집은 뒤 도안 그리기 가이드를 참고하여 양말에 도안을 그립니다.

TIP

펠트 도안 작업
펠트는 실물본의 크기보다 상하좌우에 약간 여유를 남겨 자른 뒤, 도안을 그린 부분만 오려내 사용합니다.

02 옷으로 쓰일 별무늬 양말은 도안을 따라 다리 안쪽 부분만 바느질합니다.

03 몸통으로 쓰일 갈색 양말 2짝은 모두 윗단을 터서 길이를 늘린 뒤 작업합니다.

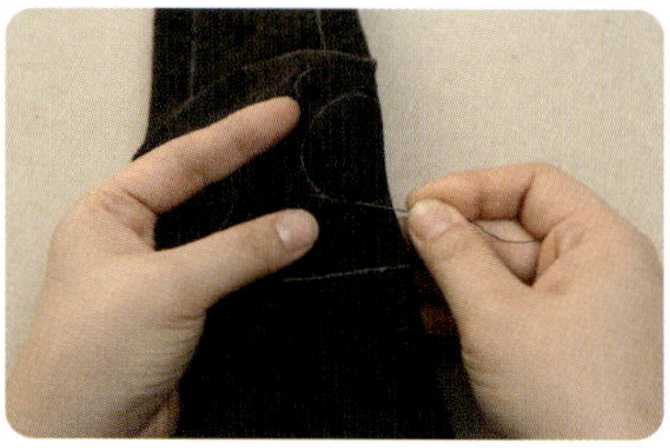

04 귀는 창구멍 없이 전체를 바느질합니다.

05 팔과 다리, 꼬리는 도안을 따라 위쪽의 창구멍을 남기고 바느질합니다.

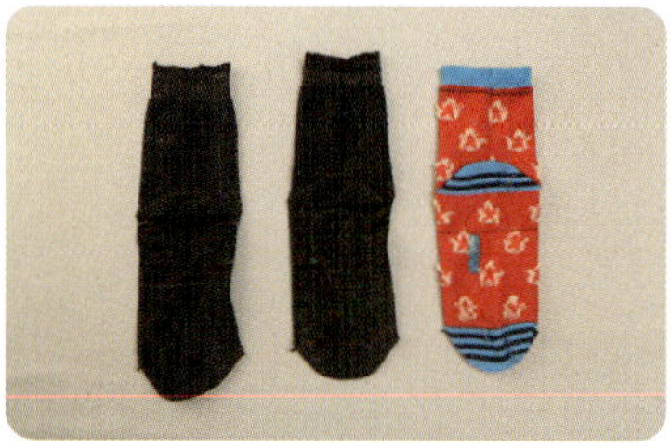

06 도안을 따라 창구멍을 제외한 전체를 바느질하여 준비합니다.

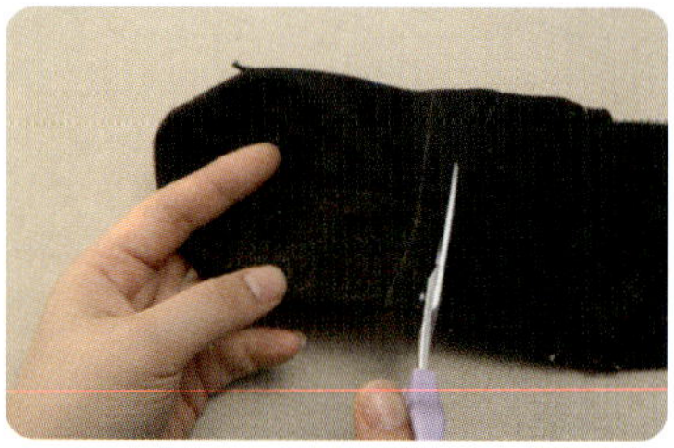

07 머리는 도안선에서 시접을 1cm 남기고 재단합니다.

08 귀는 시접을 0.5cm 남기고 재단합니다.

09 팔은 시접을 0.5~0.7cm 남기고 재단합니다.

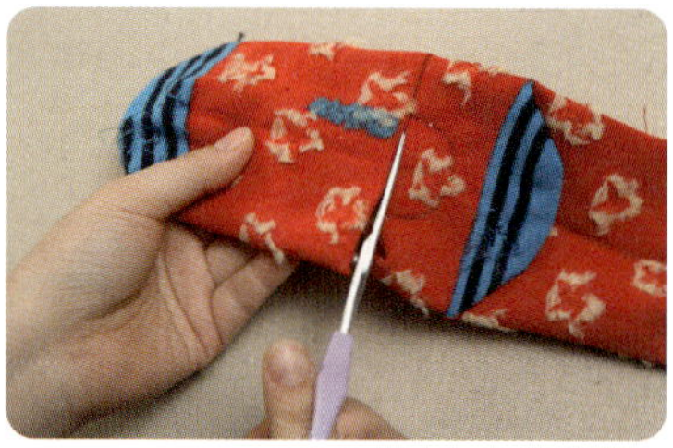

10 바지의 아래쪽은 도안선을 따라 재단하고, 다리 사이는 시접을 0.5cm 남기고 재단합니다.

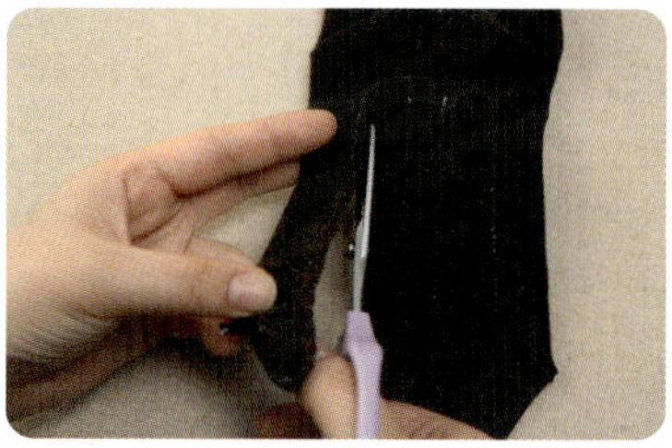

11 몸통과 꼬리는 시접을 0.5~0.7cm 남기고 재단합니다.

12 도안을 따라 필요한 부분에는 시접을 남겨 모든 부분을 재단합니다.

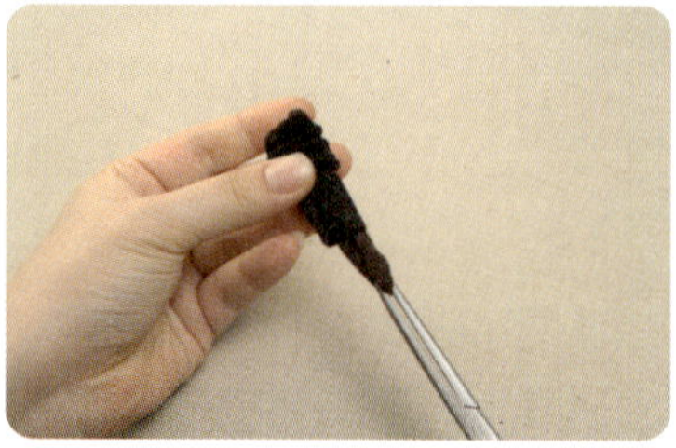

13 팔은 겸자로 끝 부분부터 잡아당겨 뒤집습니다.

14 몸통도 겸자로 발끝을 잡아당겨 뒤집습니다.

15 귀 아래쪽에 가위집을 내서 창구멍을 만듭니다.

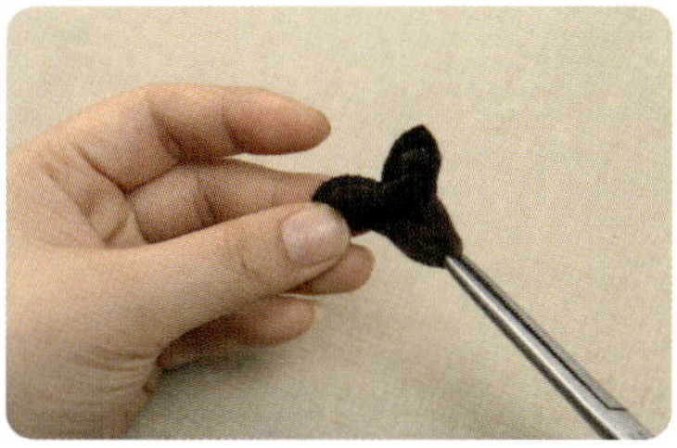

16 창구멍을 통해 겸자를 넣어 귀를 뒤집습니다.

17 모든 부분을 뒤집어서 준비합니다.

18 귀에 낸 가위집은 감침질로 막습니다.

19 귀는 1cm 정도 안쪽의 둘레에 홈질 스티치를 놓습니다.

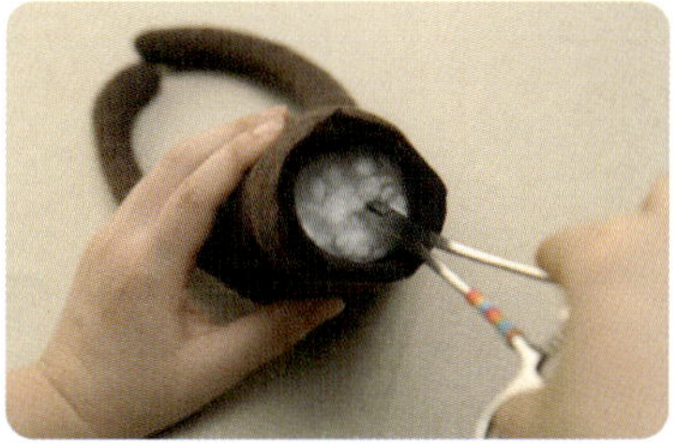

20 몸통에 방울솜을 넣어 채웁니다.

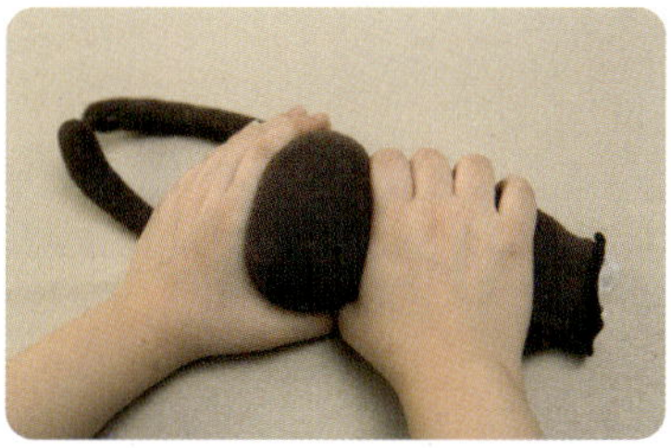

21 몸통에 넣은 솜은 엉덩이 부분이 잘 표현되도록 손으로 주물러 모양을 잡습니다.

22 몸통 위쪽의 접어 박혀 있던 자국을 따라 둘레에 홈질 스티치를 놓습니다.

23 둘레에 홈질 스티치를 놓은 뒤 잡아당겨 창구멍을 조입니다.

24 잡아당긴 뒤 밖으로 나온 시접을 안쪽으로 집어넣습니다.

25 시접을 집어넣은 뒤 실을 팽팽하게 잡아당겨서 깔끔하게 마무리합니다.

26 머리는 방울솜을 적당량 집어넣어 채웁니다.

27 아래쪽의 완성선을 따라 둘레에 홈질 스티치를 놓습니다.

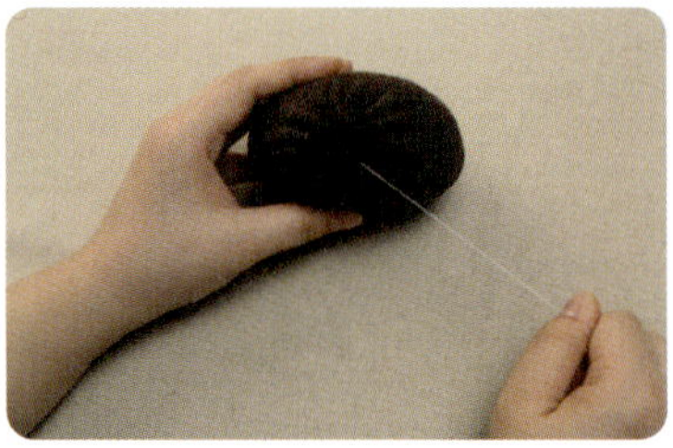

28 실을 잡아당겨 창구멍을 오므립니다.

29 시접을 안쪽으로 집어넣은 뒤 매듭을 지어 구멍이 보이지 않게 마무리합니다.

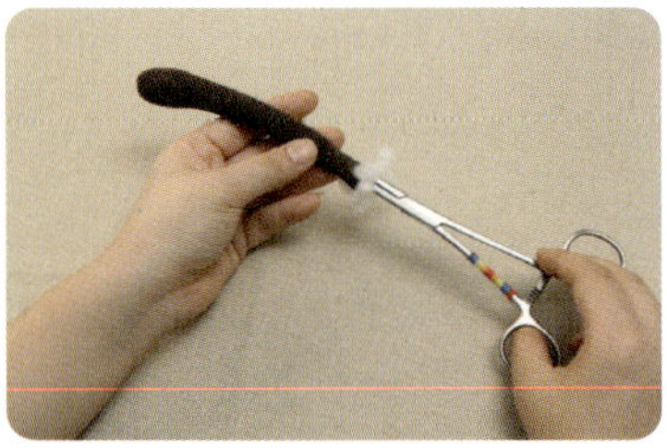

30 팔은 솜이 뭉치지 않도록 균일하게 집어넣습니다.

31 팔 위쪽의 완성선을 따라 둘레에 홈질 스티치를 놓습니다.

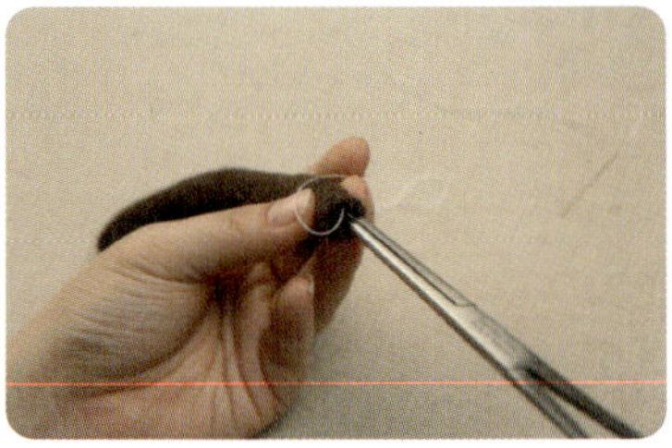

32 실을 잡아당긴 뒤 튀어나온 시접을 집어넣습니다.

33 시접을 집어넣고 실을 잡아당겨 창구멍을 오므린 뒤 마무리합니다.

34 얼굴에 재단한 펠트를 대고 시침핀으로 고정한 뒤 감침질로 연결합니다.

35 얼굴이 완성된 모습입니다.

36 별무늬 양말 앞쪽에 모자 도안을 그립니다.

37 그려진 점선을 따라 아래쪽을 안쪽으로 접어넣습니다.

38 접어넣은 시접이 보이지 않도록 반대 방향으로 올려 접습니다.

39 올려 접은 뒤 시접이 빠지지 않도록 모양을 잘 잡습니다.

40 머리와 몸통을 공그르기로 연결합니다. 머리가 흔들리지 않도록 튼튼하게 잇습니다.

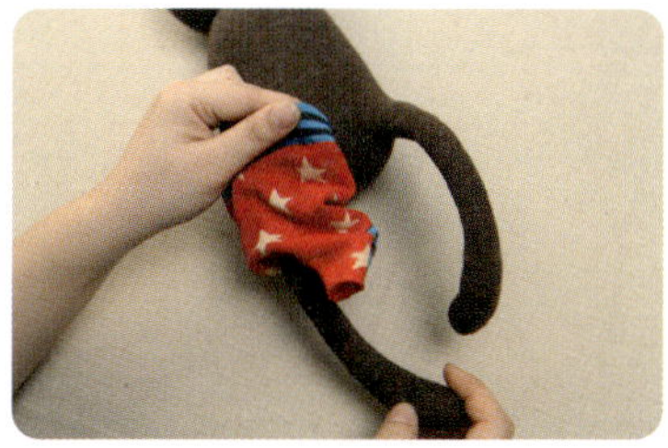

41 바느질해서 준비해 둔 옷을 입힙니다.

42 양말이 돌아가지 않도록 바른 방향으로 자리를 잡아 줍니다.

43 귀의 아래쪽을 공그르기로 연결합니다.

44 양쪽 귀를 공그르기로 연결합니다.

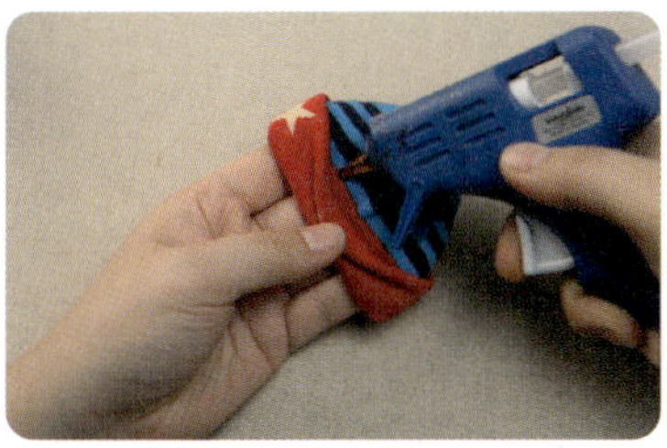

45 모자 아래 접힌 부분 안쪽에 글루건으로 글루를 발라 고정합니다.

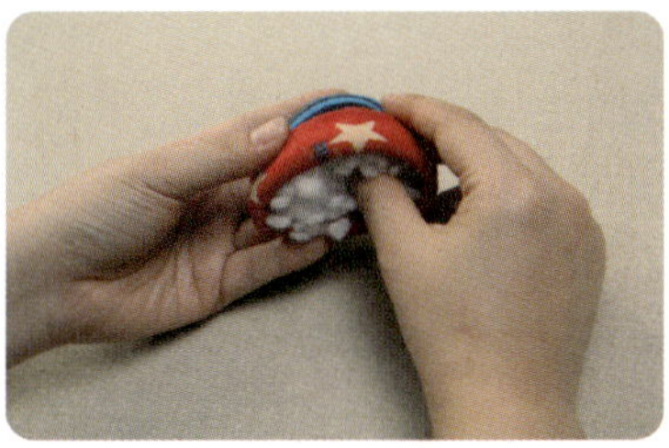

46 모자 안쪽에 소량의 솜을 넣어 채웁니다.

47 모자 아래쪽에 글루건으로 글루를 바릅니다.

48 글루를 바른 부분을 머리 위쪽에 얹듯이 고정합니다.

49 팔은 양쪽을 관통하여 2~3회 왕복하며 바느질합니다.

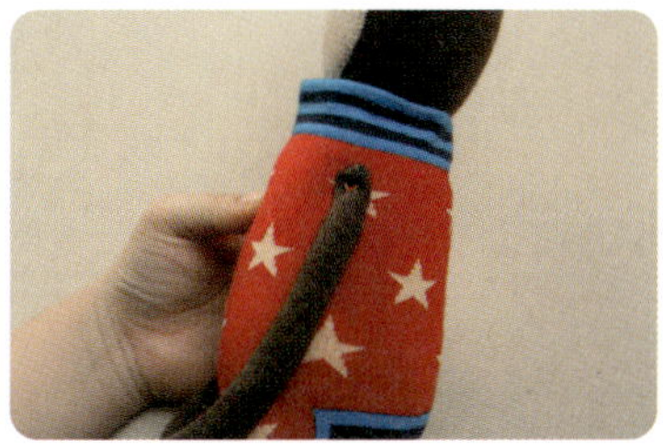

50 실을 잡아당겨서 튼튼하게 고정합니다.

51 꼬리는 엉덩이 부분에 공그르기로 연결합니다.

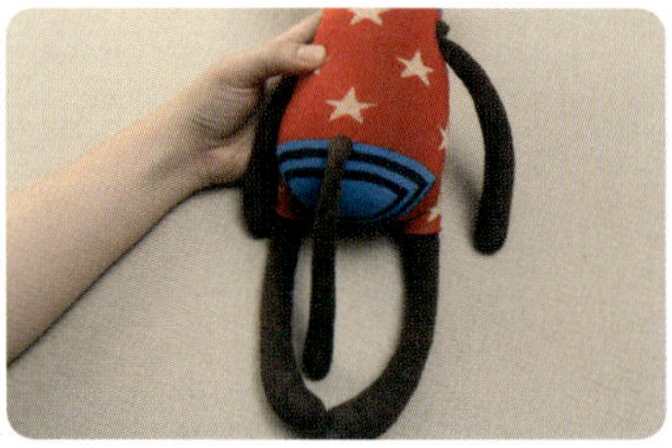

52 엉덩이 중앙에 위치를 잘 맞춰서 답니다.

53 재단해 놓은 코 모양 펠트를 얼굴 중앙에 감침질로 답니다.

54 기화펜으로 얼굴에 표정을 그립니다.

55 갈색 실로 표정을 수놓습니다.

56 눈은 앞쪽에 검은색 단추를 대고 앞뒤를 관통해서 답니다. 실을 잡아당겨 튼튼하게 고정합니다.

57 두 눈의 수평을 잘 맞춰서 답니다.

58 도트봉에 아크릴 물감을 묻혀 눈동자를 찍습니다.

59 볼에 블러셔를 발라 홍조를 만듭니다.

60 완성되었습니다.

09 낚시꾼 고양이 핑코

낚시가 취미인 핑코 손에 물고기가 2마리나! '아무도 못 줘! 둘 다 내 거야!'

준비물

양말

연분홍색 양말 2짝, 아이보리색 별무늬 양말 1짝

부자재

하늘색 체크무늬 펠트, 분홍색 펠트, 갈색 단추 1개, 파란색 단추 1개, 나무 단추 2개, 주황색 구슬 2개, 청록색 구슬 2개

도안 그리기 가이드

• 실물본: 172쪽 •

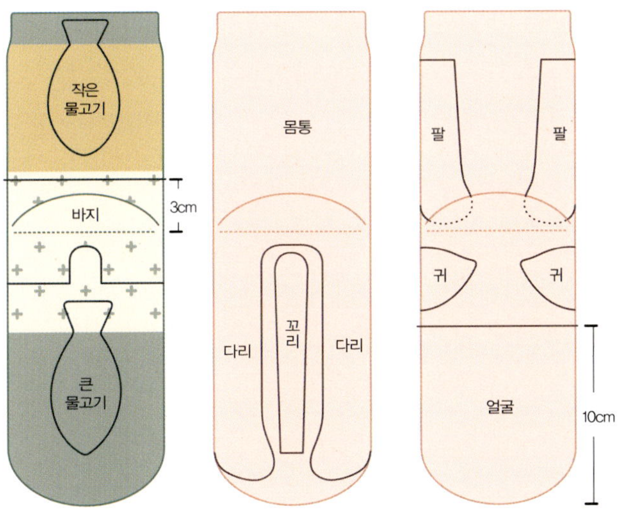

작업 과정

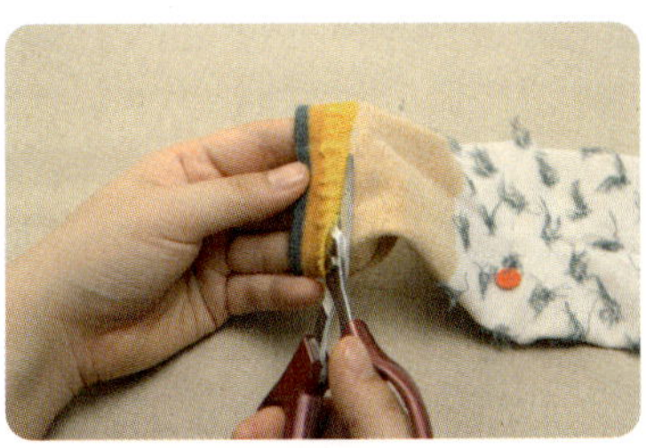

01 양말을 전부 뒤집은 뒤, 바지와 물고기를 만들 3색 양말의 윗단을 틉니다.

02 도안 그리기 가이드를 참고하여 각 양말에 도안을 그립니다.

TIP

펠트 도안 작업

펠트는 실물본의 크기보다 상하좌우에 약간 여유를 남겨 자른 뒤, 도안을 그린 부분만 오려내 사용합니다.

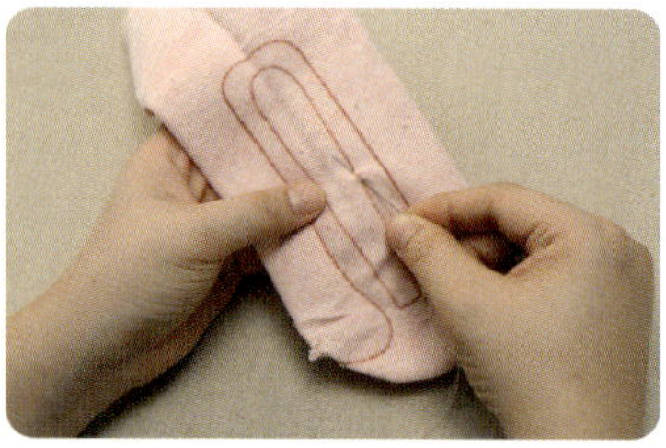

03 몸통은 전체를, 꼬리는 아래쪽 창구멍을 제외한 부분을 바느질합니다.

04 귀는 창구멍 없이 전체를 바느질합니다.

05 팔은 위쪽 창구멍을 제외한 부분을 바느질합니다.

06 3색 양말의 위아래에 그린 물고기 2마리는 창구멍을 제외한 부분을 바느질합니다.

07 중간 부분의 바지는 다리 사이만 바느질합니다.

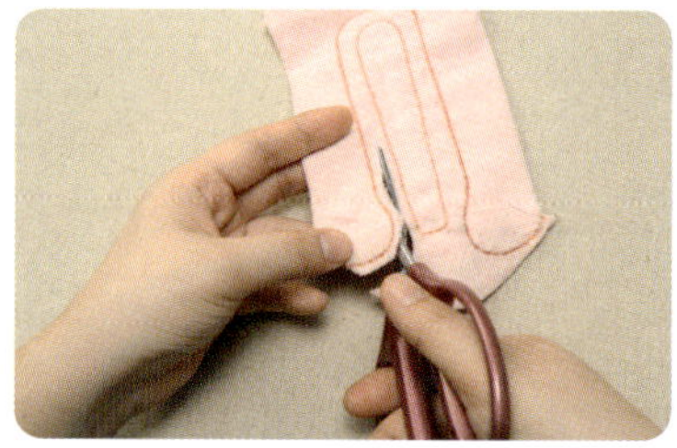

08 전체 바느질을 마치면 몸통을 재단합니다. 안쪽 꼬리와의 간격이 좁으니 시접을 조금만 남기고 재단합니다.

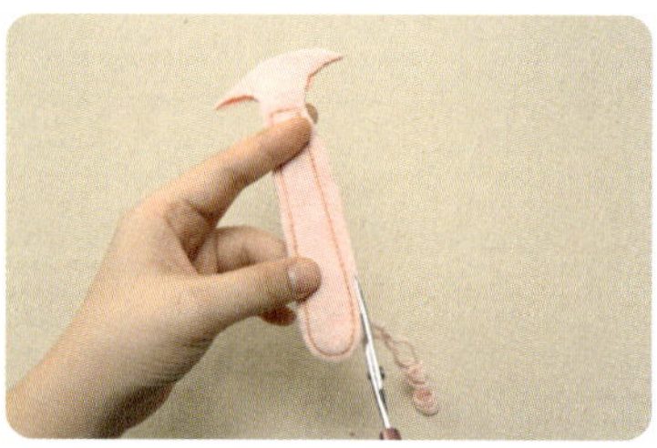

09 몸통을 잘라낸 나머지 부분에 남은 꼬리에도 시접을 조금 남기고 재단합니다.

10 팔은 시접을 0.5cm 남기고 재단합니다.

11 귀도 시접을 0.5cm 남기고 재단합니다.

12 머리는 바느질선에서 시접을 1cm 남기고 재단합니다.

13 3색 양말 중간 부분의 바지는 도안 선을 따라 재단합니다.

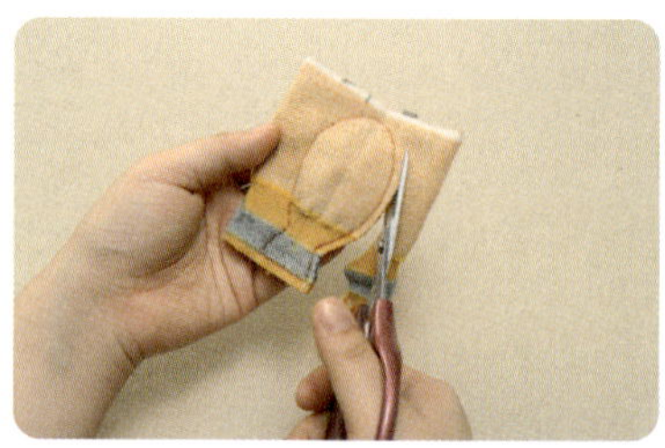

14 물고기 2마리는 각각 시접을 0.5cm 남기고 재단합니다.

15 도안을 따라 필요한 부분에는 시접을 남기고 모든 부분을 재단합니다.

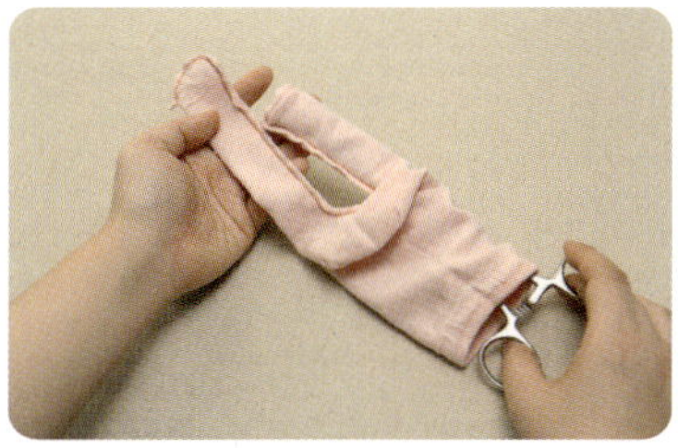

16 몸통은 겸자로 발끝을 잡아당겨 뒤집습니다.

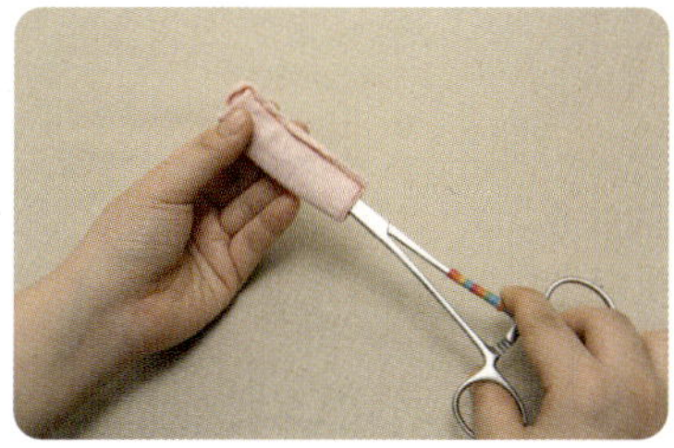

17 팔도 겸자로 손끝을 잡아당겨 뒤집습니다.

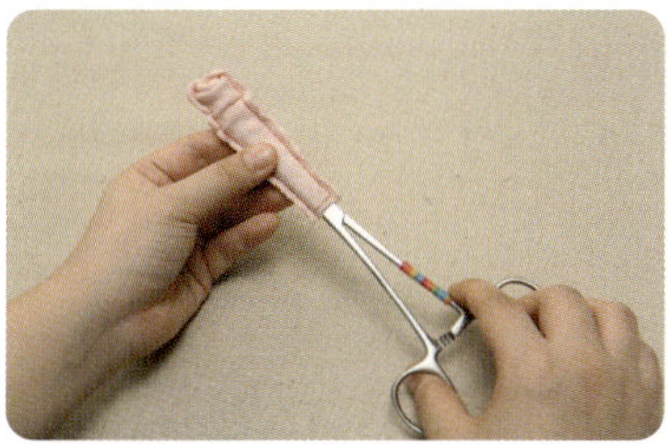

18 꼬리도 동일한 방법으로 뒤집습니다.

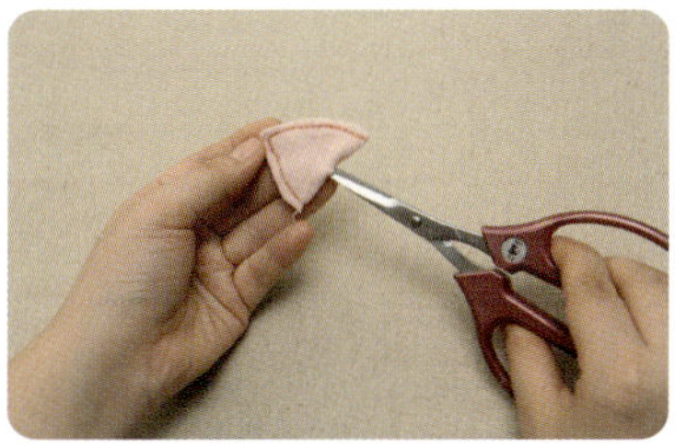

19 귀는 아래쪽에 작게 가위집을 내서 창구멍을 만듭니다.

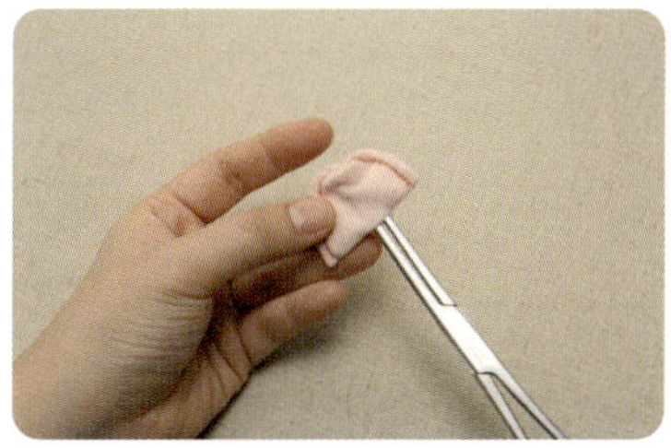

20 창구멍을 통해 겸자를 넣어 귀를 뒤집습니다.

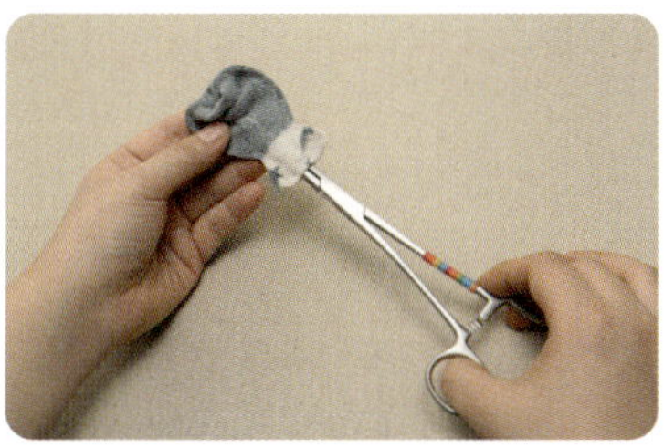

21 물고기 2마리도 꼬리 쪽의 창구멍을 통해 겸자를 넣어 뒤집습니다.

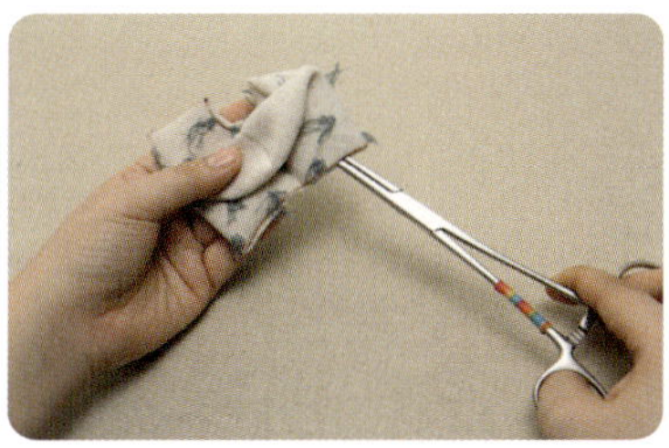

22 재단해 놓은 바지도 뒤집어서 준비합니다.

23 모든 부분을 뒤집어서 준비합니다.

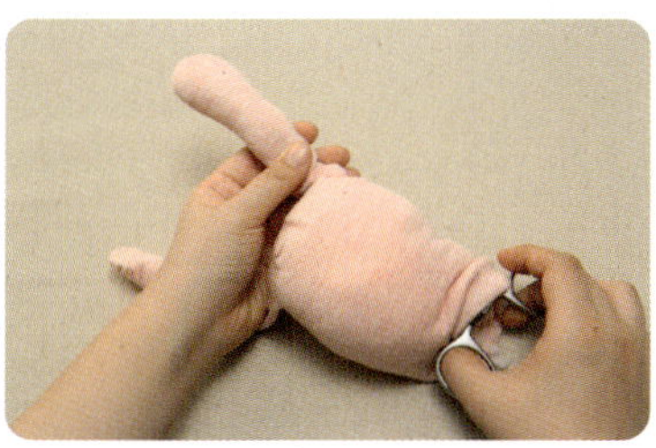

24 몸통은 발끝부터 겸자로 솜을 넣습니다.

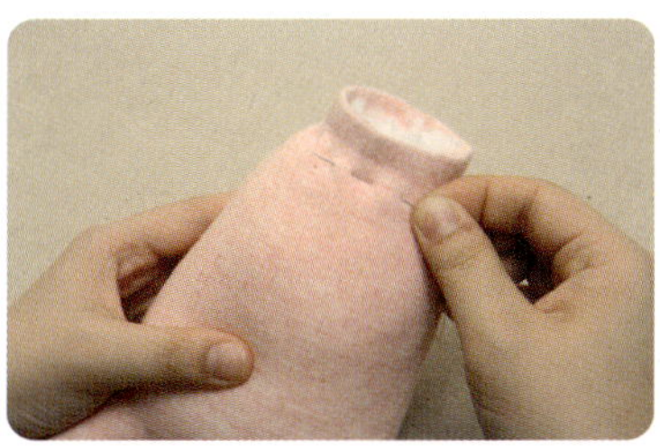

25 몸통 창구멍은 밴드 아래쪽 둘레에 홈질 스티치를 놓습니다.

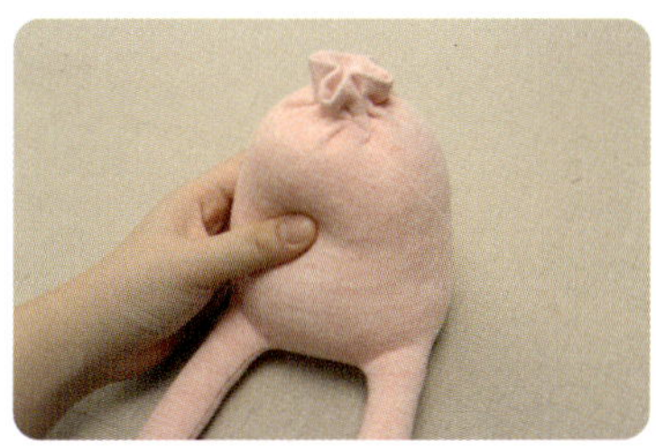

26 실을 잡아당겨 창구멍을 오므립니다.

27 잡아당긴 뒤 밖으로 나온 시접을 안으로 집어넣어 마무리합니다.

28 물고기 2마리도 창구멍으로 솜을 집어넣은 뒤, 공그르기로 창구멍을 막습니다.

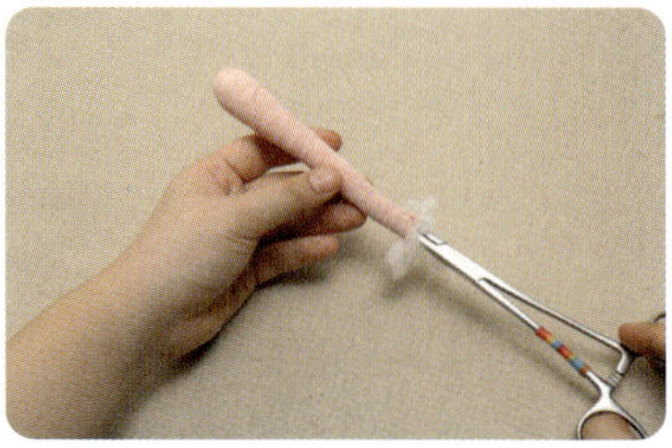

29 꼬리는 모양만 잡히도록 겸자로 소량의 솜을 넣습니다.

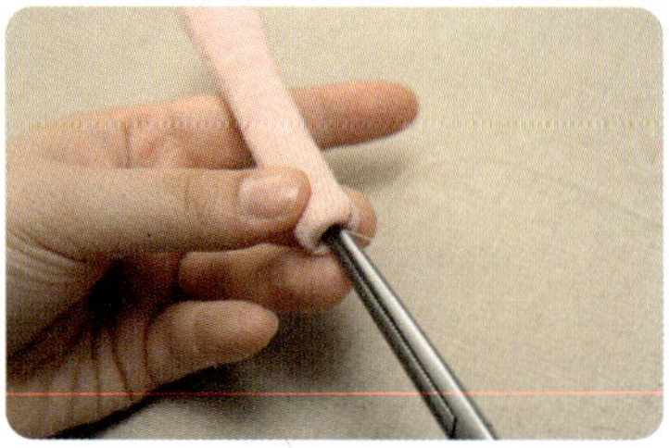

30 위쪽의 창구멍 둘레에 홈질 스티치를 놓고 실을 잡아당겨 오므립니다. 튀어나온 시접을 겸자로 집어넣어 마무리합니다.

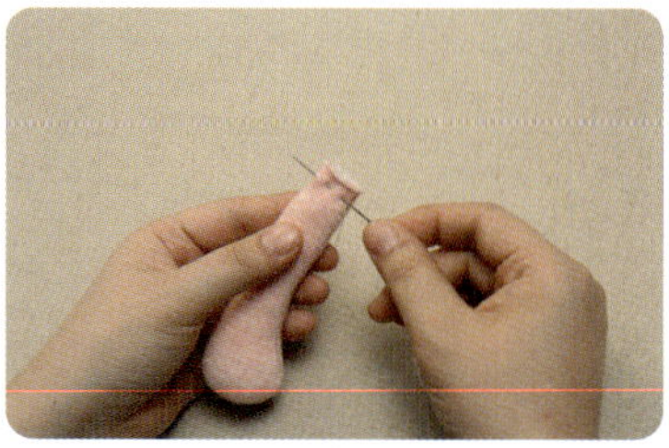

31 팔도 동일한 방법으로 솜을 집어넣고 창구멍 둘레에 홈질 스티치를 놓습니다.

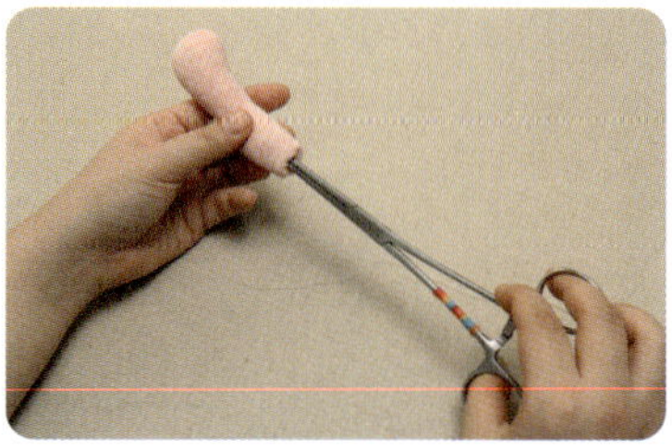

32 실을 잡아당긴 뒤 시접을 안쪽으로 집어넣어 마무리합니다.

33 머리에도 솜을 넣은 뒤 창구멍 둘레에 홈질 스티치를 놓습니다.

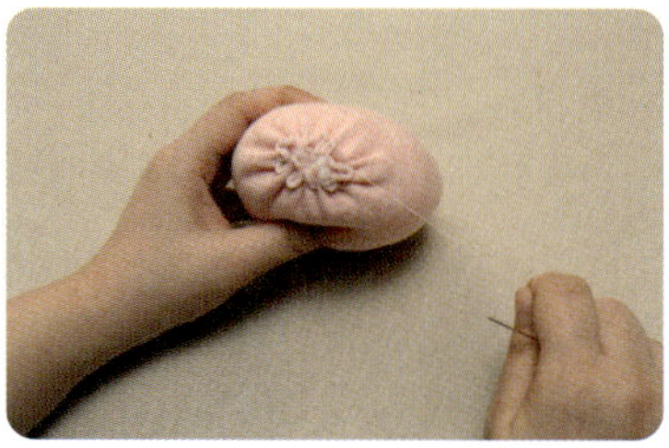

34 실을 잡아당겨 창구멍을 오므립니다.

35 시접을 안쪽으로 집어넣어 마무리합니다.

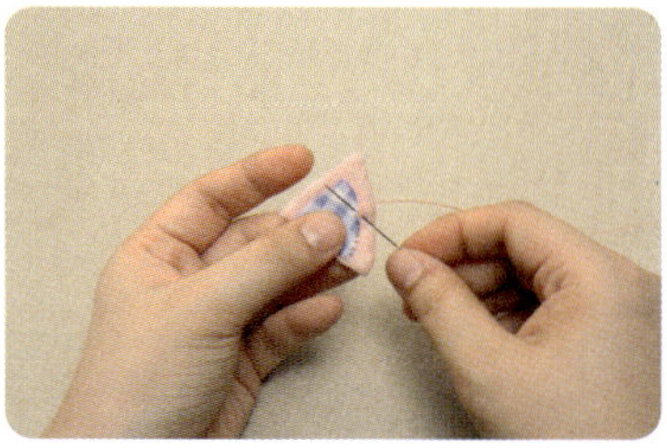

36 귀에 재단해 놓은 체크무늬 펠트를 대고 감침질로 연결합니다.

37 머리와 몸통을 공그르기로 연결합니다. 머리가 흔들리지 않도록 튼튼하게 잇습니다.

38 양쪽 귀를 적당한 위치에 공그르기로 연결합니다.

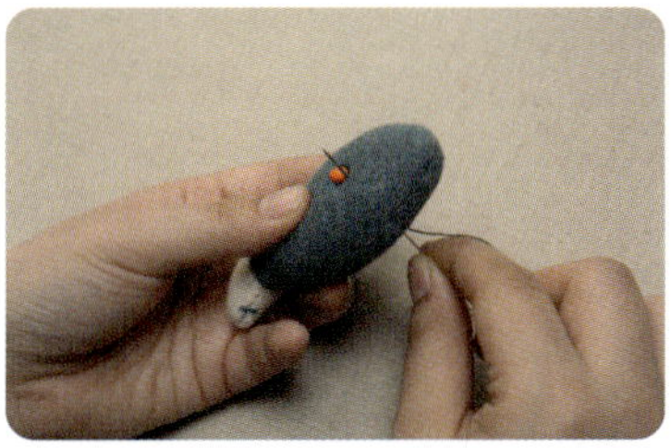

39 물고기의 눈은 준비한 구슬을 좌우 관통해서 답니다.

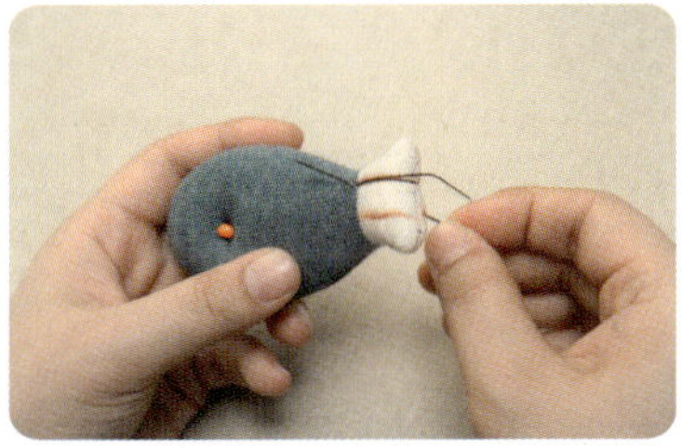

40 꼬리 부분은 수성펜으로 무늬를 그린 뒤 감침질합니다.

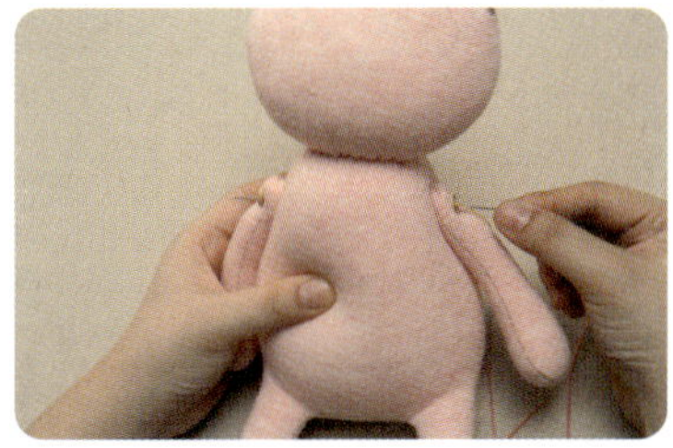

41 양팔은 위쪽에 나무 단추를 대고 관통해서 답니다.

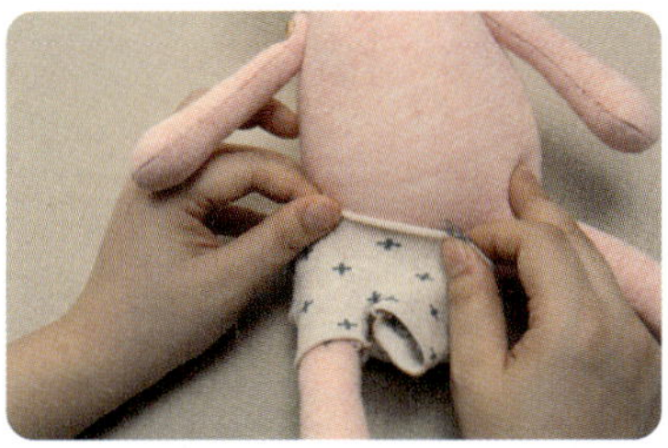

42 바지로 준비해 둔 별무늬 양말을 입힙니다.

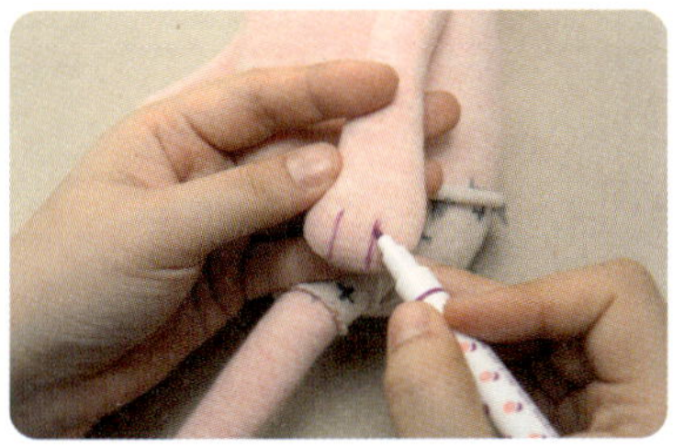

43 손끝에 기화펜으로 손가락을 그립니다.

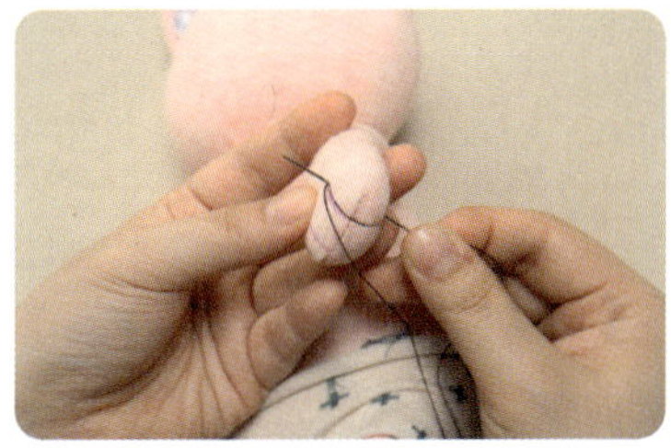

44 그려 둔 선을 따라서 감침질합니다.

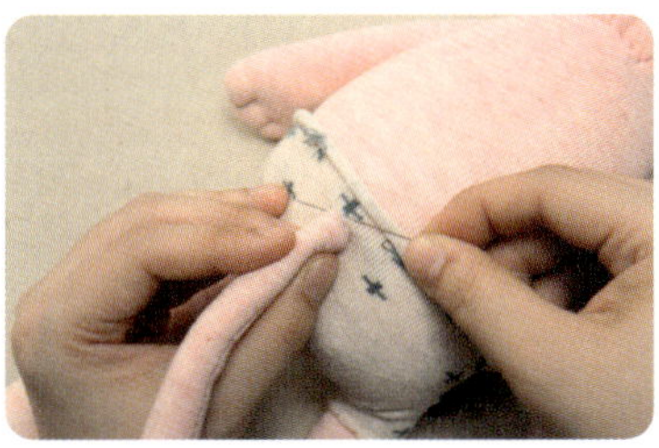

45 꼬리는 바지 위, 엉덩이 부분에 공그르기로 답니다.

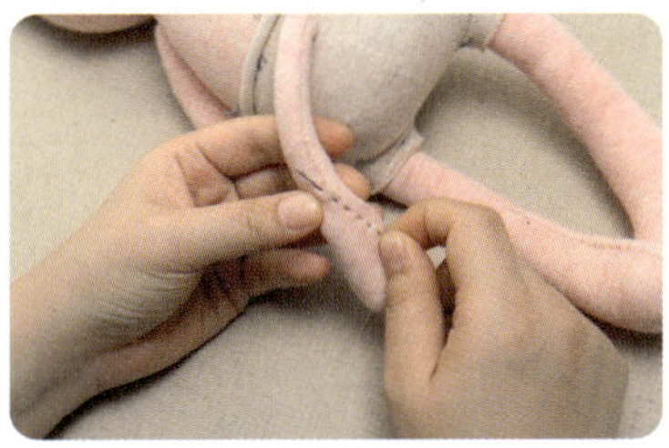

46 꼬리 끝 부분이 살짝 휘도록 홈질 스티치를 놓아 잡아당깁니다.

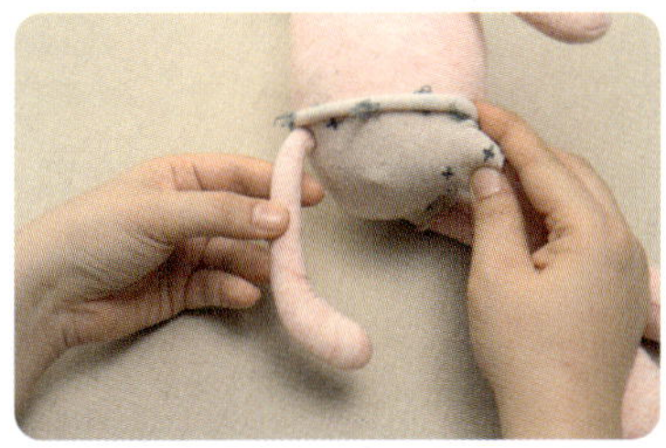

47 꼬리 끝이 살짝 휜 모습입니다.

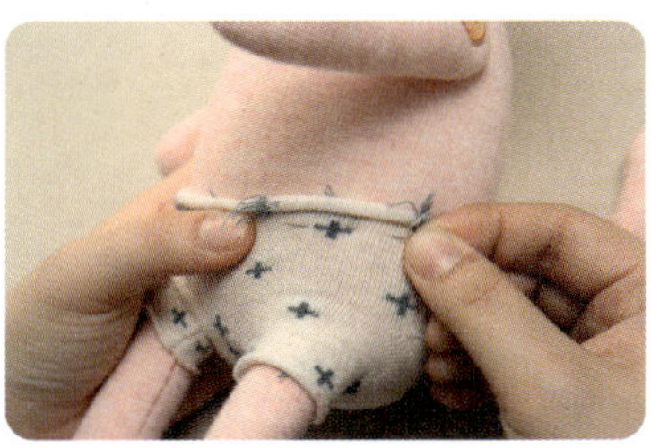

48 바지가 아래로 내려가지 않도록 허리선을 따라서 안쪽에 홈질 스티치를 놓습니다.

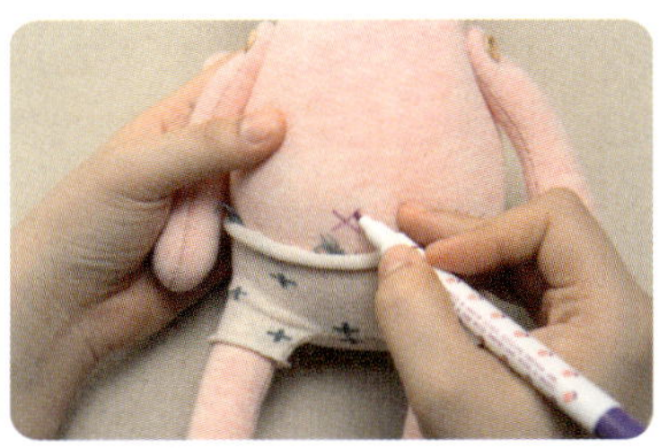

49 배꼽은 기화펜으로 엑스자를 그려 표시합니다.

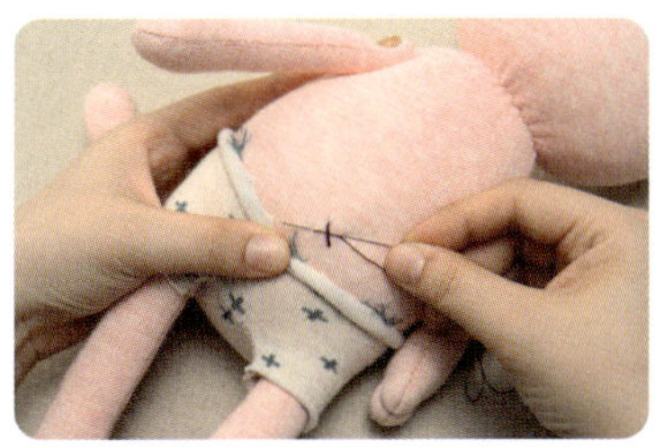

50 표시해 둔 선을 따라 수놓습니다.

51 코는 얼굴 중앙에 핑크색 펠트를 대고 감침질로 연결합니다.

52 기화펜으로 눈과 눈썹, 입을 그립니다.

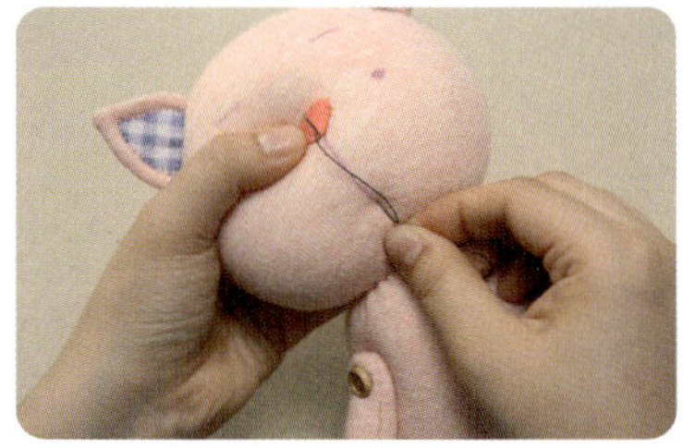

53 입은 위아래를 길게 감침질합니다.

54 눈썹도 같은 색 실로 수놓습니다.

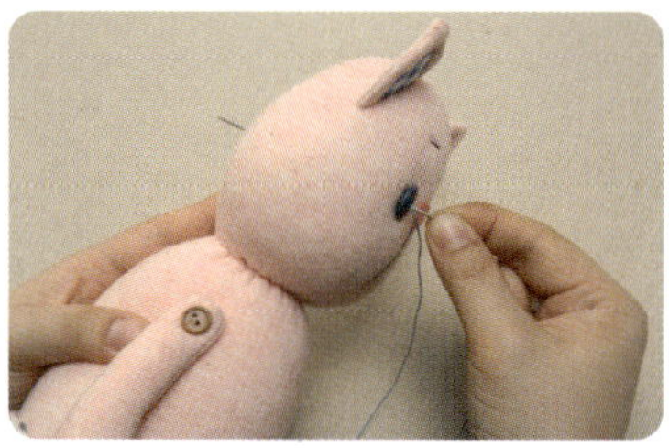

55 눈은 갈색 단추와 파란색 단추를 대고 앞뒤로 관통해서 답니다. 이때 실을 잡아당겨서 얼굴에 단추가 폭 들어가게 답니다.

56 도트봉에 아크릴 물감을 묻혀 눈동자의 하이라이트를 찍습니다.

57 볼에 블러셔를 발라 홍조를 만듭니다.

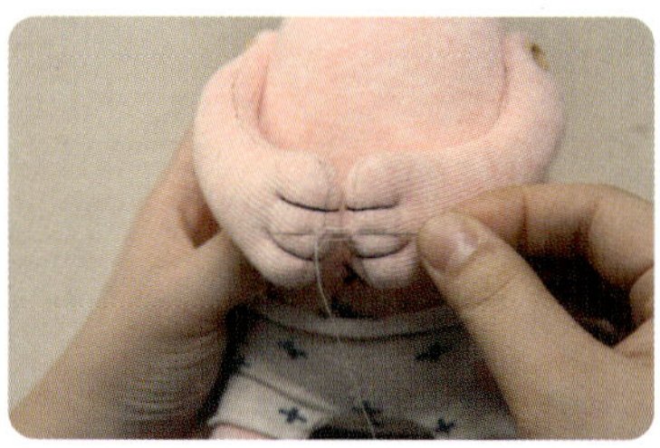

58 양 손의 끝은 물고기를 걸쳐 놓을 수 있도록 바느질로 연결합니다.

59 물고기 2마리를 손에 걸면 완성입니다.

10 장난꾸러기 아기양 롭

'오늘은 누구한테 장난을 쳐 볼까?' 롭은 오늘도 엄마 몰래 장난칠 궁리 중~

준비물

양말

회색 양말 1짝, 진회색 줄무늬 양말 1짝, 흰색 수면 양말 1짝

부자재

회색 펠트, 검은색 콩단추 2개, 노란색 별단추 1개

도안 그리기 가이드

• 실물본: 175쪽 •

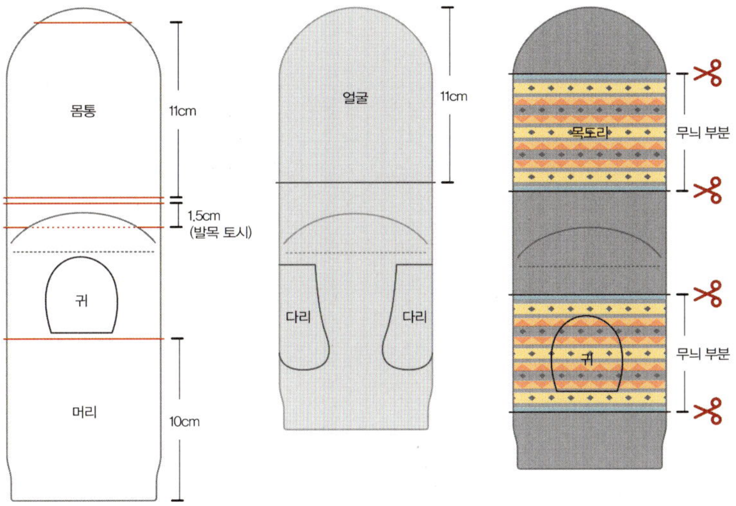

작업 과정

01 양말을 전부 뒤집은 뒤 머리와 다리, 뿔을 만들 회색 양말의 윗단을 틉니다.

02 줄무늬 양말의 무늬가 있는 부분만 잘라냅니다. 귀 안쪽에 댈 부분과 목도리로 사용할 부분입니다.

03 도안 그리기 가이드를 참고하여 각 양말에 도안을 그립니다.

TIP

펠트 도안 작업
펠트는 실물본의 크기보다 상하좌우에 약간 여유를 남겨 자른 뒤, 도안을 그린 부분만 오려내 사용합니다.

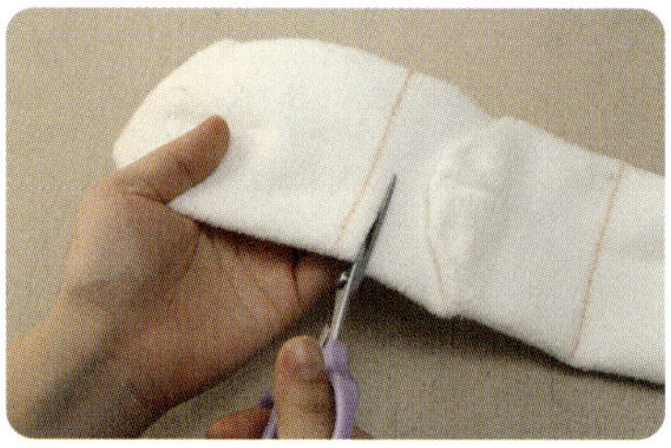

04 몸통으로 쓰일 수면양말은 시접을 1cm 남기고 재단합니다.

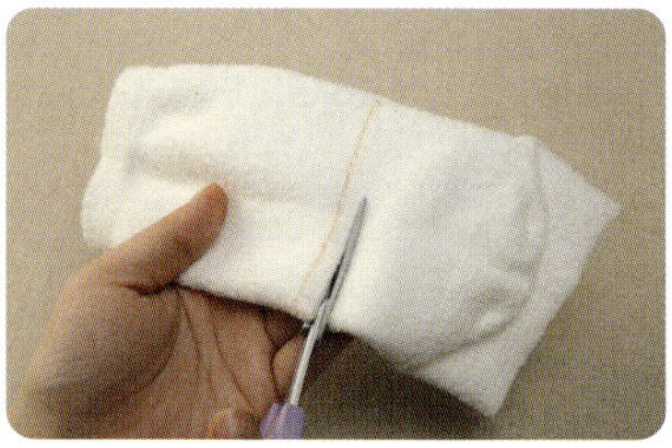

05 머리에 씌울 수면양말은 시접을 1cm 남기고 재단합니다.

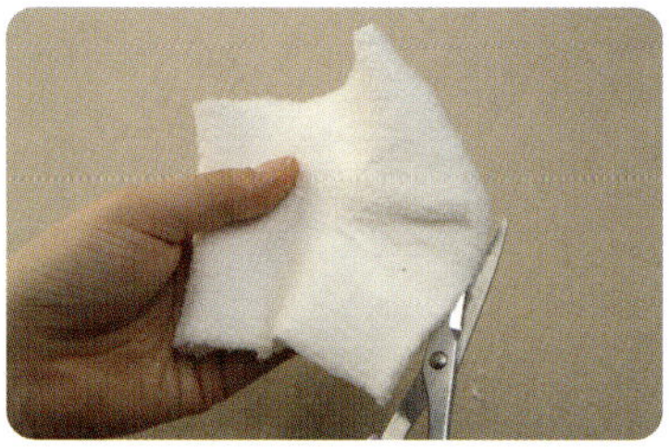

06 남은 양말은 뒤꿈치 부분의 측면을 잘라서 넓게 펼칩니다.

07 줄무늬 양말의 남은 부분도 측면을 잘라서 넓게 펼칩니다.

08 수면양말에 귀를 그린 뒤, 줄무늬 양말과 마주대고 바느질합니다.

09 몸통 아래쪽은 일자로 바느질합니다.

10 다리는 창구멍을 남기고 바느질합니다.

11 머리는 시접을 1cm 남기고 재단합니다.

12 다리도 시접을 0.7cm 남기고 재단합니다.

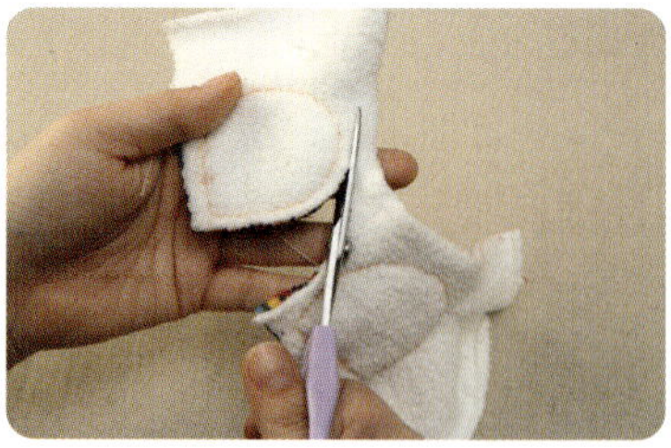

13 귀도 시접을 0.7cm 남기고 재단합니다.

14 도안을 따라 필요한 부분에는 시접을 남겨 모든 부분을 재단합니다.

15 몸통 위쪽에 가위집으로 창구멍을 낸 뒤, 겸자로 발끝 부분을 잡고 뒤집습니다.

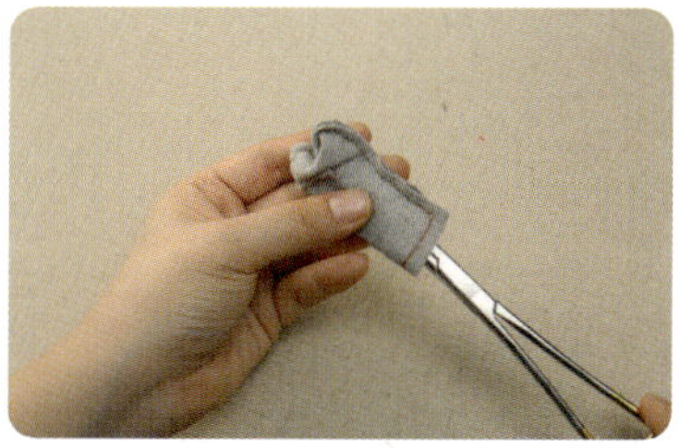

16 다리는 끝을 겸자로 잡아당겨 뒤집습니다.

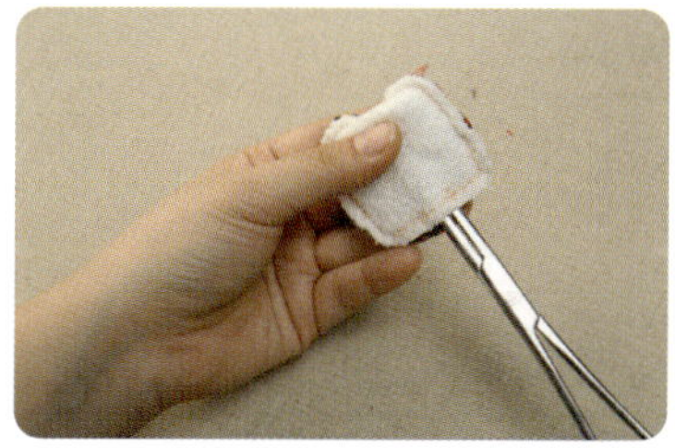

17 귀도 끝을 겸자로 잡아당겨 뒤집습니다.

18 귀 아래쪽 창구멍은 감침질로 막습니다.

19 귀는 1cm 정도 안쪽의 둘레에 홈질 스티치를 놓습니다.

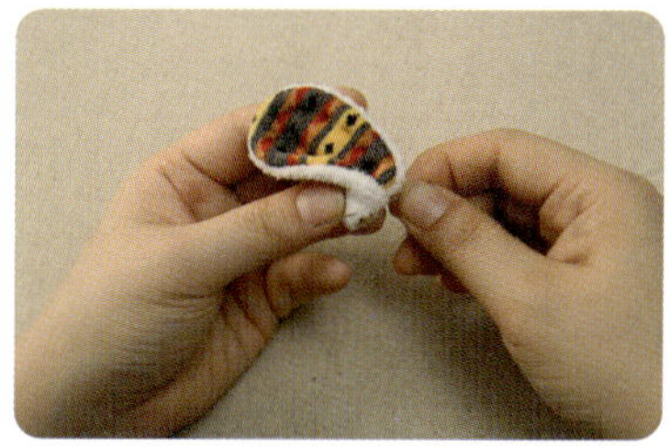

20 귀는 반으로 접어 ⅔만 감침질합니다.

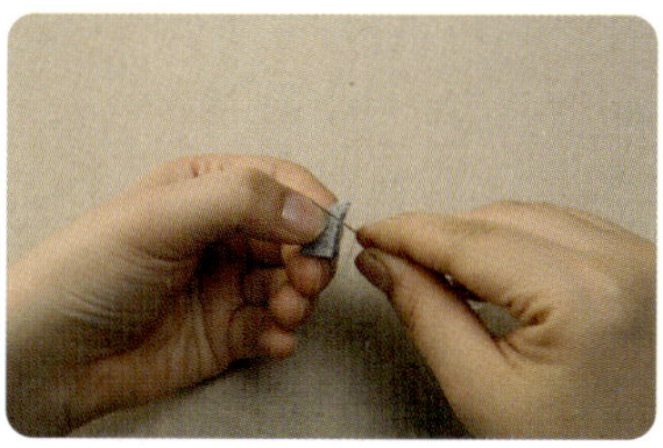

21 뿔로 사용할 펠트는 2장씩 마주대고 감침질합니다.

22 모든 부분을 뒤집은 뒤, 몸통에 솜을 집어넣고 창구멍 둘레에 홈질 스티치를 놓습니다.

23 실을 잡아당긴 뒤 시접을 안쪽으로 집어넣어 마무리합니다.

24 다리는 창구멍을 통해 겸자로 솜을 집어넣습니다.

25 실을 잡아당긴 뒤 시접을 안쪽으로 집어넣어 마무리합니다.

26 머리에도 창구멍을 통해 겸자로 솜을 집어넣습니다.

27 창구멍 둘레에 홈질 스티치를 놓은 뒤 실을 잡아당깁니다. 튀어나온 시접은 안쪽으로 집어넣어 마무리 합니다.

28 동그라미 자를 대고 수성펜으로 얼굴 라인을 그립니다. 동그라미 자가 없다면 종이컵을 이용해도 됩니다.

29 잘라 둔 흰색 수면양말을 머리에 씌운 뒤, 얼굴 라인을 따라 경계를 감침질로 고정합니다.

30 흰색 수면양말의 뒤통수쪽 창구멍 둘레에 홈질 스티치를 놓습니다.

31 실을 잡아당긴 뒤 시접을 안쪽으로 집어넣어 마무리합니다.

32 머리와 몸통을 공그르기로 연결합니다. 머리가 흔들리지 않도록 튼튼하게 잇습니다.

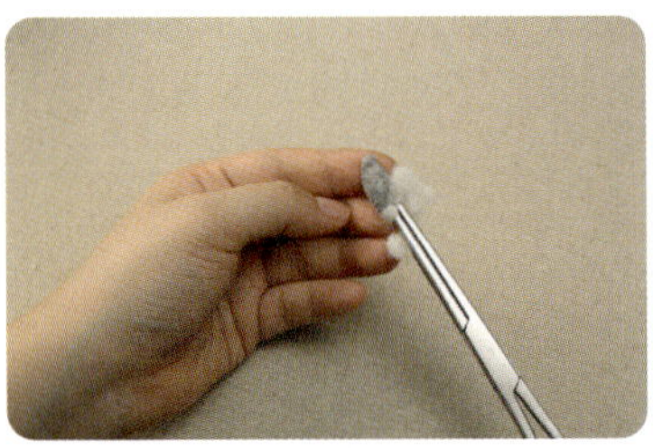

33 뿔에도 겸자로 솜을 소량 집어넣습니다.

34 귀는 머리 옆쪽에 공그르기로 연결합니다.

35 발끝은 앞뒤 관통해서 받게 바느질합니다. 발가락으로 나뉘어 보이도록 연출합니다.

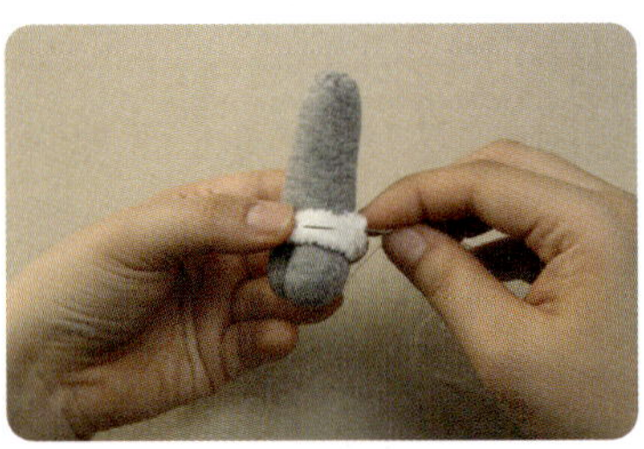

36 다리 아래쪽에 수면양말 남은 부분을 둘러 바느질로 고정합니다.

37 뿔은 귀 안쪽에 공그르기로 답니다.

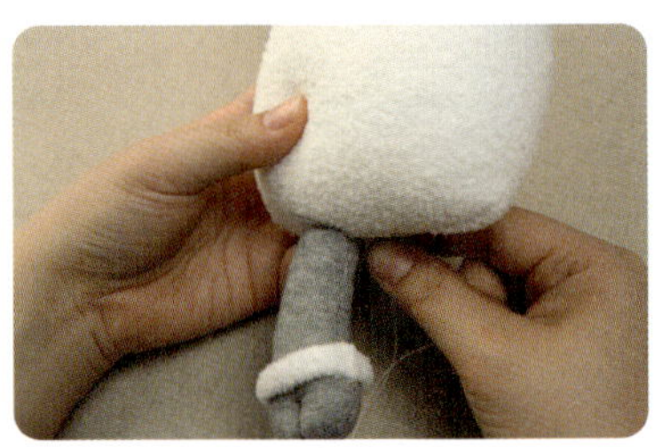

38 다리는 몸 아래쪽에 공그르기로 연결합니다.

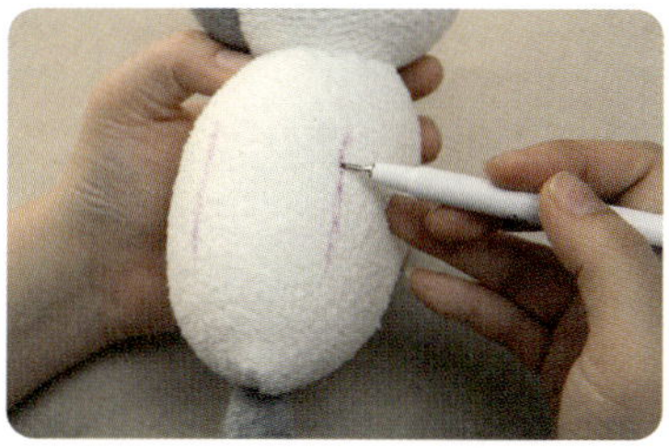

39 수성펜으로 팔의 위치를 직선으로 표시합니다. 팔의 간격은 4.5~5cm 정도로 그립니다.

40 실을 앞뒤 관통해서 바느질합니다. 이때 실을 바짝 잡아당겨서 팔을 표현합니다.

41 기화펜으로 눈과 눈썹, 입과 홍조를 그립니다.

42 코는 분홍색 실로 수놓습니다.

43 눈은 검은색 콩단추를 대고 앞뒤로 관통해서 답니다. 이때 실을 잡아당겨서 얼굴에 단추가 폭 들어가게 답니다.

44 입은 검은색 실로 위아래를 길게 감침질하고, 볼은 분홍색 실로 수놓습니다.

45 목도리로 사용할 줄무늬 양말을 뒤집어서 목에 두릅니다.

46 목도리 중앙에 노란색 별단추를 답니다.

47 볼에 블러셔를 발라 홍조를 만듭니다.

48 완성되었습니다.

Milk

PART 04

고급편:
양말인형 마스터하기

11 신선한 우유를 좋아하는 젖소 하누

오늘도 1등으로 신선한 우유를 사 온 하누. '집에 가져가기 전에 한 모금만 마셔야지~'

준비물

양말

젖소무늬 양말 2짝, 줄무늬 양말 1짝

부자재

흰색 펠트, 검은색 콩단추 2개, 흰색 단추 2개, 분홍색 리본 테이프, 체크무늬 리본 테이프, 갈색 샤무드 끈

도안 그리기 가이드

• 실물본: 175쪽 •

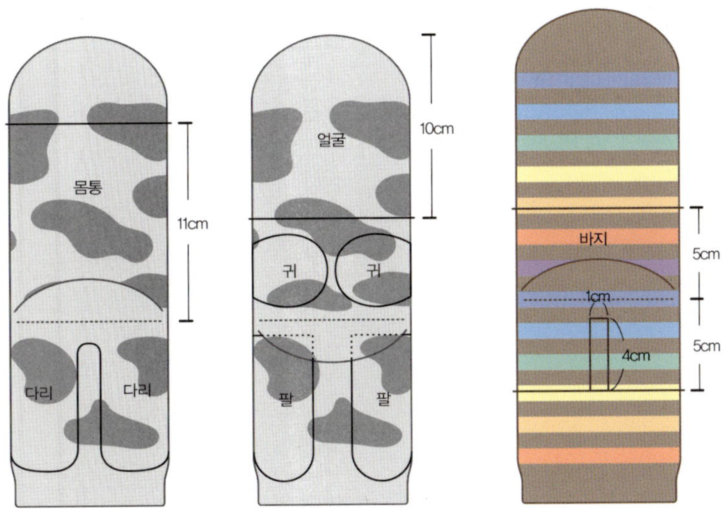

작업 과정

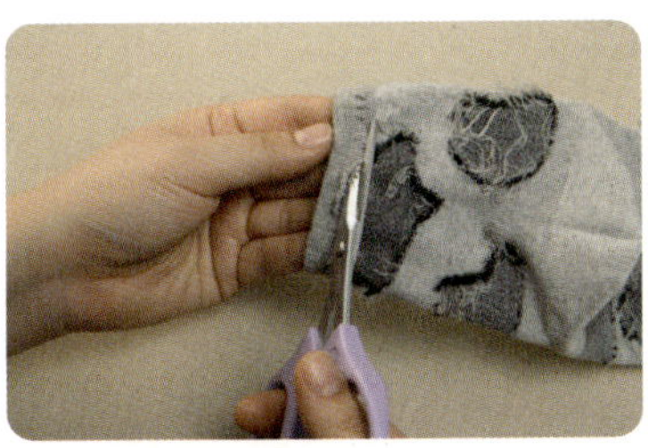

01 양말을 전부 뒤집은 뒤, 머리와 몸통을 만들 얼룩무늬 양말의 윗단을 틉니다.

02 도안 그리기 가이드를 참고하여 각 양말에 도안을 그립니다.

TIP

펠트 도안 작업

펠트는 실물본의 크기보다 상하좌우에 약간 여유를 남겨 자른 뒤, 도안을 그린 부분만 오려내 사용합니다.

03 도안을 따라 몸통의 다리 부분을 바느질합니다.

04 귀는 창구멍 없이 전체를 바느질합니다.

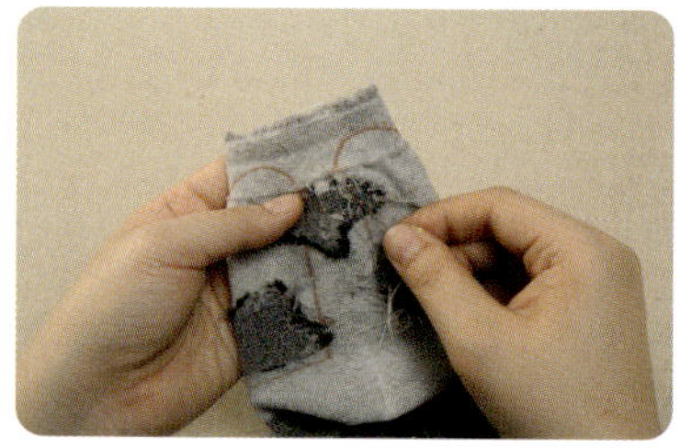

05 팔은 창구멍을 남기고 바느질합니다.

06 바지는 다리 사이만 바느질합니다.

07 흰색 펠트에 우유병 2개를 그려서 재단합니다.

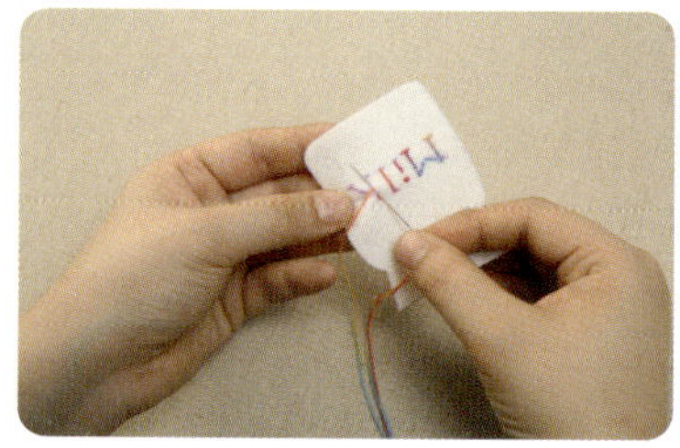

08 우유병 모양 펠트 1장에는 'Milk'를 수놓습니다. 기화펜으로 글자를 미리 적어 두면 편하게 수놓을 수 있습니다.

09 우유병 모양 펠트 2장을 마주대고 위쪽을 제외한 나머지 부분에 버튼홀 스티치를 놓습니다.

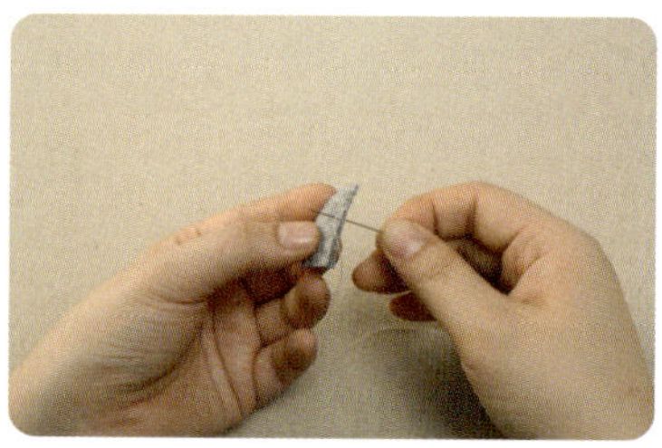

10 뿔 모양 펠트는 2장을 겹쳐서 창구멍을 남기고 감침질합니다.

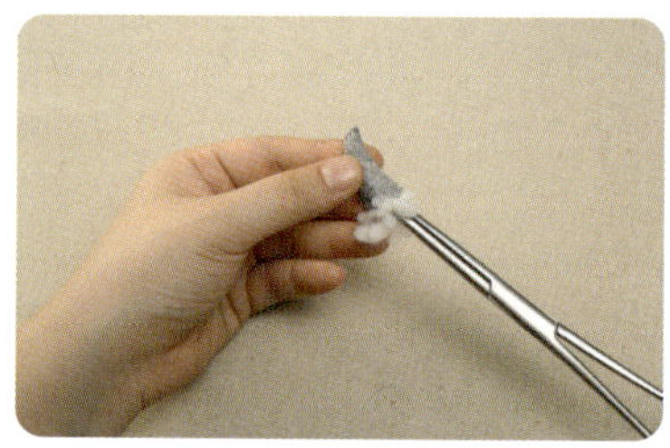

11 뿔의 아래쪽 창구멍으로 솜을 집어 넣습니다.

12 전체 바느질을 마치면 몸통의 다리 부분은 시접을 0.5~0.7cm 남기고 재단합니다.

13 팔은 시접을 0.5cm 남기고 재단합니다.

14 귀는 시접을 0.5cm 남기고 재단합니다.

15 머리는 바느질선에서 시접을 1cm 남기고 재단합니다.

16 바지의 허리 부분은 도안선을 따라 재단합니다.

17 바지의 다리 부분은 도안선을 따라 재단한 뒤, 가랑이 부분엔 길게 가위집을 냅니다.

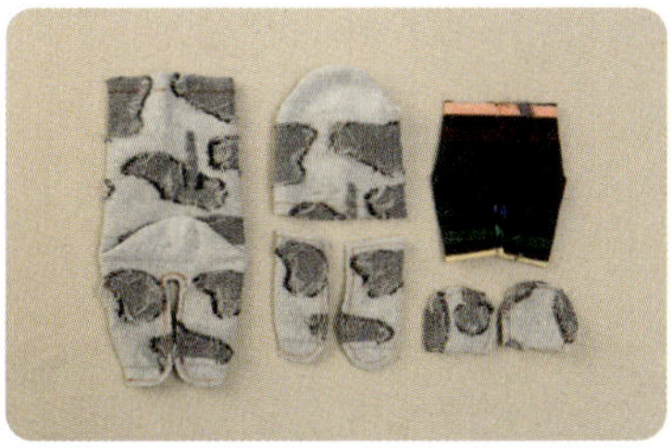

18 도안을 따라 필요한 부분에는 시접을 남겨 모든 부분을 재단합니다.

19 몸통은 겸자로 발끝 부분을 잡고 뒤집습니다.

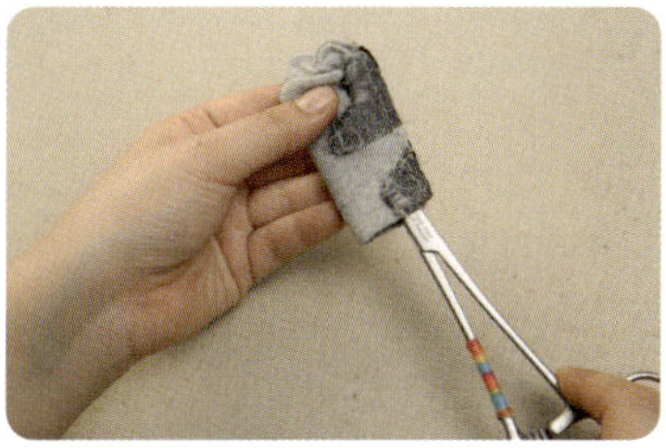

20 팔도 창구멍으로 겸자를 넣어 뒤집습니다.

21 귀는 아래쪽에 작게 가위집을 내서 창구멍을 만듭니다.

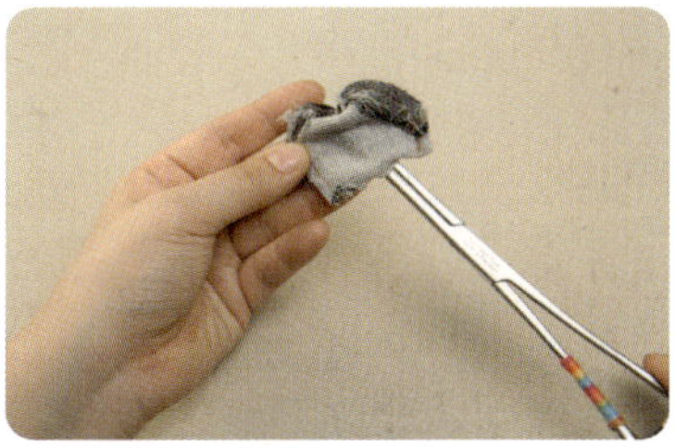

22 창구멍으로 겸자를 넣어 뒤집습니다.

23 모든 부분을 뒤집은 뒤, 겸자로 몸통에 솜을 집어넣습니다.

24 솜을 집어넣은 뒤 창구멍 둘레에 홈질 스티치를 놓습니다.

25 실을 잡아당긴 뒤 시접을 안쪽으로 집어넣어 마무리합니다.

26 머리에도 솜을 적당량 집어넣은 뒤, 창구멍 둘레에 홈질 스티치를 놓습니다.

27 실을 잡아당긴 뒤 시접을 안쪽으로 집어넣어 마무리합니다.

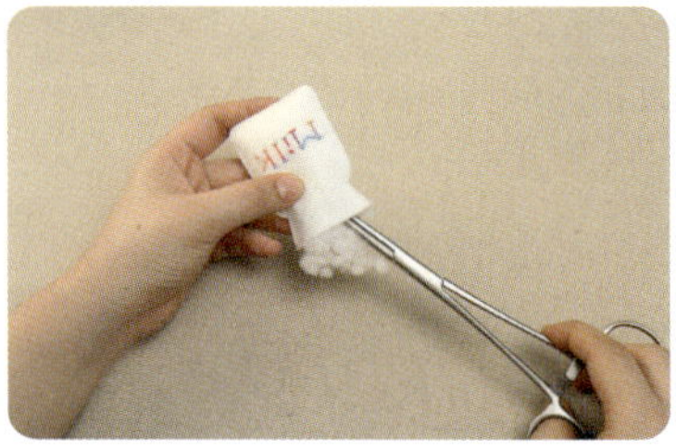

28 준비해 둔 우유병 모양 펠트에 솜을 소량 집어넣습니다.

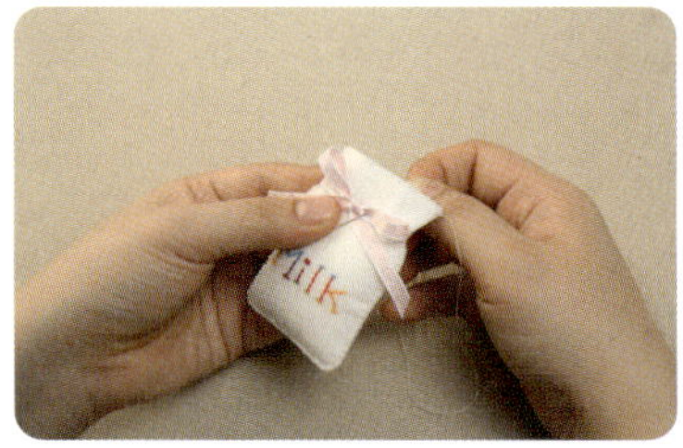

29 솜을 집어넣은 뒤, 병목에 리본을 묶고 바느질로 고정합니다.

30 귀는 아래쪽 창구멍을 감침질로 막은 뒤, 반으로 접어서 중간 부분만 감침질합니다.

31 팔은 겸자로 솜을 집어넣은 뒤, 창구멍 둘레에 홈질 스티치를 놓습니다.

32 실을 잡아당긴 뒤 시접을 안쪽으로 집어넣어 마무리합니다.

33 머리와 몸통을 공그르기로 연결합니다. 머리가 흔들리지 않도록 튼튼하게 잇습니다.

34 양팔은 실로 엑스자 모양을 만들면서 몸통을 관통해서 답니다.

35 바지로 준비해 둔 줄무늬 양말을 입힙니다.

36 샤무드 끈을 묶어서 바지 앞쪽에 바느질로 고정합니다.

37 뒤쪽은 엑스자 모양으로 교차시켜서 바지에 고정합니다.

38 솜을 집어넣은 뿔은 머리에 감침질로 고정합니다.

39 양쪽 귀는 뿔 바깥쪽에 공그르기로 답니다.

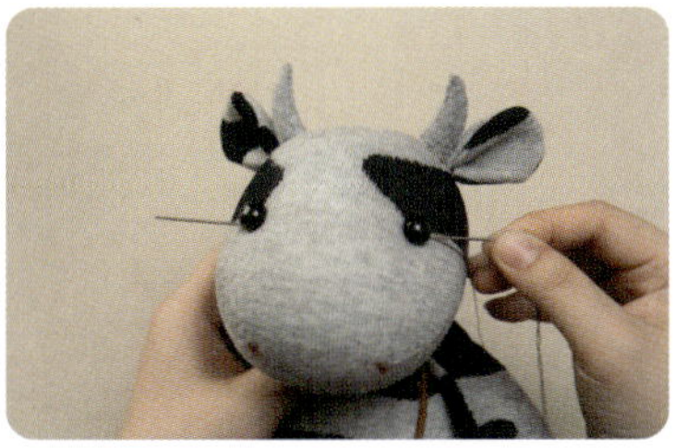

40 양쪽 눈의 위치를 수성펜으로 표시한 뒤, 검은색 콩단추를 얼굴을 관통해서 답니다.

41 콧구멍 위치에 흰색 단추를 달고, 볼에 블러셔를 발라 홍조를 만듭니다.

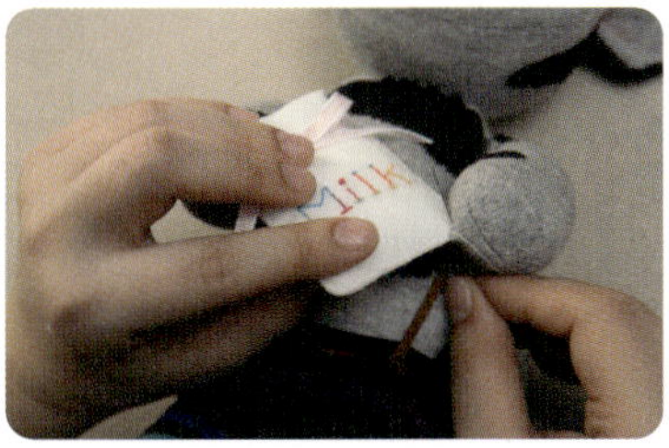

42 만들어 둔 우유병을 양손 안쪽에 바느질로 고정합니다.

43 목에 리본을 묶어서 한쪽으로 고정합니다.

44 완성되었습니다.

12 요조숙녀 롭이어 레비

처진 귀가 매력적인 레비. '청원피스도 예쁘게 잘 어울리죠?'

준비물

양말

병아리 무늬 양말 1짝, 연분홍색 양말 1짝, 아이보리색 양말 2짝

부자재

주황색 펠트, 진갈색 단추 2개, 나무 단추 2개, 레이스 리본 테이프, 체크 무늬 리본 테이프

도안 그리기 가이드

• 실물본: 176쪽 •

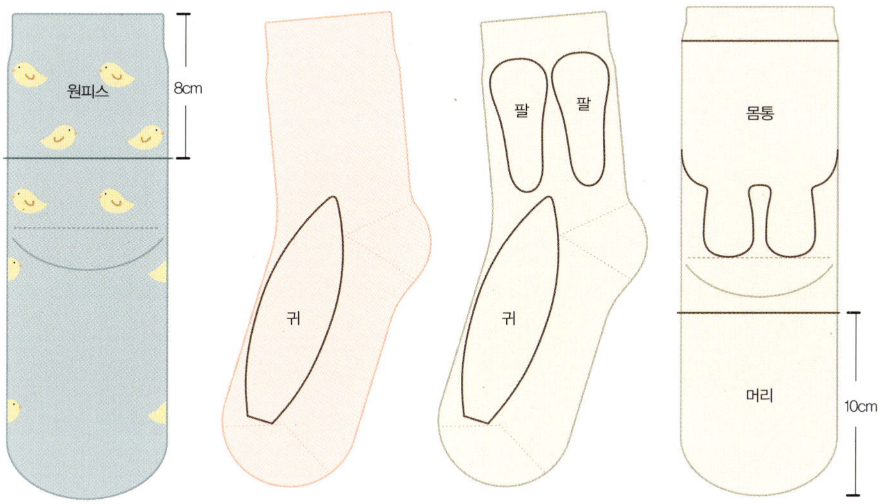

작업 과정

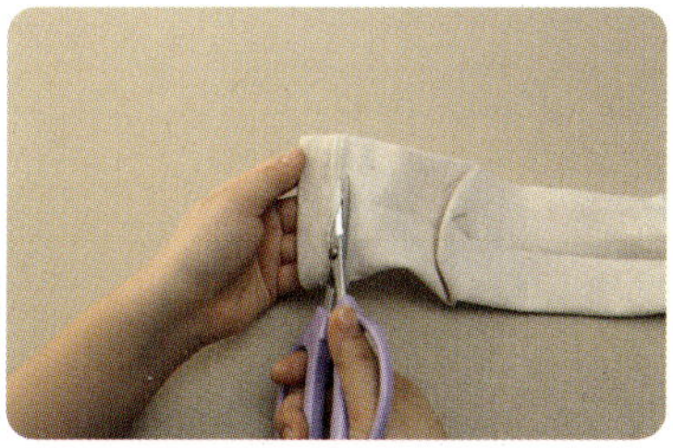

01 양말을 전부 뒤집은 뒤, 머리와 몸통을 만들 아이보리색 양말의 윗단을 틉니다.

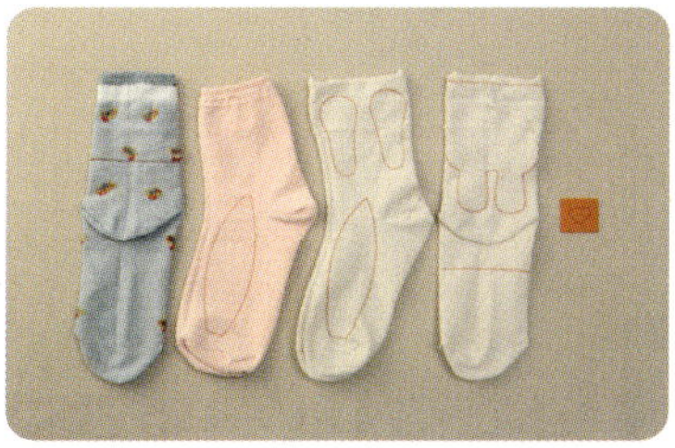

02 도안 그리기 가이드를 참고하여 각 양말에 도안을 그립니다.

TIP

펠트 도안 작업

펠트는 실물본의 크기보다 상하좌우에 약간 여유를 남겨 자른 뒤, 도안을 그린 부분만 오려내 사용합니다.

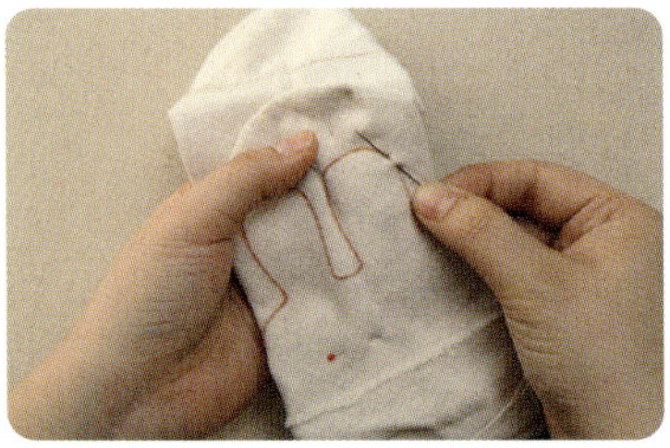

03 그려 둔 도안을 따라 몸통을 바느질합니다.

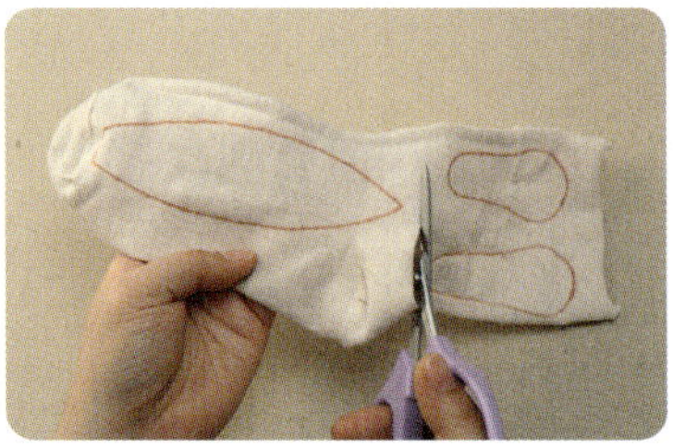

04 귀와 팔은 도안을 그린 뒤 자릅니다.

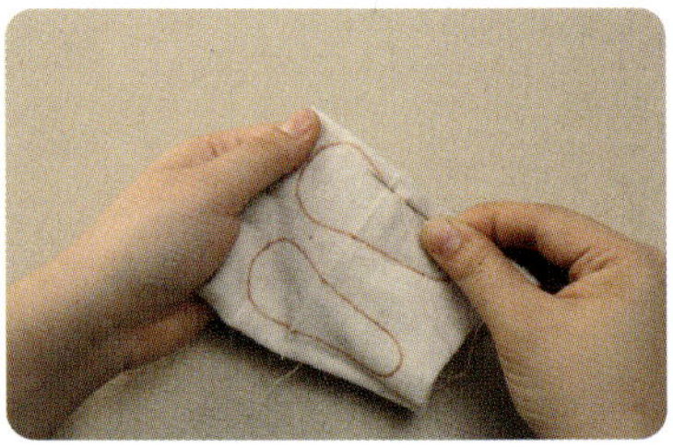

05 팔은 창구멍을 남기고 바느질합니다.

06 핑크색 양말에 귀 도안을 그린 뒤 나머지 부분을 재단합니다.

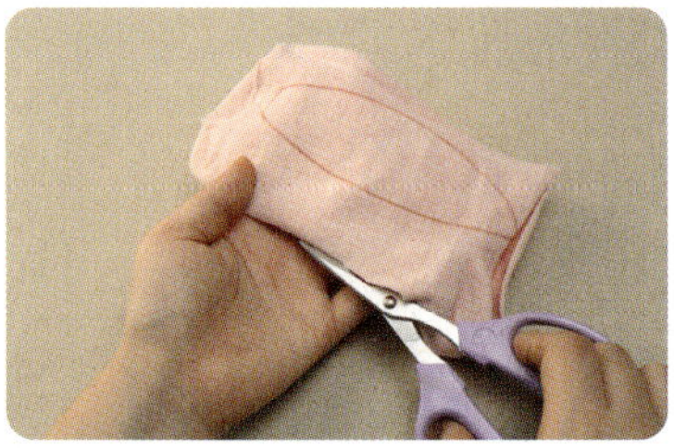

07 아이보리색 양말과 덧대어 바느질하기 위해 측면을 잘라 펼칩니다.

08 아이보리 양말도 같은 방법으로 측면을 잘라 펼칩니다.

09 두 양말의 겉과 겉을 마주댄 상태로 창구멍을 남기고 바느질합니다.

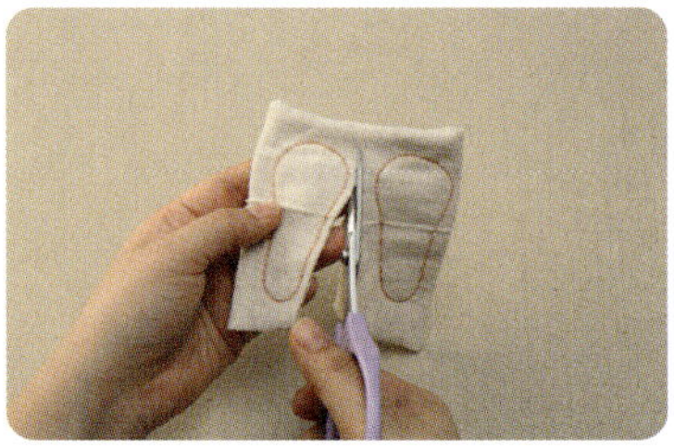

10 전체 바느질을 마치면 팔은 시접을 0.7cm 남기고 재단합니다.

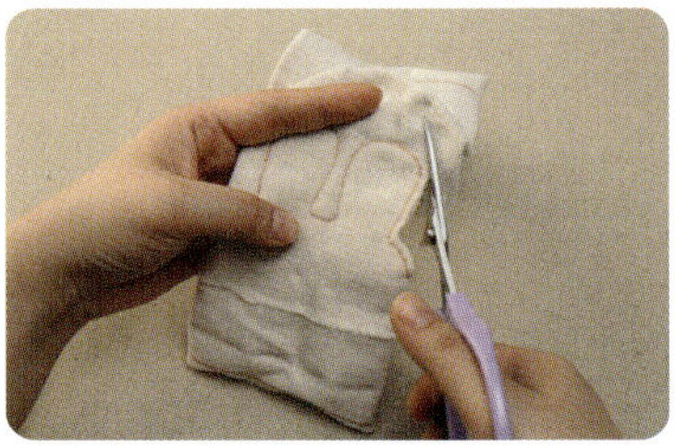

11 몸통도 시접을 0.7cm 남기고 재단합니다.

12 머리는 바느질선에서 1cm 시접을 남기고 재단합니다.

13 옷도 도안선에서 시접을 1cm 남기고 재단합니다.

14 귀는 시접을 0.7cm 남기고 재단합니다.

15 도안을 따라 필요한 부분에는 시접을 남겨 모든 부분을 재단합니다.

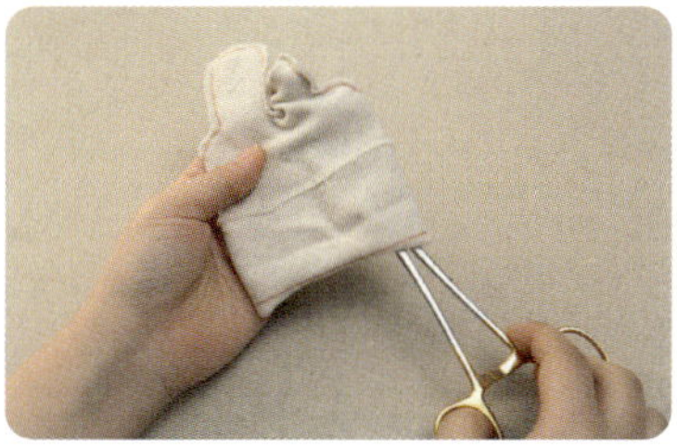

16 몸통은 발끝 부분을 잡고 겸자로 뒤집습니다.

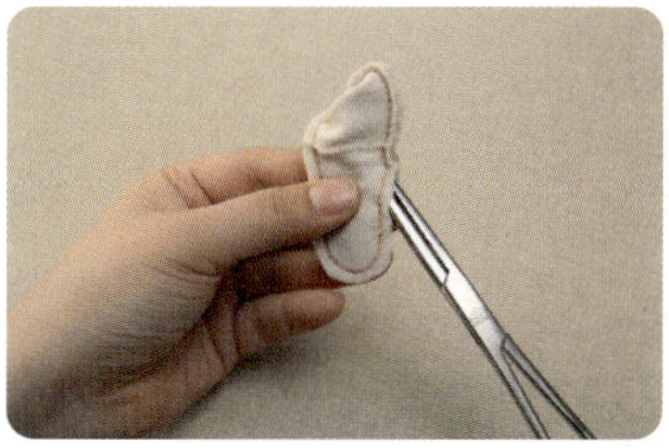

17 팔도 창구멍으로 겸자를 넣어 뒤집습니다.

18 귀는 아래쪽 창구멍으로 겸자를 넣어 뒤집습니다.

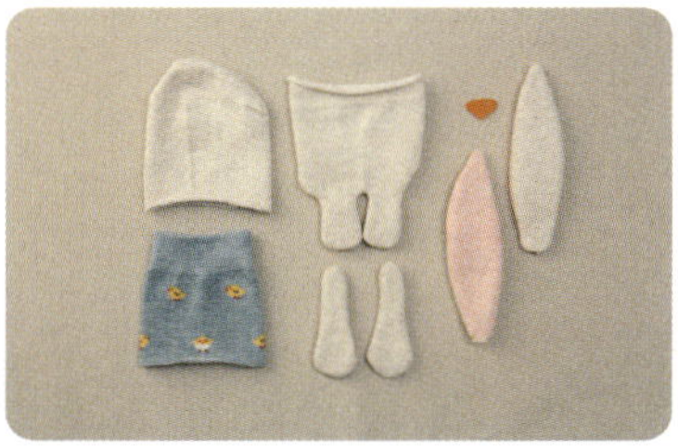

19 모든 부분을 뒤집어서 준비합니다.

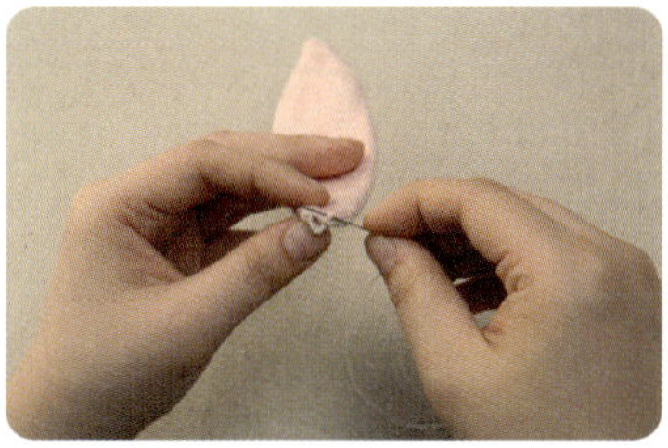

20 귀 아래쪽 창구멍은 공그르기로 막습니다.

21 귀는 1cm 정도 안쪽의 둘레에 홈질 스티치를 놓습니다.

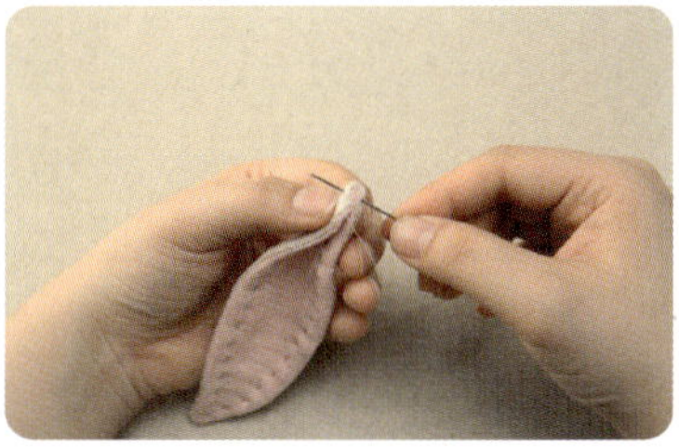

22 귀 아래쪽을 반으로 접어서 감침질합니다.

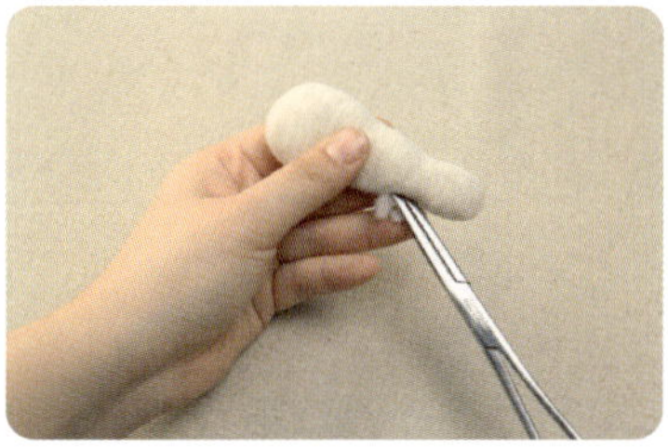

23 팔은 창구멍을 통해 겸자로 솜을 집어넣습니다.

24 솜을 집어넣은 뒤 창구멍을 공그르기로 막습니다.

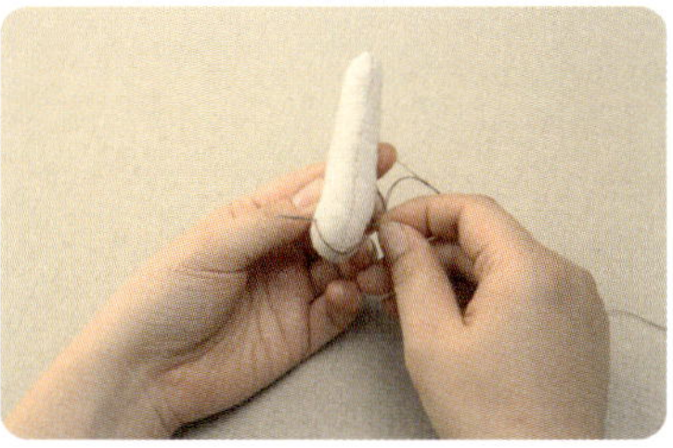

25 손끝은 앞뒤 관통해서 손가락으로 나뉘어 보이도록 감침해서 잡아당깁니다.

26 몸통에도 솜을 집어넣고 창구멍 둘레에 홈질 스티치를 놓습니다.

27 실을 잡아당겨 창구멍을 오므립니다.

28 튀어나온 시접을 안쪽으로 집어넣어 마무리합니다.

29 머리도 같은 방법으로 솜을 집어넣고 시접을 정리하여 마무리합니다.

30 머리와 몸통을 공그르기로 연결합니다. 머리가 흔들리지 않도록 튼튼하게 잇습니다.

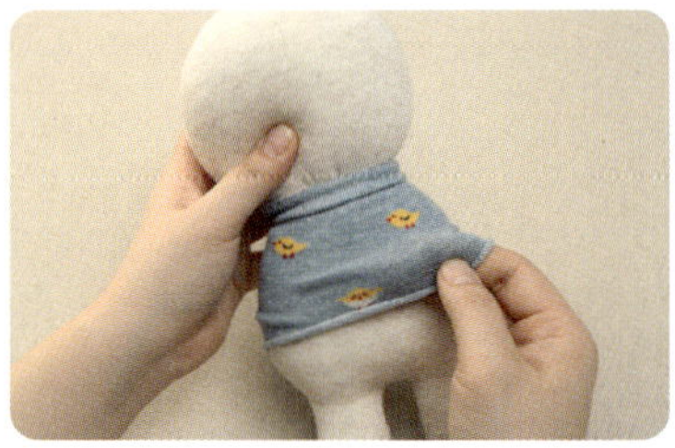

31 옷으로 준비해 둔 병아리 무늬 양말을 입힙니다.

32 옷 아래쪽은 안쪽으로 시접을 접어 넣고 감침질로 고정합니다.

33 레이스에 홈질 스티치를 놓으며 잡아당겨 주름을 잡아 준비합니다.

34 주름을 잡아 둔 레이스를 원피스 아래쪽에 반박음질로 답니다. 감침질로 달아도 좋습니다.

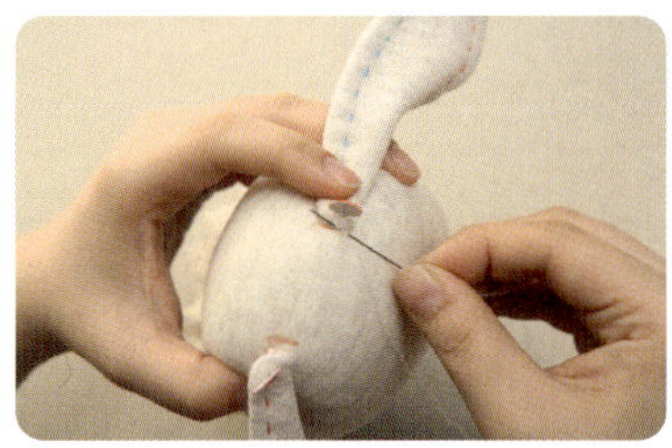

35 귀는 아래쪽을 향하도록 옆으로 눕혀서 감침질로 연결합니다.

36 귀를 단 앞모습입니다.

37 양팔은 위쪽에 나무 단추를 대고 관통해서 답니다.

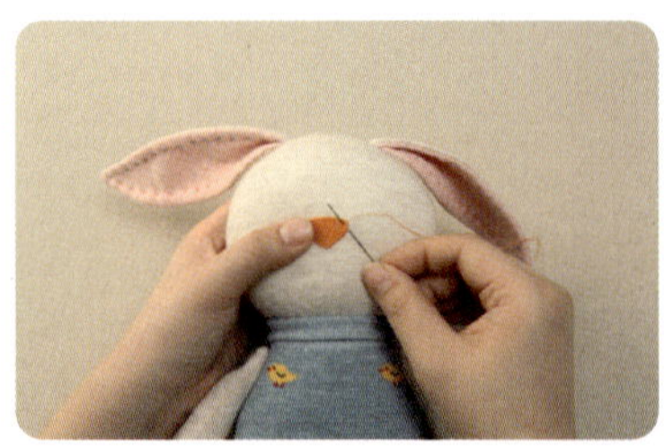

38 코는 얼굴 중앙에 주황색 펠트를 대고 감침질로 연결합니다.

39 기화펜으로 눈과 눈썹, 입을 그립니다.

40 눈은 진갈색 단추를 대고 앞뒤로 관통해서 답니다. 이때 실을 잡아 당겨서 얼굴에 단추가 폭 들어가게 답니다.

41 입은 갈색실로 위아래를 길게 감침질합니다.

42 도트봉에 아크릴 물감을 묻혀 눈동자의 하이라이트를 찍습니다.

43 볼에 블러셔를 발라 홍조를 만듭니다.

44 리본을 묶어서 머리에 글루건으로 붙입니다.

45 완성되었습니다.

13 수다쟁이 아기닭 토리

재잘재잘 수다쟁이 토리. '들어 봐, 들어 봐~오늘도 재밌는 일이 엄청 많았어!'

준비물

양말

흰색 양말 1짝, 살색 양말 1짝, 오렌지색 줄무늬 양말 1짝, 빨간색 양말 1짝

부자재

노란색 펠트, 검은색 콩단추 2개, 체크무늬 리본 테이프

도안 그리기 가이드

• 실물본: 177쪽 •

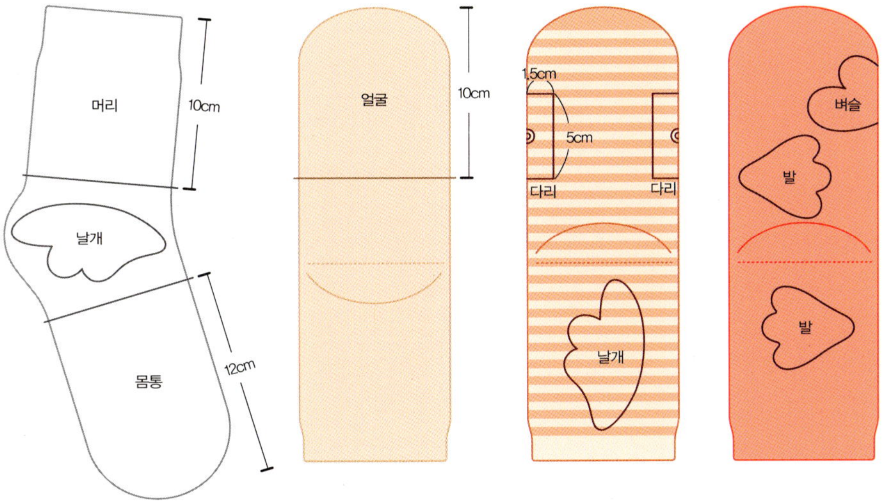

작업 과정

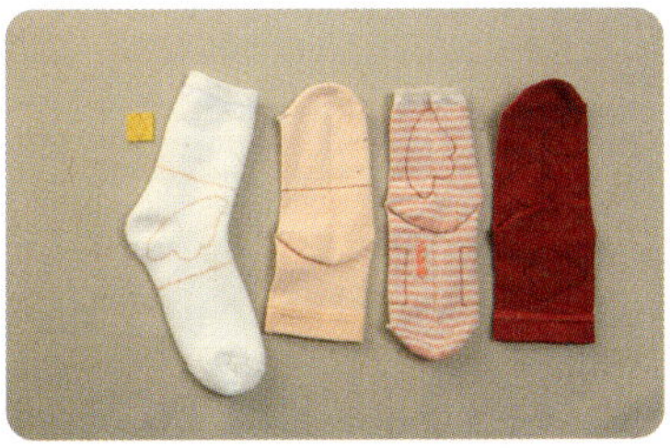

01 양말을 전부 뒤집은 뒤, 도안 그리기 가이드를 참고하여 각 양말에 도안을 그립니다.

TIP

펠트 도안 작업

펠트는 실물본의 크기보다 상하좌우에 약간 여유를 남겨 자른 뒤, 도안을 그린 부분만 오려내 사용합니다.

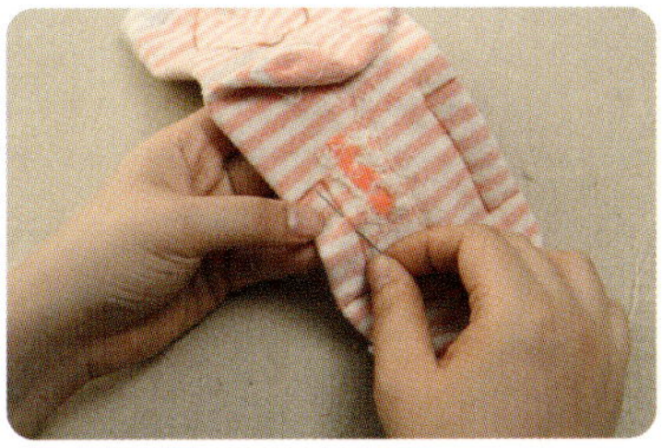

02 다리 부분은 옆선만 바느질합니다.

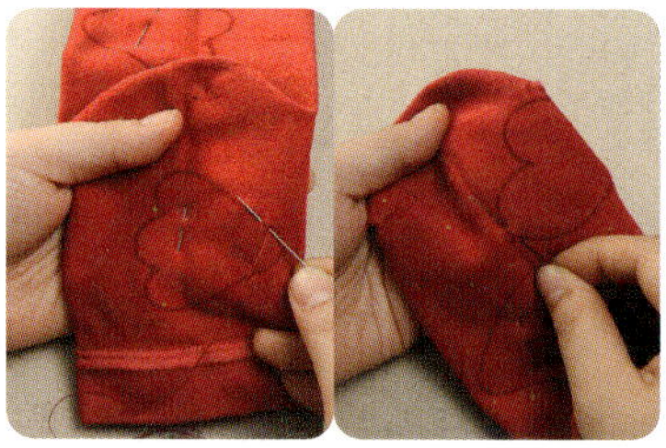

03 발과 벼슬은 창구멍 없이 바느질선을 따라 바느질합니다.

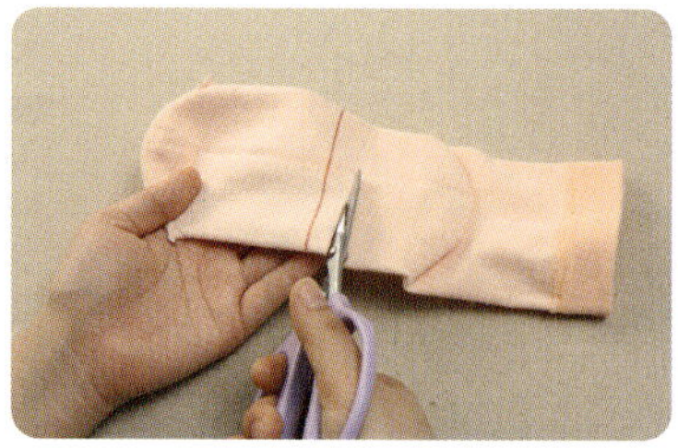

04 머리는 바느질선에서 시접을 1cm 남기고 재단합니다.

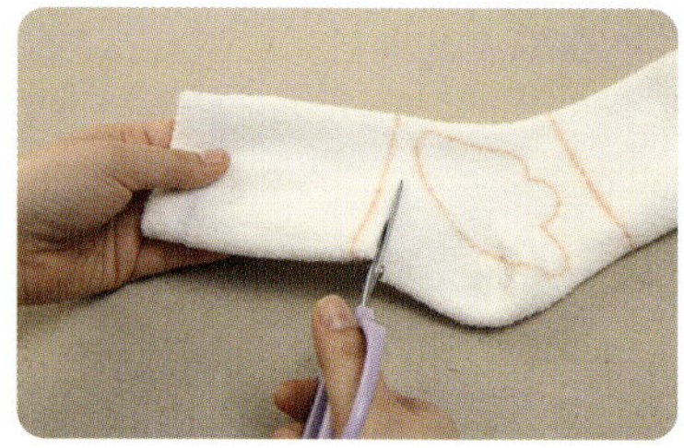

05 머리에 씌울 수면양말은 시접을 1cm 남기고 재단합니다.

06 몸통이 될 부분도 시접을 1cm 남기고 재단합니다.

07 다리는 시접을 0.5~0.7cm 남기고 재단합니다.

08 날개는 다리가 그려진 아래쪽을 잘라낸 뒤, 옆면 한쪽을 잘라서 펼칩니다.

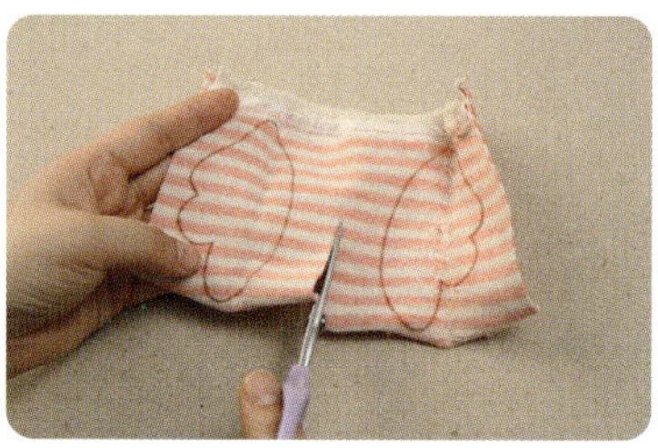

09 날개를 2개 만들기 위해 중간을 가릅니다.

10 수면양말도 같은 방법으로 옆면 한쪽을 잘라서 준비합니다. 두 양말의 겉과 겉을 마주댄 상태로 창구멍을 남기고 바느질합니다.

11 바느질한 뒤 시접을 0.5cm 남기고 재단합니다.

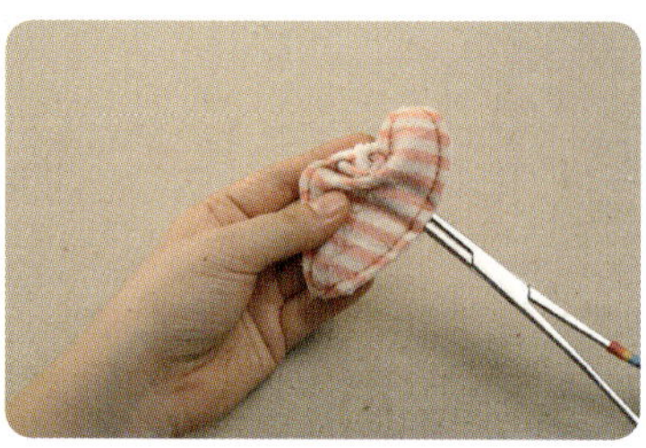

12 창구멍을 통해 겸자로 뒤집습니다.

13 뒤집은 뒤 창구멍을 감침질로 막습니다.

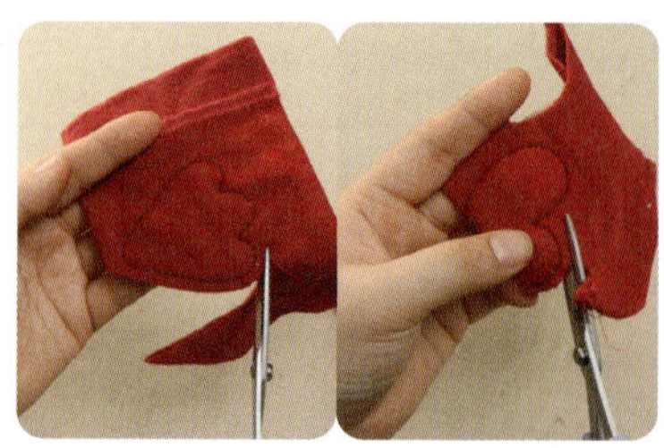

14 발과 벼슬은 0.5cm 시접을 남기고 재단합니다.

15 벼슬은 아래쪽에 작게 가위집을 내서 창구멍을 만든 뒤, 겸자를 넣어 뒤집습니다.

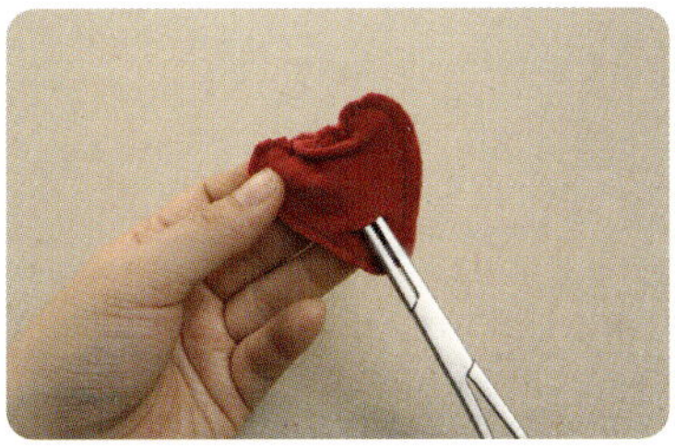

16 발은 위쪽에 작게 가위집을 내서 창구멍을 만든 뒤, 겸자를 넣어 뒤집습니다.

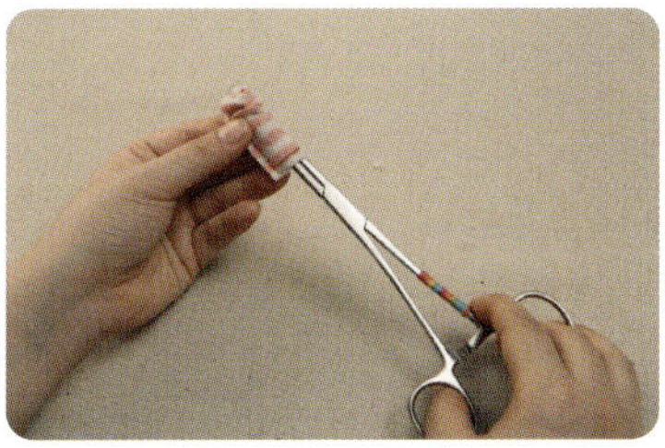

17 다리는 겸자로 발끝을 잡아당겨 뒤집습니다.

18 모든 부분을 뒤집어서 준비합니다.

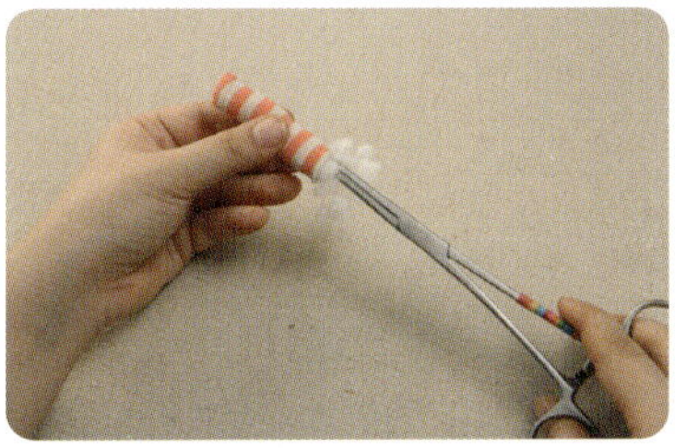

19 다리는 한쪽을 홈질 스티치로 막은 뒤, 겸자로 솜을 집어넣습니다.

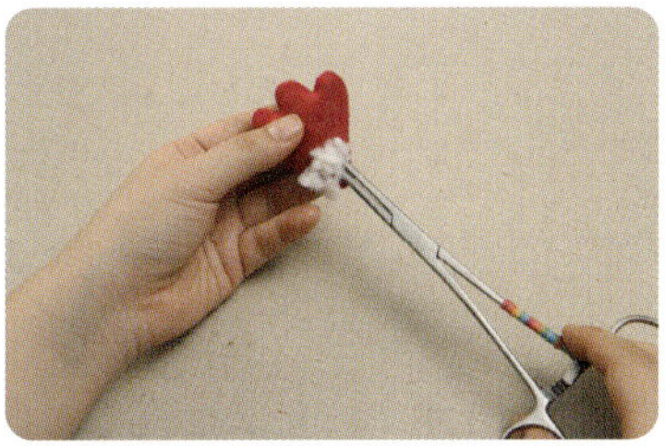

20 발은 창구멍을 통해 겸자로 솜을 집어넣습니다.

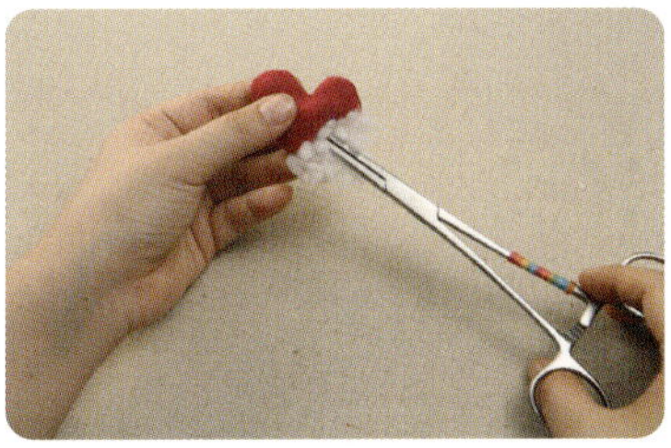

21 벼슬도 창구멍을 통해 겸자로 솜을 집어넣습니다.

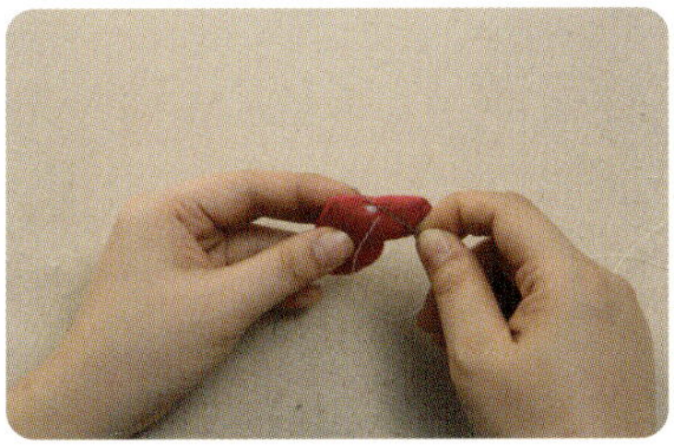

22 벼슬의 창구멍을 감침질로 막습니다.

23 머리에도 솜을 집어넣고 창구멍 둘레에 홈질 스티치를 놓습니다.

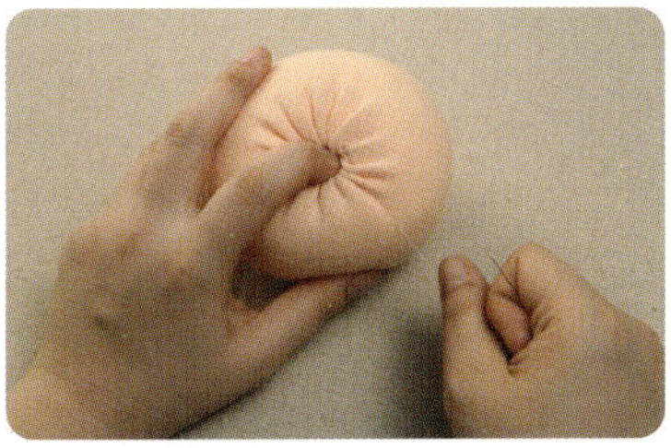

24 실을 잡아당긴 뒤 시접을 안쪽으로 집어넣어 마무리합니다.

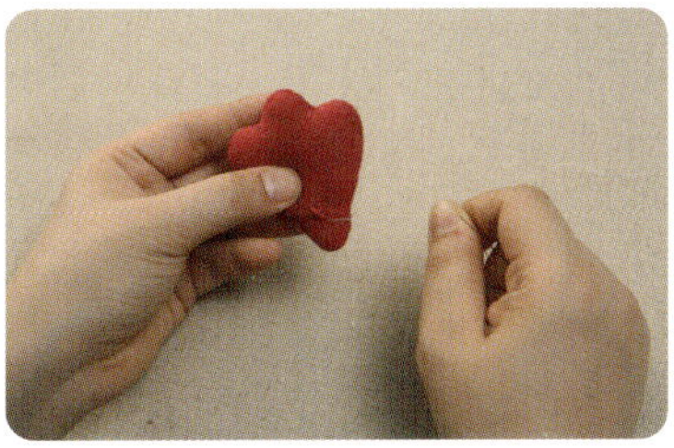

25 발의 창구멍도 같은 방법으로 막습니다.

26 다리의 막힌 부분을 발의 창구멍에 마주대고 공그르기로 연결합니다.

27 날개는 1cm 정도 안쪽의 둘레에 홈질 스티치를 놓습니다.

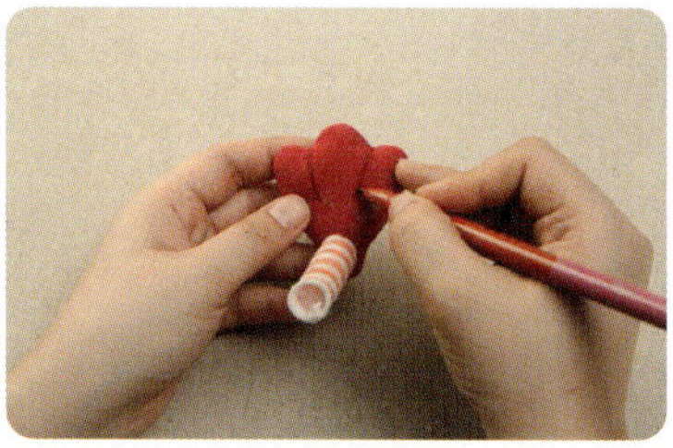

28 발끝에 수성펜으로 발가락을 그립니다.

29 그려 둔 선을 따라 앞뒤 관통해서 박게 바느질합니다.

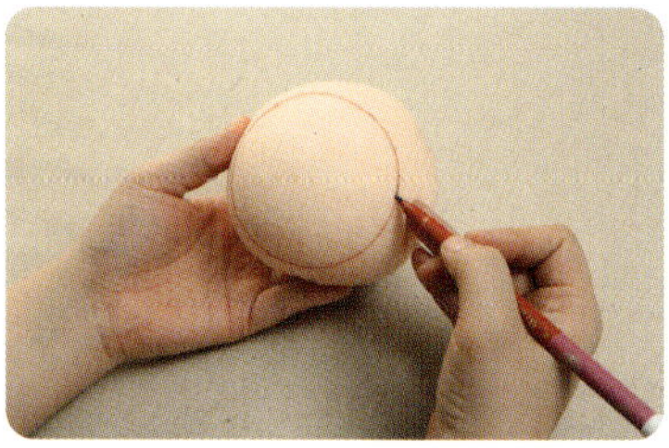

30 동그라미 자를 대고 수성펜으로 얼굴 라인을 그립니다. 동그라미 자가 없다면 종이컵을 이용해도 됩니다.

31 잘라 둔 흰색 수면양말을 머리에 씌운 뒤, 얼굴 라인을 따라 경계를 감침질로 고정합니다.

32 흰색 수면양말의 뒤통수쪽 창구멍 둘레에 홈질 스티치를 놓습니다.

33 실을 잡아당긴 뒤 시접을 안쪽으로 집어넣어 마무리합니다.

34 몸통에도 솜을 집어넣고 창구멍 둘레에 홈질 스티치를 놓은 뒤, 시접을 안쪽으로 집어넣어 마무리합니다.

35 머리와 몸통을 공그르기로 연결합니다. 머리가 흔들리지 않도록 튼튼하게 잇습니다.

36 머리 위쪽에 벼슬을 공그르기로 연결합니다.

37 다리를 앞쪽 방향으로 놓은 뒤 감침질로 몸통에 연결합니다.

38 날개는 몸통의 위쪽에 좌우를 관통해서 답니다.

39 기화펜으로 얼굴에 앞머리, 눈과 눈썹, 입을 그립니다.

40 입 위치에 재단해 놓은 부리 모양 펠트를 대고 바느질로 고정합니다.

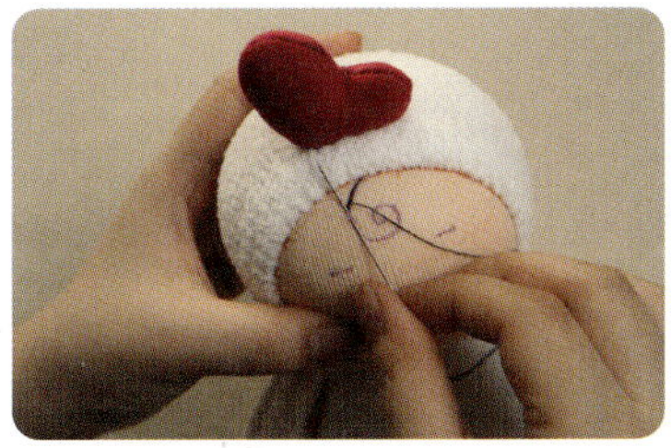

41 머리카락은 아우트라인 스티치를 놓습니다.

42 눈은 검은색 콩단추를 대고 앞뒤를 관통해서 답니다. 이때 실을 잡아 당겨서 얼굴에 단추가 폭 들어가게 답니다.

43 리본을 묶어서 목에 글루건으로 붙입니다.

44 볼에 블러셔를 발라 홍조를 만듭니다.

45 완성되었습니다.

14 학구파 까마귀 위즐

운동은 싫어, 공부가 좋아! '공부만큼 재밌는 게 어디 있어요?'

준비물

양말

베이지색 양말 1짝, 민트 줄무늬 양말 1짝, 오렌지색 양말 1짝, 검은색 수면양말 1짝

부자재

안경 장식 1개, 검은색 콩단추 2개, 줄무늬 리본 테이프

도안 그리기 가이드

• 실물본: 177쪽 •

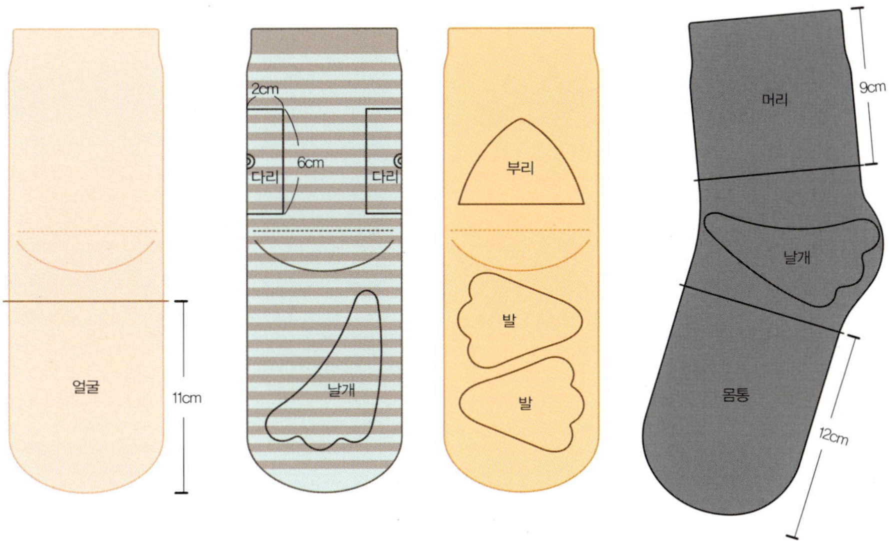

작업 과정

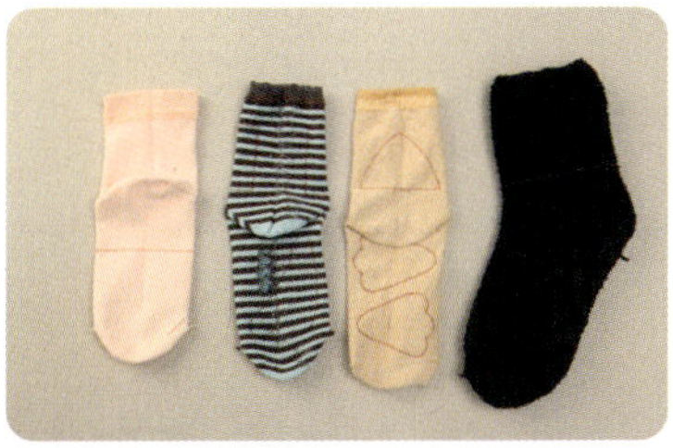

01 양말을 뒤집은 뒤, 도안 그리기 가이드를 참고하여 각 양말에 도안을 그립니다.

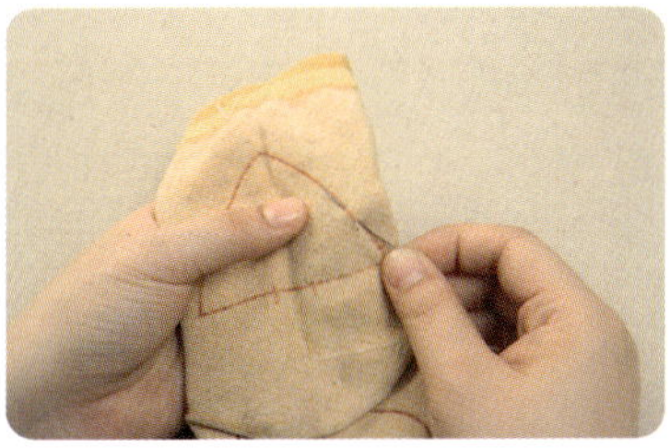

02 부리는 아래쪽 창구멍을 제외한 부분을 바느질합니다.

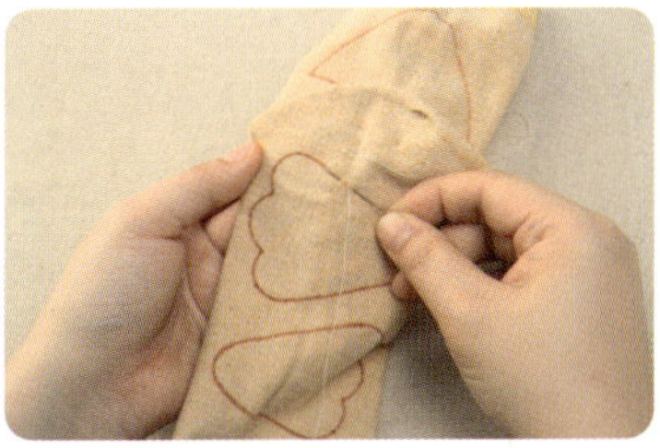

03 발은 창구멍 없이 전체를 바느질합니다.

04 다리는 바느질선을 따라 바느질합니다.

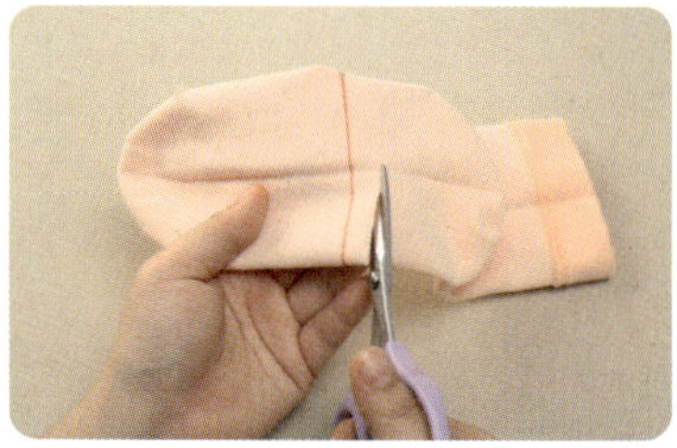

05 머리는 바느질선에서 시접을 1cm 남기고 재단합니다.

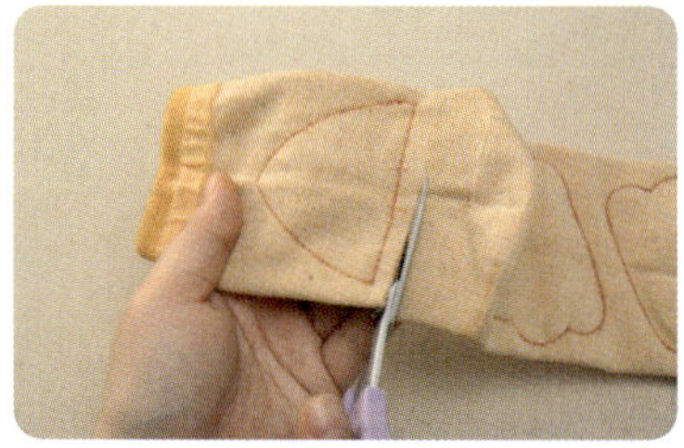

06 부리는 시접을 0.5~0.7cm 남기고 재단합니다.

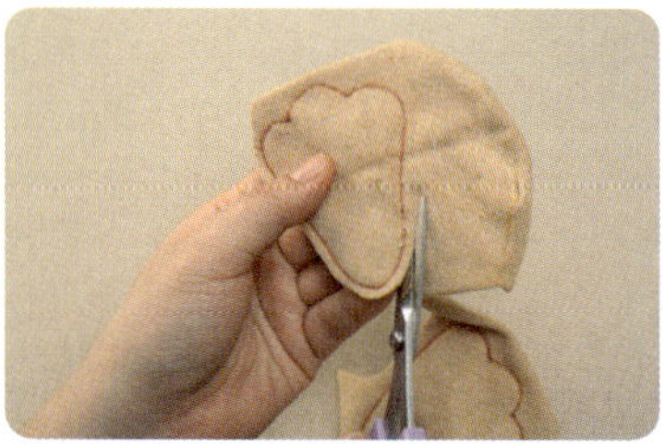

07 발도 시접을 0.5~0.7cm 남기고 재단합니다.

08 다리는 시접을 0.5cm 남기고 재단합니다.

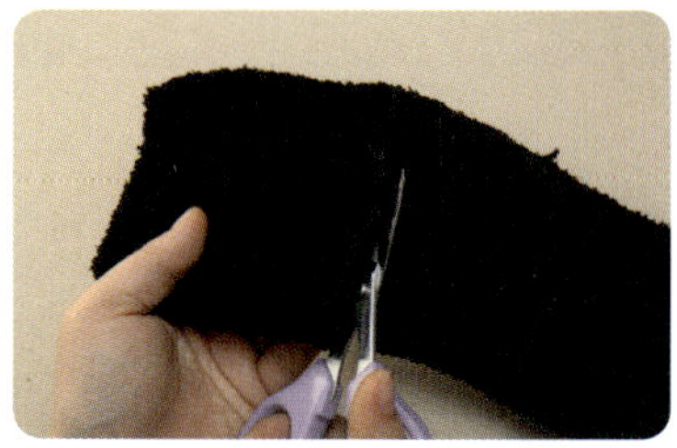

09 머리에 씌울 수면양말은 시접을 1cm 남기고 재단합니다.

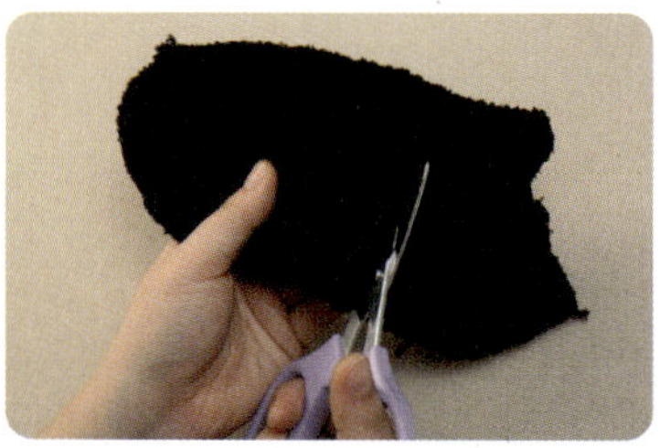

10 몸통이 될 부분은 바느질선에서 시접을 1cm 남기고 재단합니다.

11 재단한 몸통은 아래쪽의 바느질선을 따라서 전체를 바느질합니다.

12 바느질한 몸통 위쪽에 가위집을 내서 창구멍을 만듭니다.

13 날개는 줄무늬양말 1짝과 수면양말 1짝의 겉과 겉을 마주댑니다. 바느질선을 따라 창구멍을 남기고 바느질합니다.

14 바느질한 뒤 시접을 0.5~0.7cm 남기고 재단합니다.

15 도안을 따라 필요한 부분에는 시접을 남기고 모든 부분을 재단합니다.

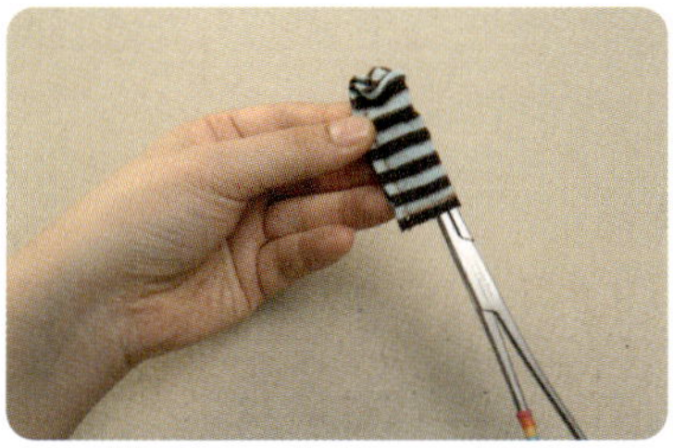

16 다리는 겸자로 발끝을 잡아당겨 뒤집습니다.

17 날개는 창구멍을 통해 겸자를 넣어 뒤집습니다.

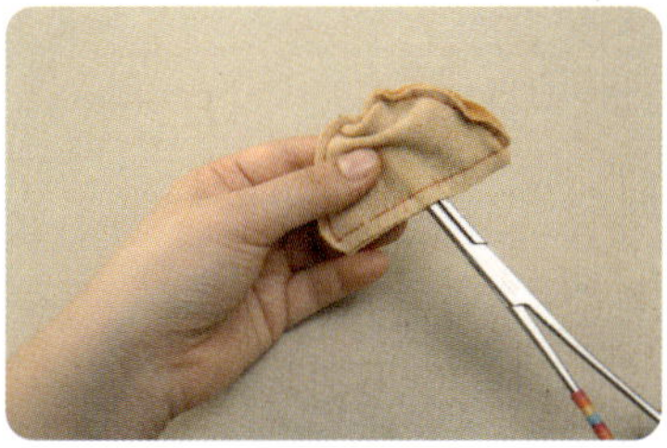

18 부리도 창구멍을 통해 겸자를 넣어 뒤집습니다.

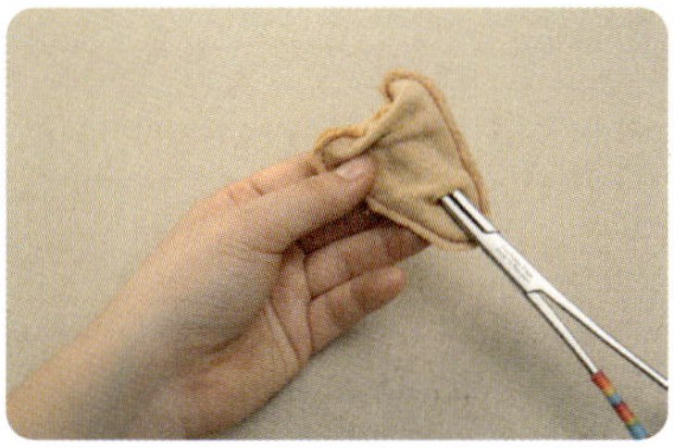

19 발은 아래쪽에 작게 가위집을 내서 창구멍을 만든 뒤, 겸자를 넣어 뒤집습니다.

20 모든 부분을 뒤집어서 준비합니다.

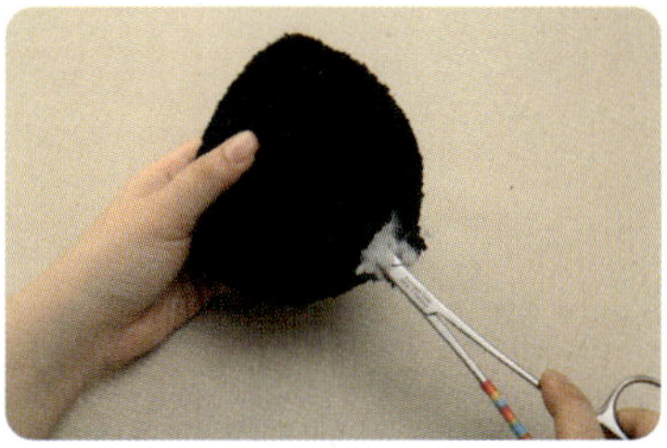

21 몸통은 창구멍을 통해 겸자로 솜을 넣습니다.

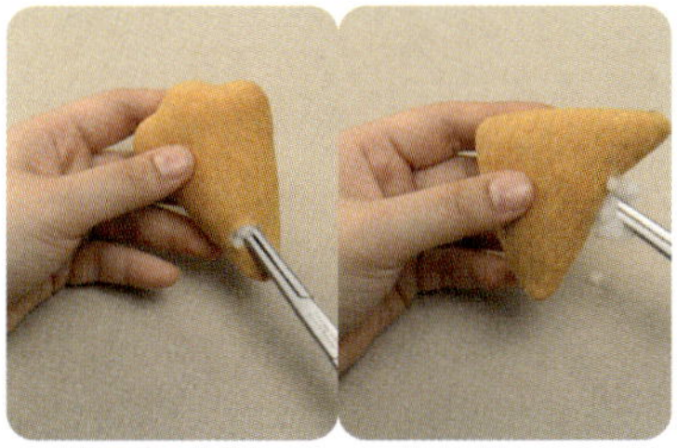

22 발과 부리도 창구멍을 통해 겸자로 솜을 넣습니다.

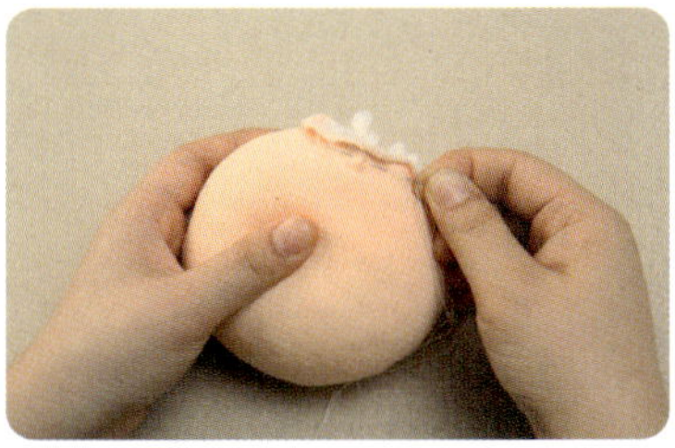

23 머리에도 솜을 집어넣고 창구멍 둘레에 홈질 스티치를 놓습니다.

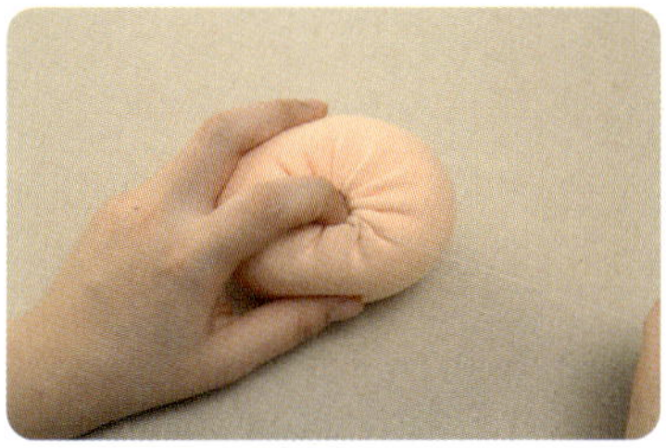

24 실을 잡아당긴 뒤 시접을 안쪽으로 집어넣어 마무리합니다.

25 몸통은 위쪽 바느질선을 따라 둘레에 홈질 스티치를 놓습니다.

26 실을 잡아당긴 뒤 시접을 안쪽으로 집어넣어 마무리합니다.

27 다리 아래쪽의 창구멍 둘레에 홈질 스티치를 놓아 막습니다.

28 반대편 창구멍으로 솜을 넣은 뒤 실을 잡아당겨 오므리고, 튀어나온 시접을 안쪽으로 집어넣어 마무리합니다.

29 부리의 창구멍을 공그르기로 막습니다.

30 날개는 앞뒤가 들뜨지 않도록 1cm 정도 안쪽의 둘레에 홈질 스티치를 놓습니다.

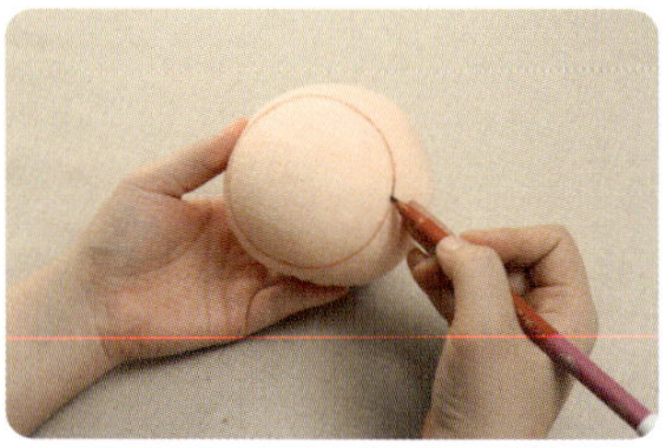

31 동그라미 자를 대고 수성펜으로 얼굴 라인을 그립니다. 동그라미 자가 없다면 종이컵을 이용해도 됩니다.

32 잘라 둔 검은색 수면양말을 머리에 씌운 뒤, 얼굴 라인을 따라 경계를 감침질로 고정합니다.

33 검은색 수면양말의 뒤통수쪽 창구멍의 둘레에 홈질 스티치를 놓습니다.

34 실을 잡아당긴 뒤 시접을 안쪽으로 집어넣어 마무리합니다.

35 발의 창구멍과 다리를 마주 대고 둘레를 공그르기로 연결합니다.

36 머리와 몸통을 공그르기로 연결합니다. 머리가 흔들리지 않도록 튼튼하게 잇습니다.

37 몸통 아래쪽에 다리를 공그르기로 연결합니다.

38 날개는 몸통의 위쪽에 좌우를 관통해서 답니다.

39 부리를 얼굴 아래쪽에 시침핀으로 고정한 뒤, 둘레를 공그르기로 연결합니다.

40 발끝에 수성펜으로 발가락을 그리고, 그려 둔 선을 따라 앞뒤 관통해서 밭게 바느질합니다.

41 기화펜으로 얼굴에 앞머리, 눈과 눈썹, 입을 그립니다.

42 눈은 검은색 콩단추를 대고 앞뒤를 관통해서 답니다. 이때 실을 잡아 당겨서 얼굴에 단추가 폭 들어가게 답니다.

43 머리카락은 아우트라인 스티치를 놓습니다.

44 안경 장식은 중간 부분을 바느질해서 얼굴에 고정합니다.

45 리본을 묶어서 목에 글루건으로 붙입니다.

46 볼에 블러셔를 발라 홍조를 만듭니다.

47 완성되었습니다.

15 토끼가 되고 싶은 아기 주노

보송보송한 털옷에 반해 토끼가 되고 싶은 주노. '어떻게 하면 토끼가 될 수 있나요?'

준비물

양말

살색 양말 2짝, 흰색 수면양말 1짝

부자재

분홍색 도트 무늬 펠트, 갈색 단추 2개, 흰색 단추 2개, 분홍색 줄무늬 리본 테이프

도안 그리기 가이드

• 실물본: 178쪽 •

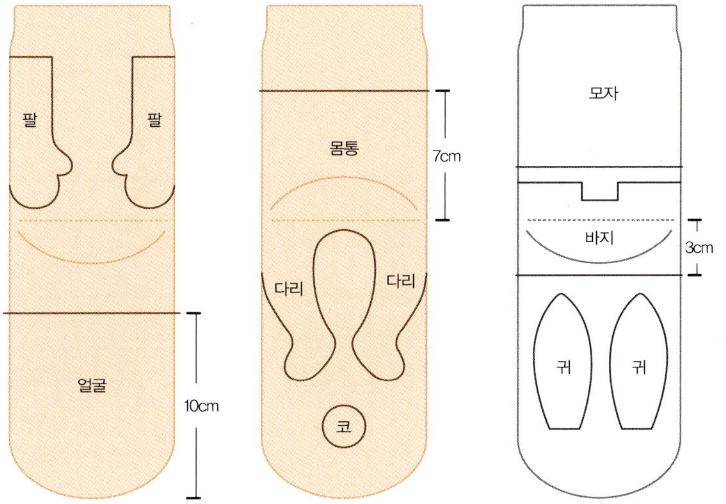

작업 과정

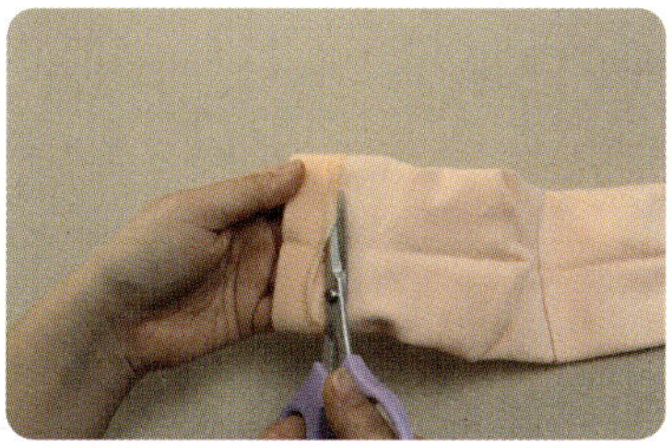

01 양말을 전부 뒤집은 뒤, 머리와 팔을 만들 살색 양말의 윗단을 틉니다.

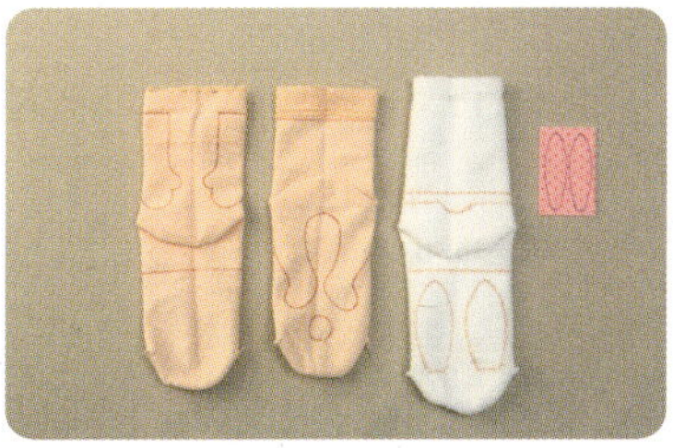

02 도안 그리기 가이드를 참고하여 각 양말에 도안을 그립니다.

TIP

펠트 도안 작업

펠트는 실물본의 크기보다 상하좌우에 약간 여유를 남겨 자른 뒤, 도안을 그린 부분만 오려내 사용합니다.

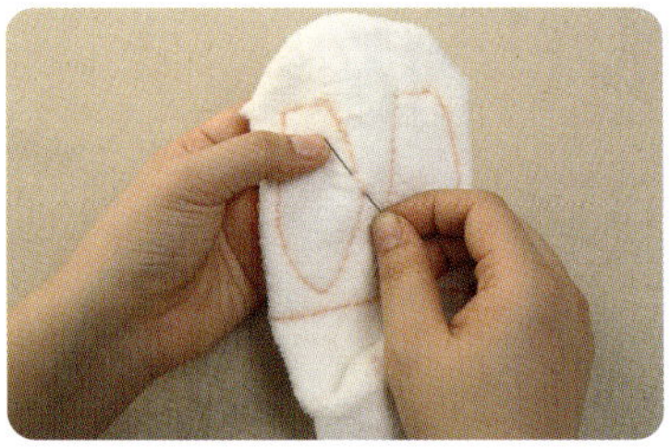

03 귀는 창구멍을 남기고 바느질합니다.

04 바지 아래쪽은 가랑이 부분만 바느질해서 준비합니다.

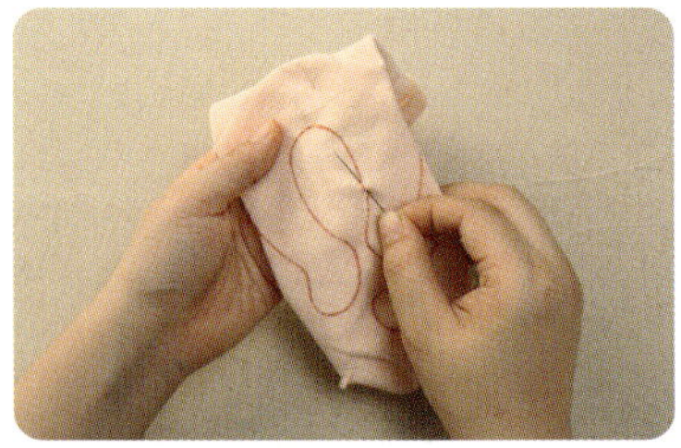

05 그려 둔 도안을 따라 몸통의 다리 부분도 바느질합니다.

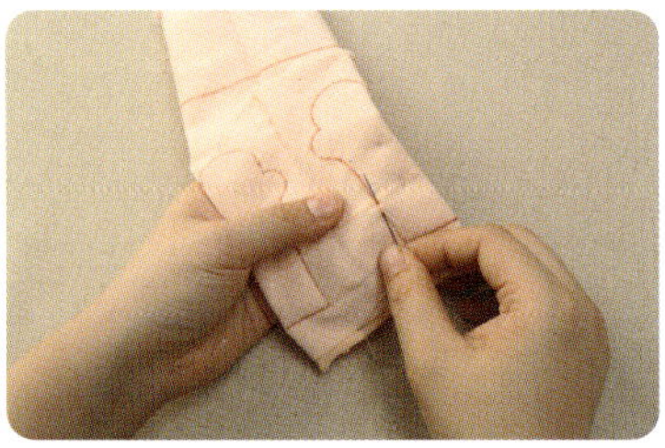

06 팔은 창구멍을 제외하고 바느질합니다.

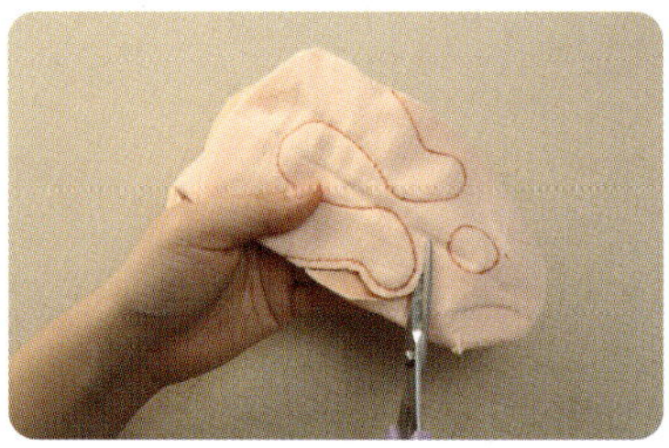

07 전체 바느질을 마치면 몸통은 시접을 0.7cm 남기고 재단합니다.

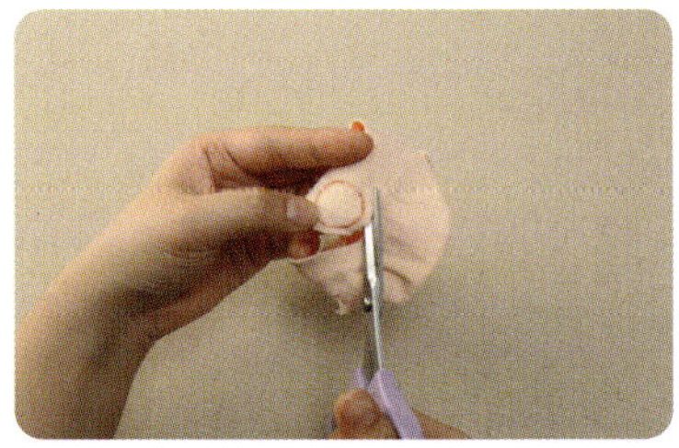

08 코는 1장만 시접을 0.7cm 남기고 재단합니다.

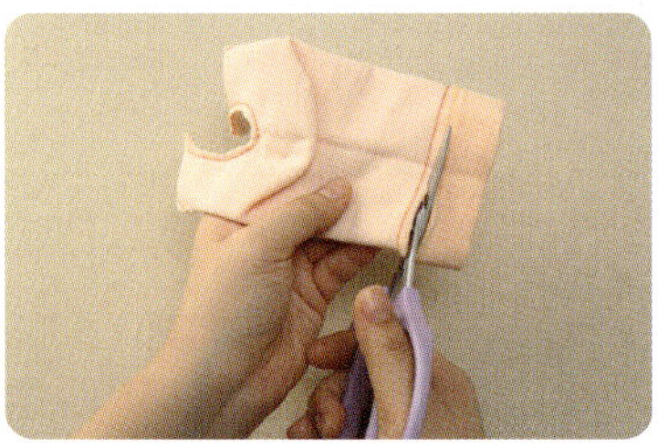

09 몸통 위쪽은 시접을 약간 남기고 재단합니다.

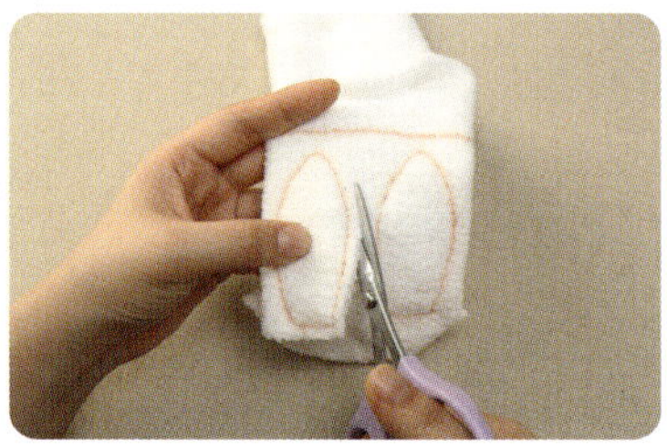

10 귀는 시접을 0.7cm 남기고 재단합니다.

11 바지는 가랑이 부분에만 시접을 약간 남기고, 위아래를 시접 없이 재단하여 준비합니다.

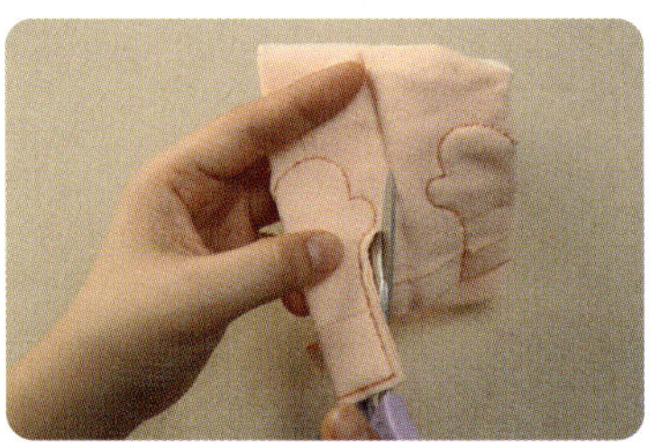

12 팔은 시접을 0.7cm 남기고 재단합니다.

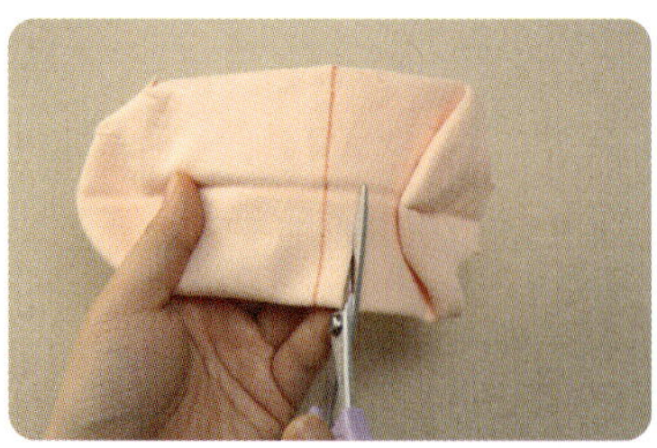

13 머리는 시접을 1cm 남기고 재단합니다.

14 꼬리도 시접을 1cm 남기고 재단합니다.

15 도안을 따라 필요한 부분에는 시접을 남겨 모든 부분을 재단합니다.

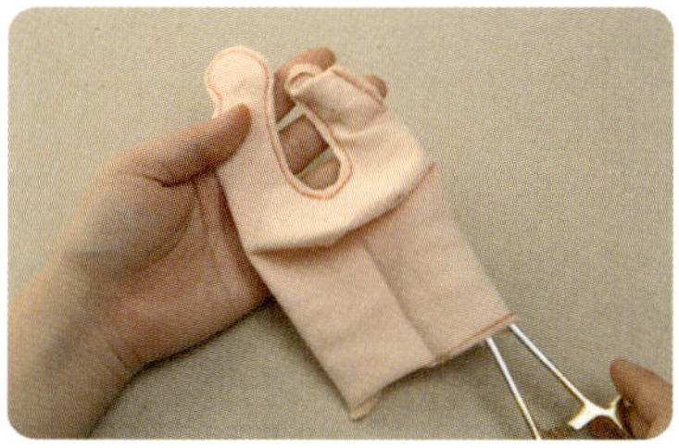

16 몸통은 발끝 부분을 잡고 겸자로 뒤집습니다.

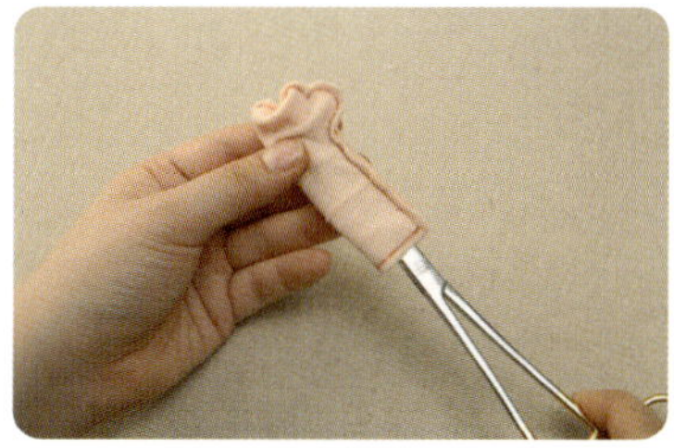

17 팔도 겸자로 뒤집습니다.

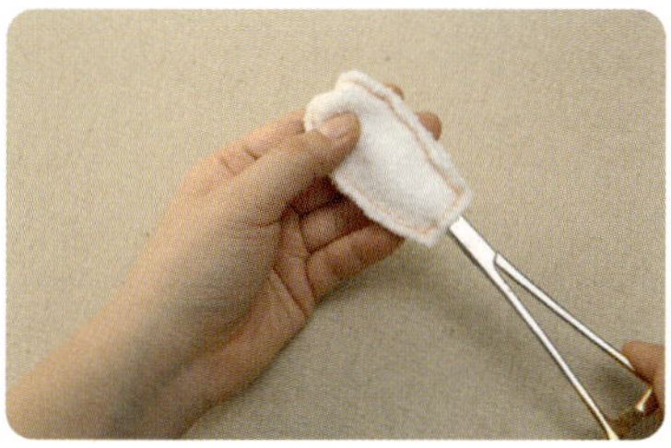

18 귀도 창구멍으로 겸자를 넣어 뒤집습니다.

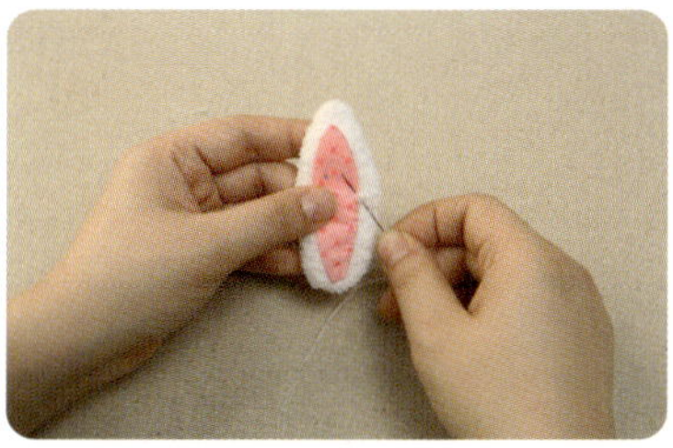

19 귀 앞쪽에 펠트를 덧대어 감침질로 연결합니다.

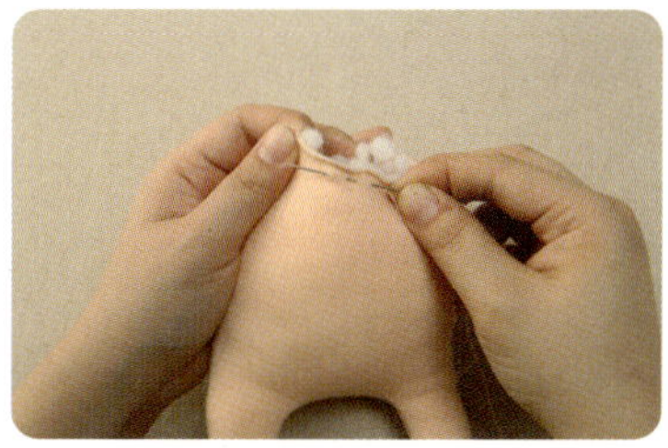

20 몸통에 솜을 집어넣은 뒤, 창구멍 둘레에 홈질 스티치를 놓습니다.

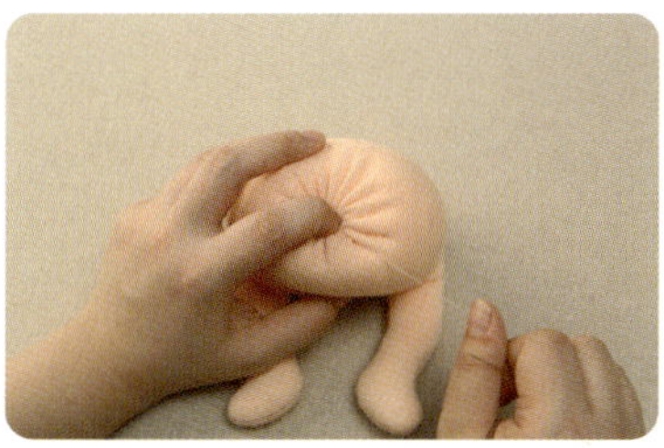

21 실을 잡아당긴 뒤 시접을 안쪽으로 집어넣어 마무리합니다.

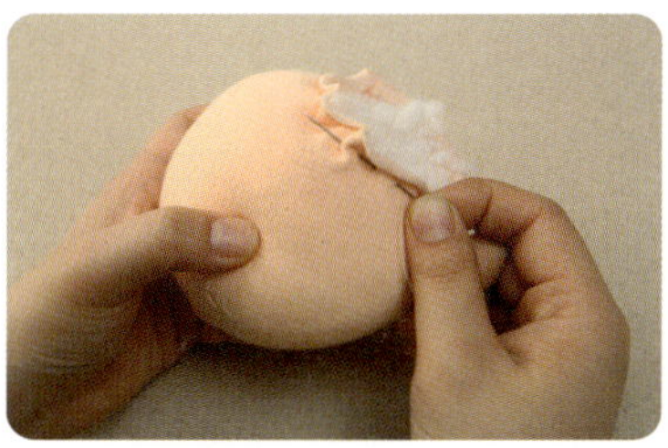

22 머리도 뒤집은 뒤 솜을 적당량 집어넣고 창구멍 둘레에 홈질 스티치를 놓습니다.

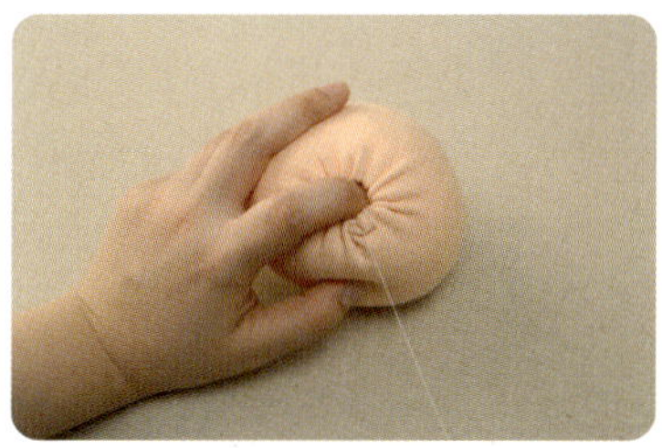

23 실을 잡아당긴 뒤 시접을 안쪽으로 집어넣어 마무리합니다.

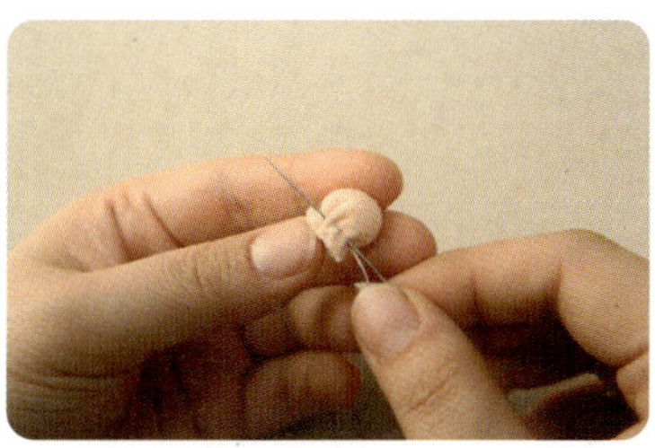

24 코는 둘레에 홈질 스티치를 놓은 뒤, 실을 잡아당겨 안쪽에 솜을 집어넣습니다. 실을 바짝 당겨 깔끔하게 마무리합니다.

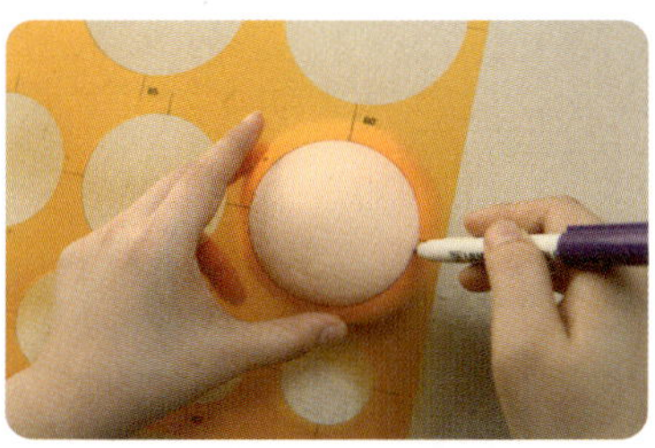

25 동그라미 자를 대고 수성펜으로 얼굴 라인을 그립니다. 동그라미 자가 없다면 종이컵을 이용해도 됩니다.

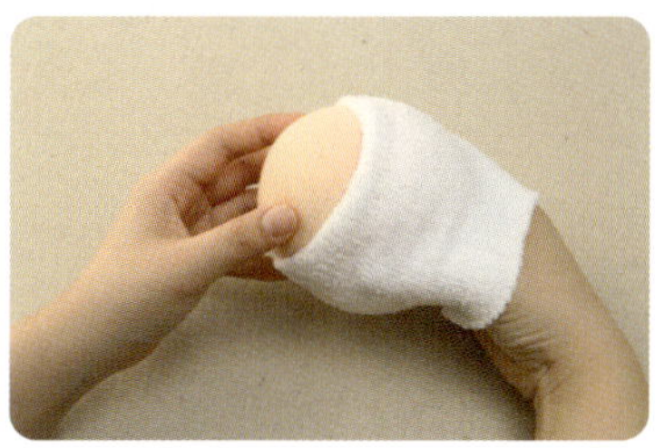

26 잘라 둔 흰색 수면양말을 뒤집은 뒤, 표시한 얼굴 위치에 맞춰 씌웁니다.

27 얼굴 라인을 따라 경계를 감침질로 고정합니다.

28 흰색 수면양말의 뒤통수쪽 창구멍 둘레에 홈질 스티치를 놓습니다.

29 실을 잡아당긴 뒤 시접을 안쪽으로 집어넣어 마무리합니다.

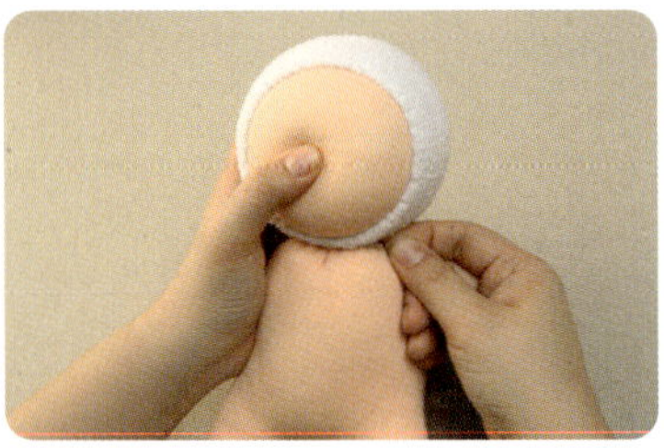

30 머리와 몸통을 공그르기로 연결합니다. 머리가 흔들리지 않도록 튼튼하게 잇습니다.

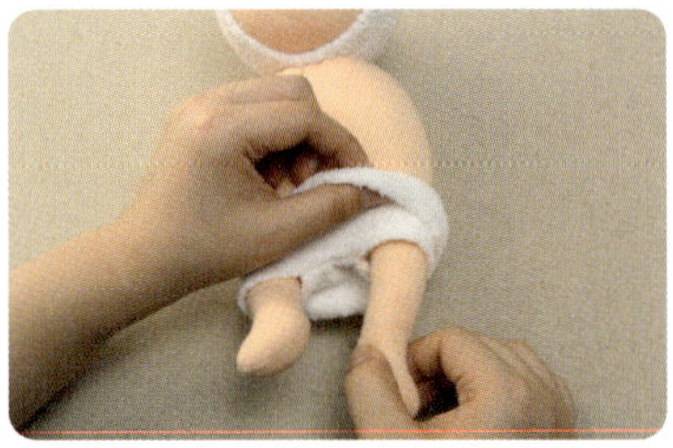

31 재단해 놓은 바지를 뒤집어 입힙니다.

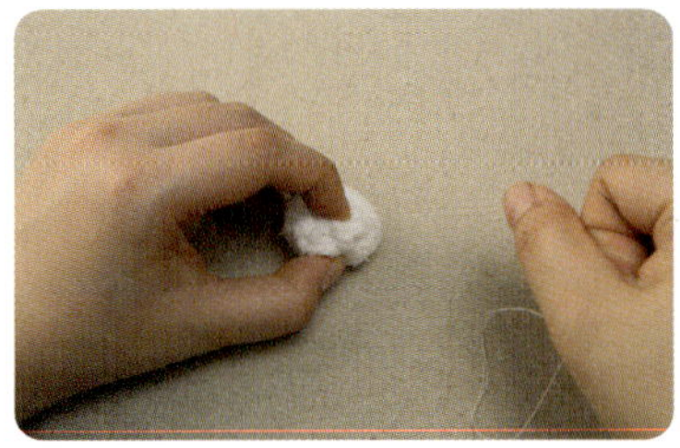

32 꼬리는 둘레에 홈질 스티치를 놓은 뒤, 실을 잡아당겨 안쪽에 솜을 집어넣습니다. 실을 바짝 당겨 깔끔하게 마무리합니다.

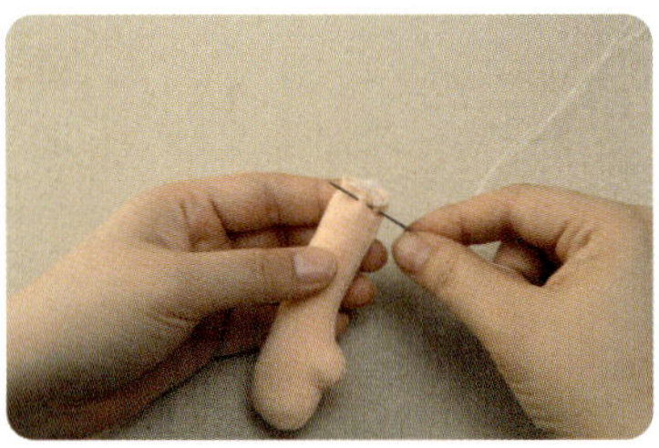

33 팔은 솜을 넣고 창구멍 둘레에 홈질 스티치를 놓습니다.

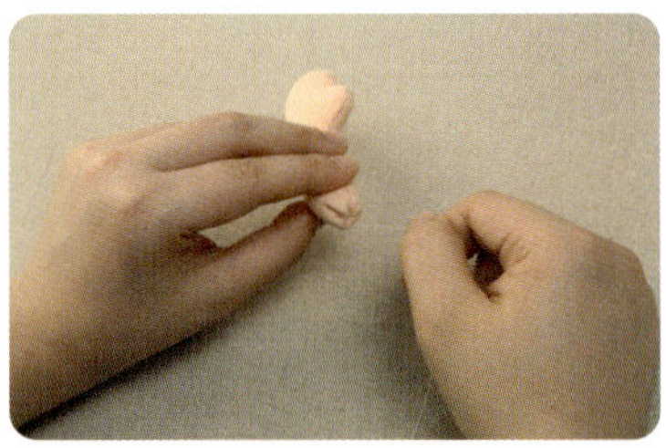

34 실을 잡아당긴 뒤 시접을 안쪽으로 집어넣어 마무리합니다.

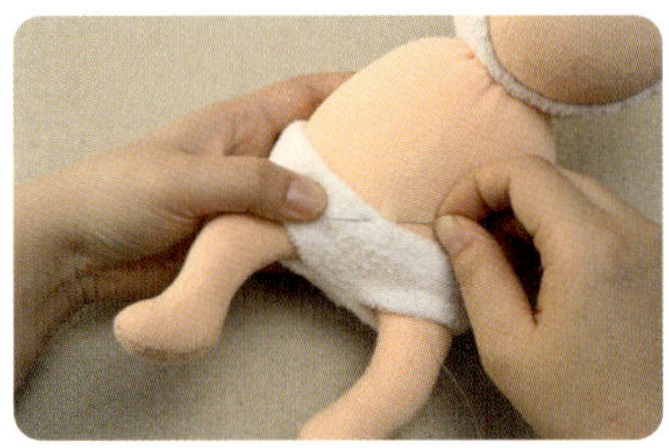

35 바지 경계는 끝 부분을 접어넣으면서 감침질로 고정합니다.

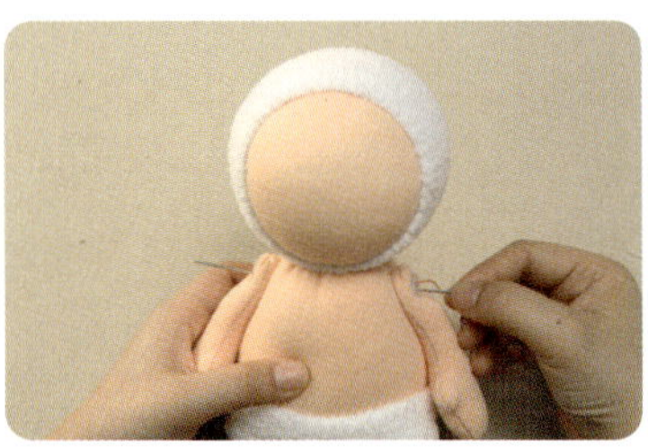

36 양팔은 위쪽에 흰색 단추를 대고 관통해서 답니다.

37 양쪽 귀를 적당한 위치에 공그르기로 연결합니다.

38 코도 얼굴 중앙에 공그르기로 답니다.

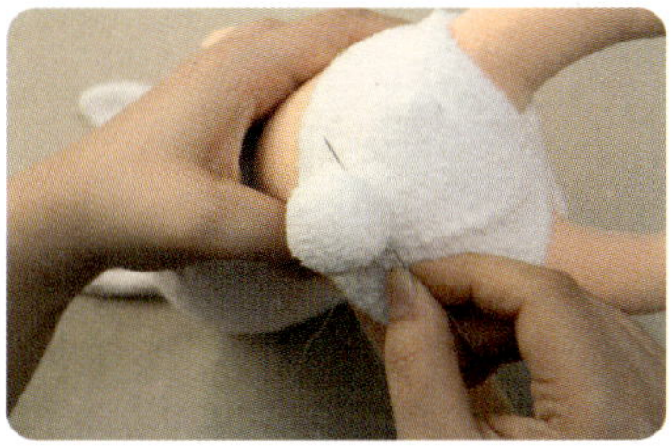

39 꼬리는 엉덩이 중앙에 공그르기로 답니다.

40 기화펜으로 눈과 눈썹, 입을 그립니다.

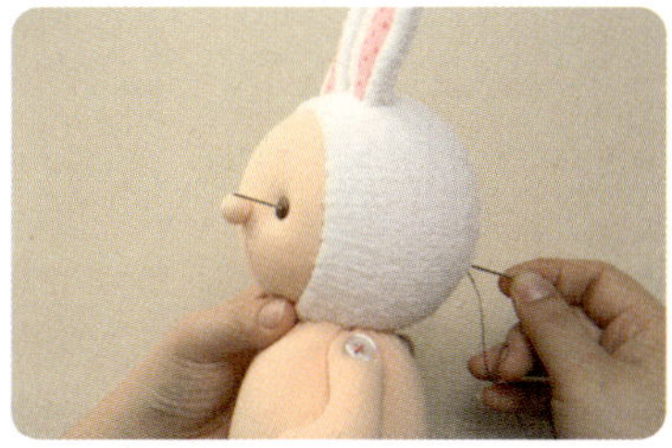

41 눈은 갈색 단추를 대고 앞뒤로 관통해서 답니다. 이때 실을 잡아당겨서 얼굴에 단추가 폭 들어가게 답니다.

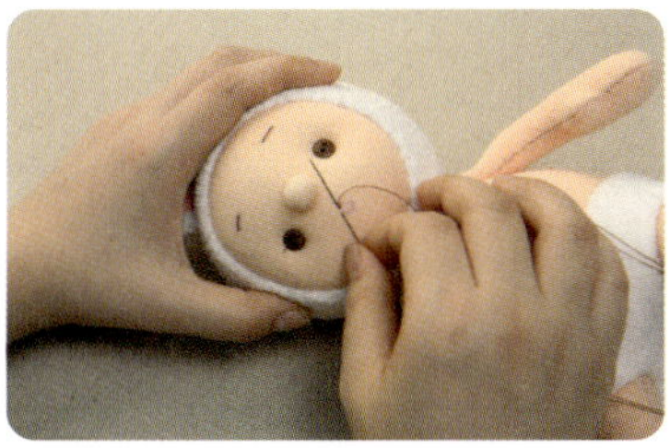

42 입은 갈색실로 수놓습니다.

43 도트봉에 아크릴 물감을 묻혀 눈동자의 하이라이트를 찍습니다.

44 입 안쪽도 아크릴 물감으로 칠합니다.

45 볼에 블러셔를 발라 홍조를 만듭니다.

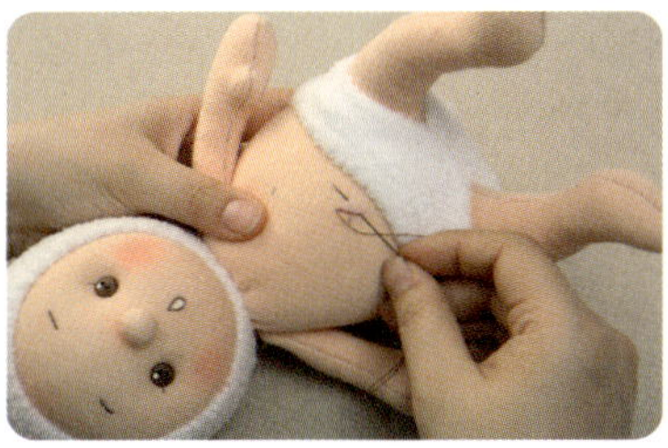

46 배꼽은 엑스자로 수놓습니다.

47 리본을 묶어서 목에 글루건으로 붙입니다.

48 완성되었습니다.

FOX

PART 05

번외편:
양말로 만드는 소품

16 미니미 과일 핀쿠션
뽀띠 애플과 탱글 오렌지

달콤상큼한 과일을 닮은 미니 핀쿠션. 휴대가 간편해 바느질 필수 아이템이에요~

준비물

양말

빨간색 양말 1짝

부자재

연두색 펠트, 녹색 샤무드끈, 나무 단추 1개, 병뚜껑 1개

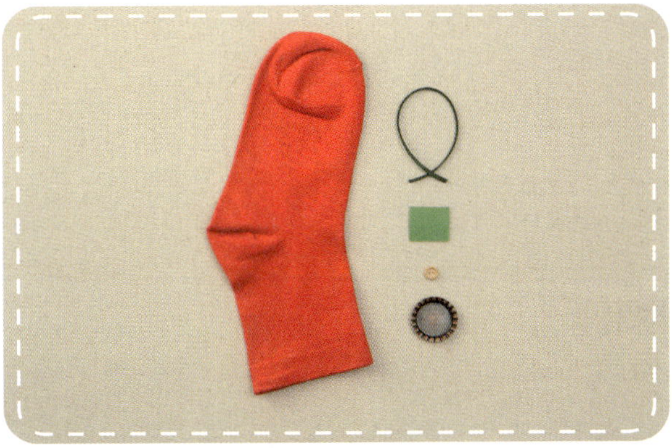

도안 그리기 가이드

• 실물본: 179쪽 •

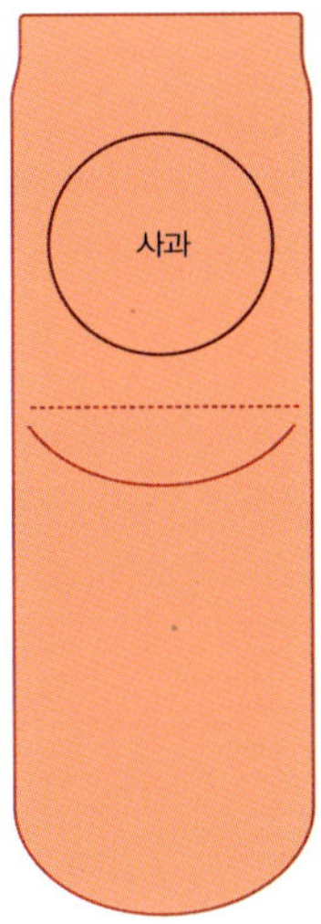

작업 과정

01 양말을 뒤집은 뒤, 도안 그리기 가이드를 참고하여 도안을 그립니다.

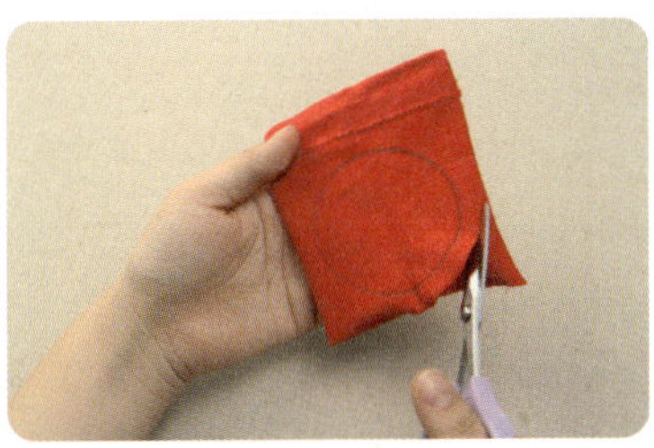

02 바느질선에서 시접을 1cm 남기고 재단합니다.

03 바느질선을 따라 둘레에 홈질 스티치를 놓습니다.

04 실을 살짝 당겨 입구를 오므리고 솜을 집어넣습니다.

05 실을 잡아당긴 뒤 시접을 안쪽으로 집어넣어 마무리합니다.

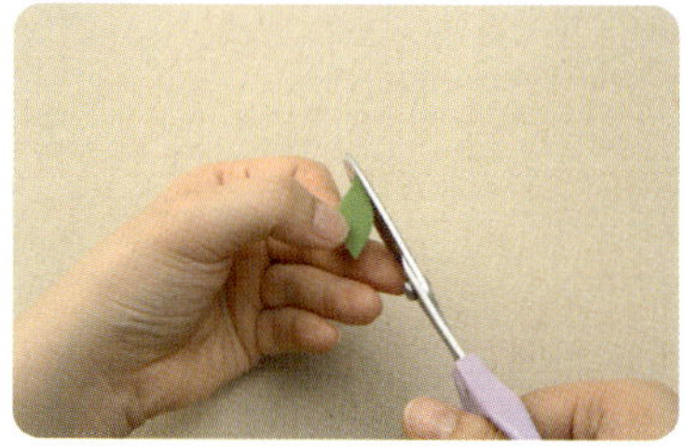

06 연두색 펠트를 나뭇잎 모양으로 자릅니다.

07 나뭇잎 펠트 중앙에 홈질 스티치를 놓습니다.

08 나뭇잎 펠트를 사과의 중앙에 고정합니다.

09 사과 정중앙에 나무 단추를 대고 위아래를 관통해서 답니다. 이때 실을 잡아당겨서 단추가 폭 들어가게 답니다.

10 샤무드끈의 아래쪽을 매듭지어 묶은 뒤, 사과 밑면에 바느질로 고정합니다.

11 병뚜껑에 글루건으로 글루를 바른 뒤 사과의 밑면에 꾹 눌러 붙입니다.

12 완성되었습니다. 양말 1짝으로 사과 핀쿠션을 4개까지 만들 수 있습니다.

17 할로윈 호박 핀쿠션과 미니 집게핀

통통하게 영근 호박을 핀쿠션과 집게핀으로 완성! 양말 1짝으로 다 만들 수 있어요.

준비물

양말

주황색 양말 1짝

부자재

갈색 펠트, 연두색 펠트, 핀대 1개, 병뚜껑 1개

도안 그리기 가이드

• 실물본: 179쪽 •

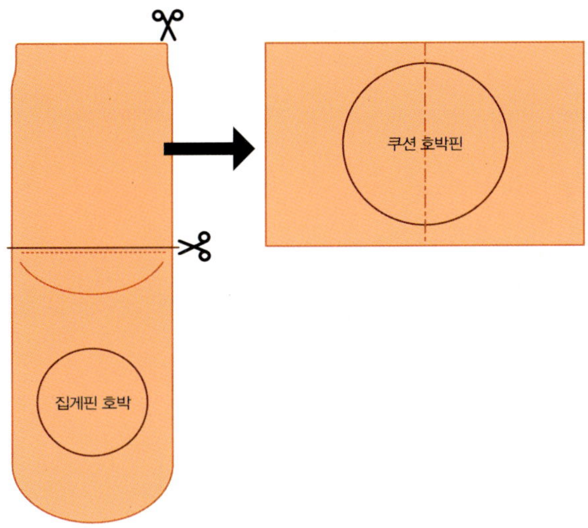

작업 과정

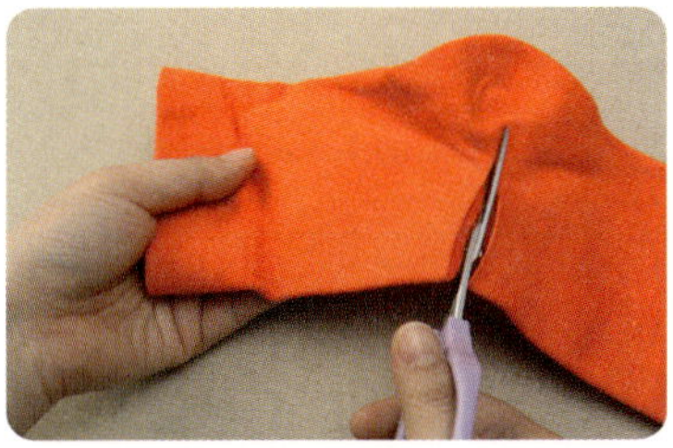

01 우선 발꿈치를 기준으로 양말을 반으로 자릅니다. 발목 부분의 양말로 핀쿠션을 만들 큰 호박을 만들겠습니다.

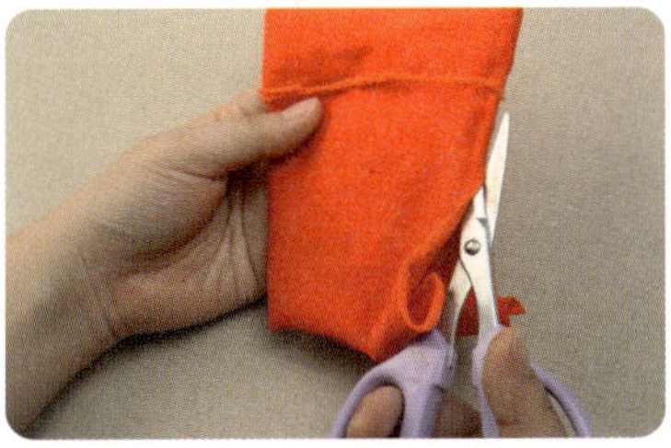

02 그려야 할 도안이 크기 때문에 발목 부분의 윗단을 트고 오른쪽을 가릅니다.

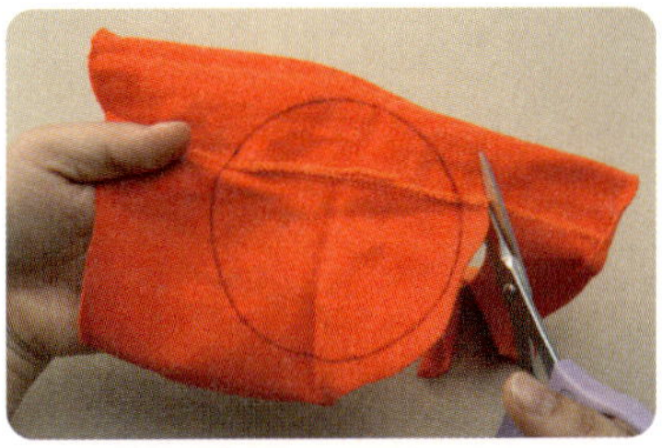

03 양말 안쪽 면에 도안을 그린 뒤, 바느질선에서 시접을 1cm 남기고 재단합니다.

04 바느질선을 따라 둘레에 홈질 스티치를 놓은 뒤, 실을 살짝 당겨 입구를 오므리고 솜을 집어넣습니다.

05 실을 잡아당긴 뒤 시접을 안쪽으로 집어넣어 마무리합니다.

06 위쪽 중앙에 점을 찍어 위를 표시합니다.

07 점의 위치에서 아래위로 관통한 뒤, 이 지점을 기준으로 실을 깊이 당겨 감침질합니다. 호박의 골을 나누는 과정이므로 실의 색상은 갈색이 자연스럽습니다.

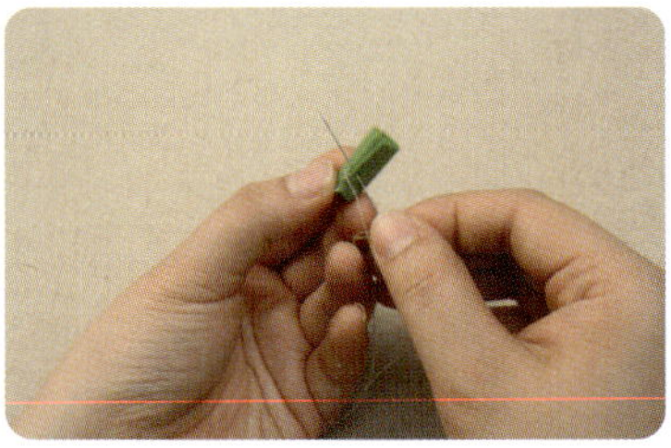

08 호박 꼭지를 만들겠습니다. 재단해 둔 연두색 펠트 중 긴 쪽을 끝 부분부터 돌돌 말아 끝 부분을 감침질로 고정합니다.

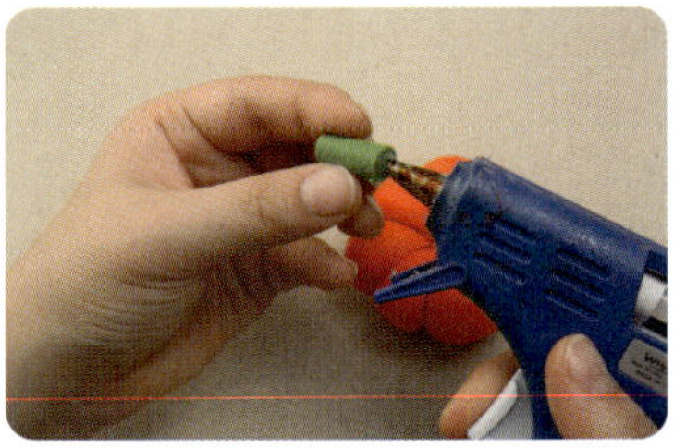

09 호박 꼭지를 점의 위치에 글루건으로 붙입니다.

10 받침으로 사용할 병뚜껑 안쪽에도 글루를 바른 뒤, 호박 밑면에 꾹 눌러 붙입니다.

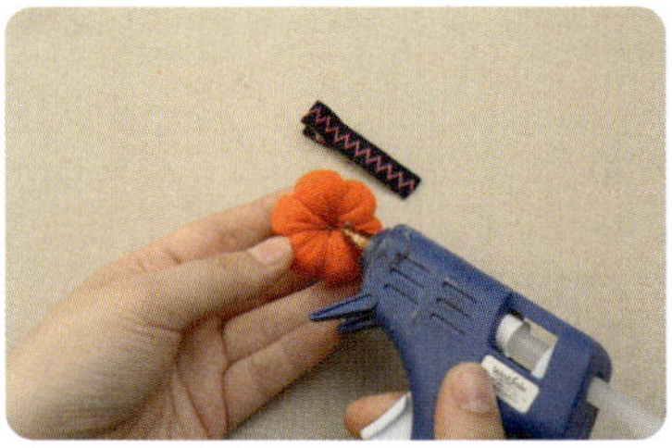

11 남은 양말 반쪽도 같은 방법으로 작은 호박을 2개 만듭니다. 작은 호박은 리본을 감싼 핀에 글루건으로 붙입니다.

12 양말 1짝으로 핀쿠션 1개와 핀 2개를 만들 수 있습니다.

18 할로윈 킹 스켈레톤 헤어핀

할로윈에 코스프레가 빠질 수 없죠. 포인트 아이템으로 스켈레톤 헤어핀 어떠세요?

준비물

양말
오트밀색 양말 1짝

부자재
빨간색 펠트, 검은색 펠트, 왕관 모티브 1개, 핀대 1개

도안 그리기 가이드

• 실물본: 180쪽 •

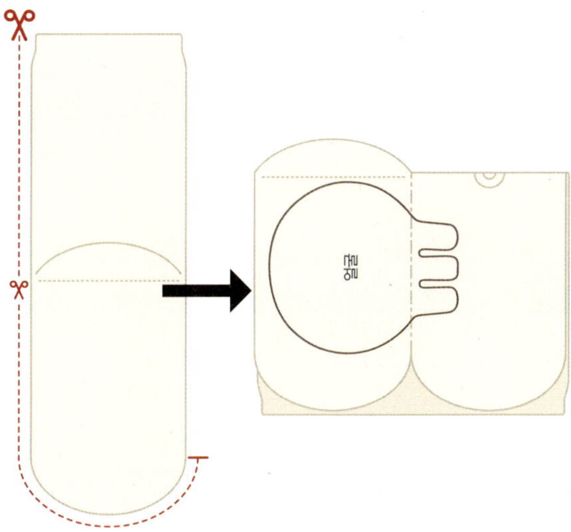

작업 과정

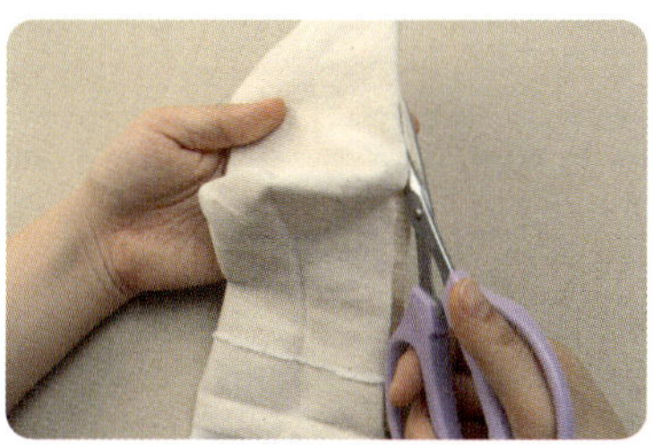

01 그려야 할 도안이 크기 때문에 양말을 뒤집어서 윗단을 트고 오른쪽을 가릅니다.

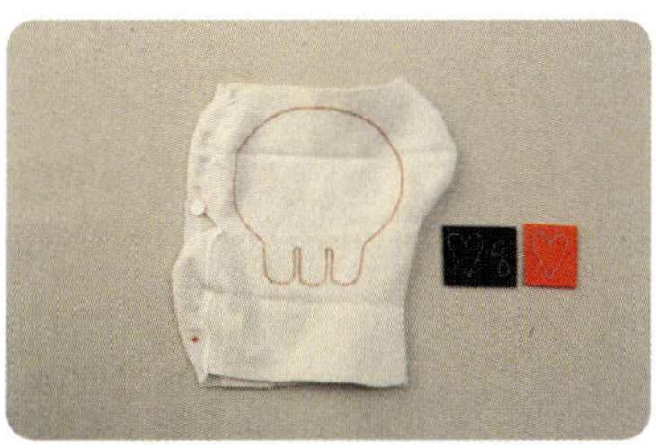

02 옆선을 자른 양말을 반으로 접은 뒤, 도안 그리기 가이드를 참고하여 도안을 그립니다.

TIP

펠트 도안 작업
펠트는 실물본의 크기보다 상하좌우에 약간 여유를 남겨 자른 뒤, 도안을 그린 부분만 오려내 사용합니다.

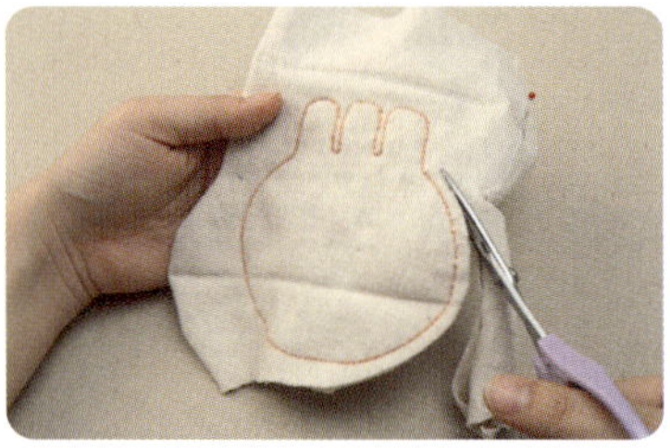

03 도안을 따라 창구멍 없이 전체를 바느질한 뒤, 시접을 0.7cm 남기고 재단합니다.

04 펠트에 그린 눈과 콧구멍도 재단한 뒤, 얼굴 뒷부분에 작게 가위집을 내서 창구멍을 만듭니다.

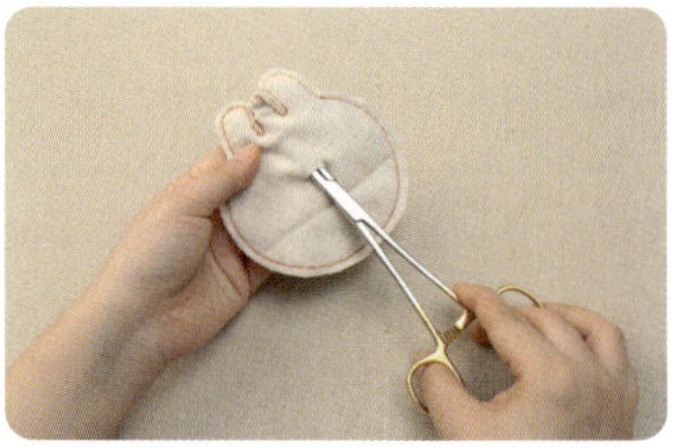

05 창구멍으로 겸자를 넣어 뒤집습니다.

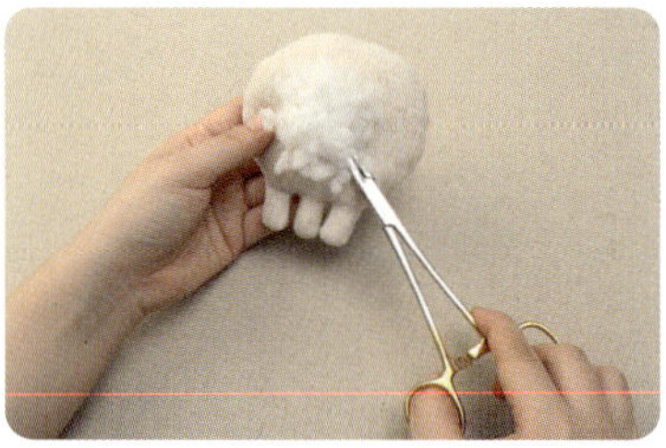

06 창구멍으로 솜을 집어넣습니다. 겸자를 이용하면 수월하게 넣을 수 있습니다.

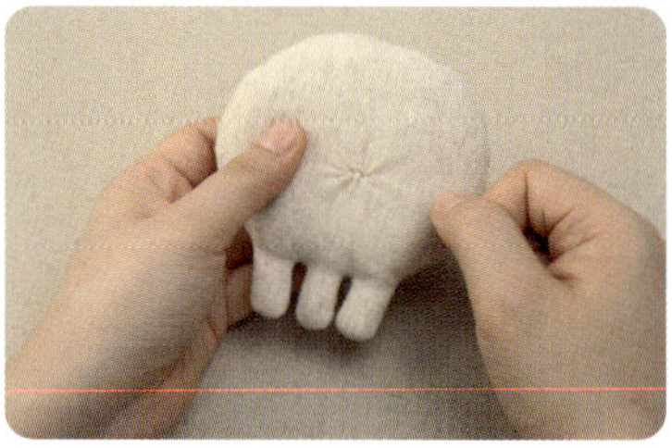

07 솜을 넣은 뒤 창구멍 둘레에 홈질 스티치를 놓은 뒤, 시접을 안쪽으로 집어넣어 마무리합니다.

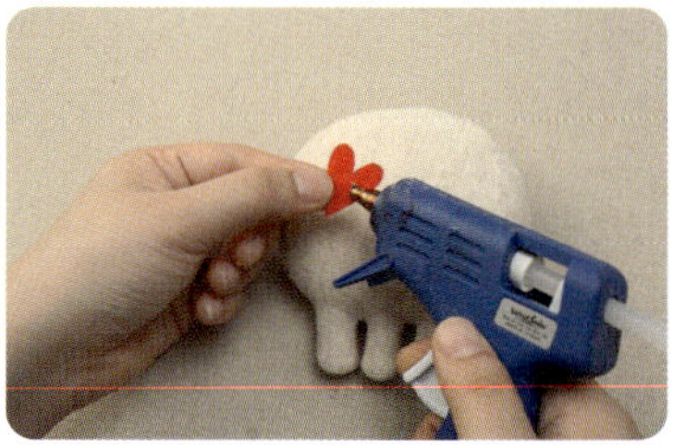

08 재단해 놓은 하트 모양 펠트를 눈 위치에 글루건으로 붙입니다.

09 물방울 모양 펠트는 콧구멍 위치에 글루건으로 붙입니다.

10 왕관은 얼굴 위쪽에 글루건으로 붙입니다.

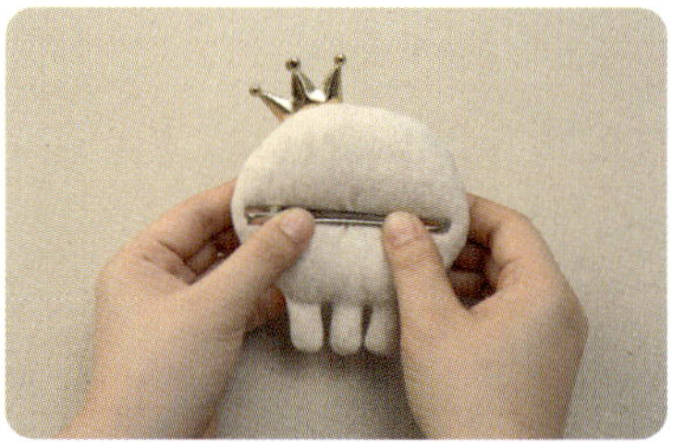

11 핀대에도 글루를 바른 뒤 얼굴 뒤쪽에 꾹 눌러서 붙입니다.

12 완성되었습니다.

19 할로윈 꼬마마녀 모자

뾰로롱 꼬마마녀로 변신! '사탕을 안 주면 개구리로 만들어 버릴 테야!'

준비물

양말
검은 양말 1짝

부자재
검은색 펠트, 검은색 리본 테이프, 줄무늬 리본 테이프, 노란색 별단추 1개, 해골 단추 1개

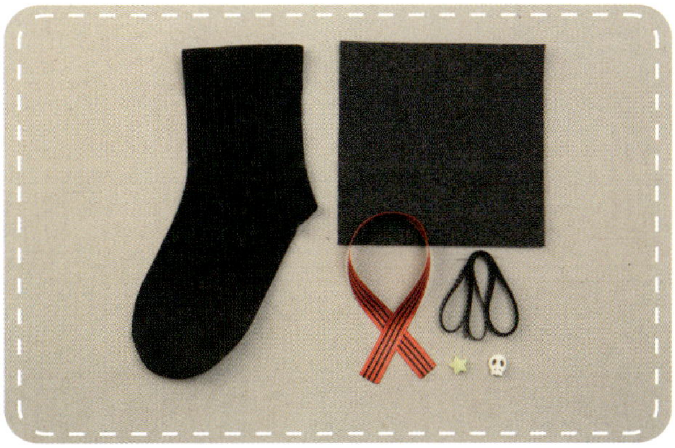

도안 그리기 가이드

• 실물본: 181쪽 •

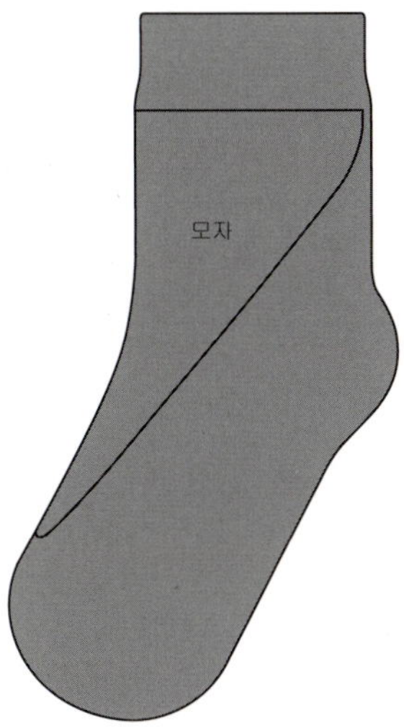

작업 과정

01 양말을 뒤집어서 윗단을 튼 뒤, 도안 그리기 가이드를 참고하여 도안을 그립니다.

02 바느질선을 따라 바느질합니다.

TIP

펠트 도안 작업
펠트는 실물본의 크기보다 상하좌우에 약간 여유를 남겨 자른 뒤, 도안을 그린 부분만 오려내 사용합니다.

03 바느질을 마치면 시접을 0.5~0.7cm 남기고 재단합니다.

04 모서리 부분을 잡고 겸자로 뒤집습니다.

05 모서리부터 겸자로 솜을 집어넣은 뒤, 창구멍 둘레에 홈질 스티치를 놓습니다.

06 실을 잡아당긴 뒤 튀어나온 시접을 안으로 집어넣어 마무리합니다.

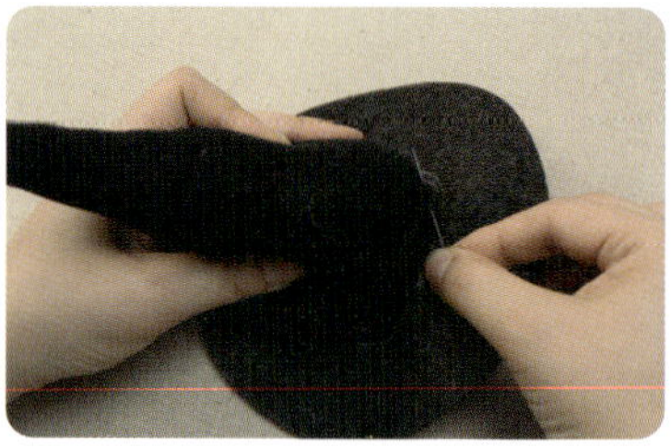

07 모자와 챙으로 쓸 펠트를 공그르기로 연결합니다.

08 리본 테이프를 모자 아래쪽에 두르듯 글루건으로 붙입니다.

09 별단추는 모자 끝 모서리에 글루건으로 붙입니다.

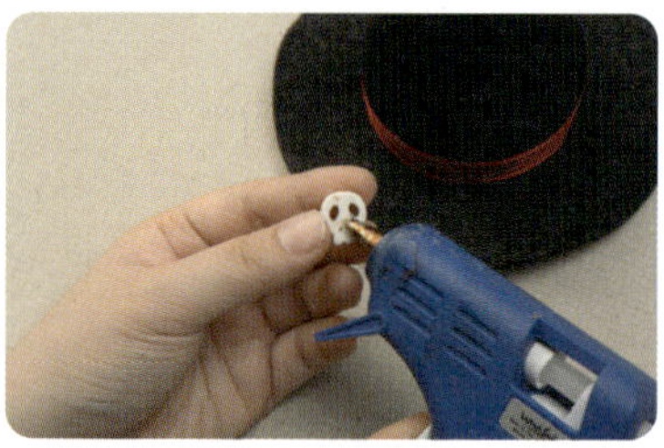

10 해골 단추는 리본 테이프 위에 글루건으로 붙입니다.

11 가는 스티치 리본 테이프는 모자 아랫면에 바느질로 고정합니다.

12 가는 스티치 리본 테이프를 양쪽에 고정하면 완성됩니다.

20 줄무늬 캔디 리본핀

민트맛이 날 듯한 통통한 캔디 리본핀, 쉽게 만들 수 있어요.

준비물

양말

민트색 줄무늬 양말 1짝

부자재

하늘색 리본 테이프, 민트색 꽃모양 단추 1개, 핀대 1개

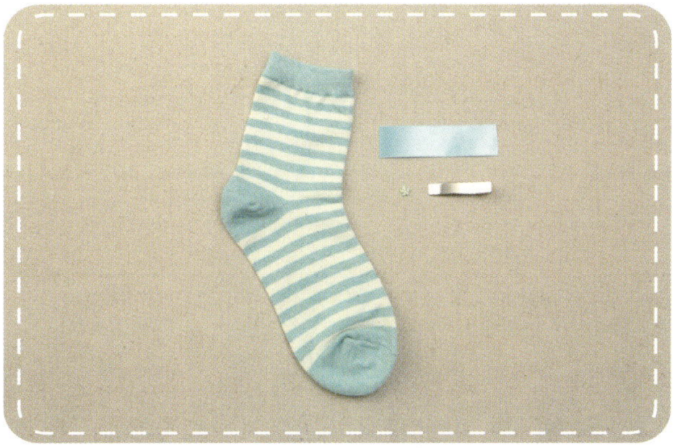

도안 그리기 가이드

• 실물본: 183쪽 •

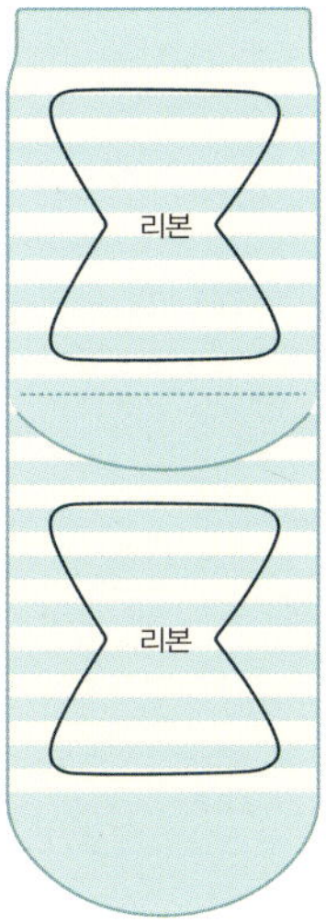

작업 과정

01 양말을 뒤집은 뒤, 도안 그리기 가이드를 참고하여 도안을 그립니다.

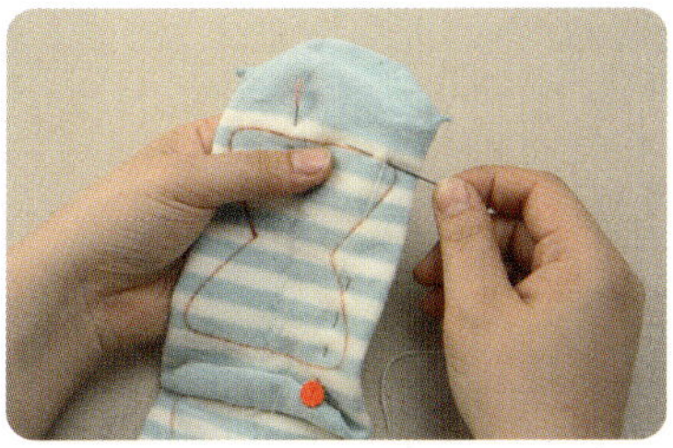

02 도안을 따라 창구멍을 제외한 부분을 바느질합니다.

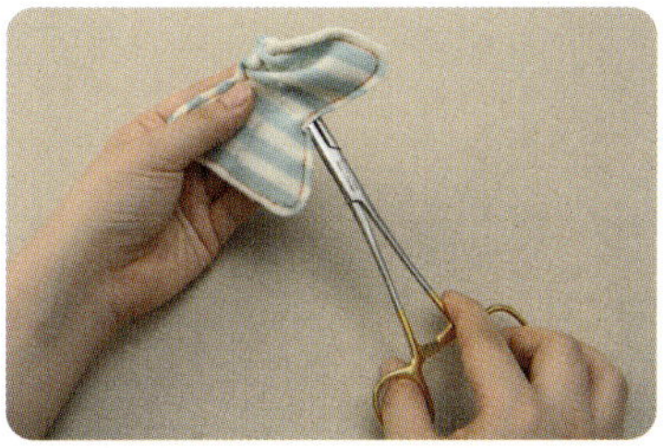

03 바느질선을 따라 시접을 0.5cm 남기고 재단한 뒤, 창구멍을 통해 겉자로 뒤집습니다.

04 뒤집은 뒤 창구멍으로 솜을 집어넣습니다. 이때 리본 중간 부분에는 솜이 거의 들어가지 않도록 조절합니다.

05 창구멍을 감침질로 막은 뒤, 솜이 덜 들어간 중간 부분에 넓은 간격으로 홈질 스티치를 놓습니다.

06 실을 잡아당긴 뒤 홈질한 부분에 실을 2~3바퀴 감아서 마무리합니다. 준비한 리본 테이프 중앙에 양면테이프를 붙입니다.

07 리본 테이프가 겹치지 않도록 양면테이프 위에 접어서 붙입니다.

08 접은 부분이 안쪽으로 오도록 리본 테이프의 끝 부분에 글루를 바른 뒤, 리본의 중앙에 고정합니다.

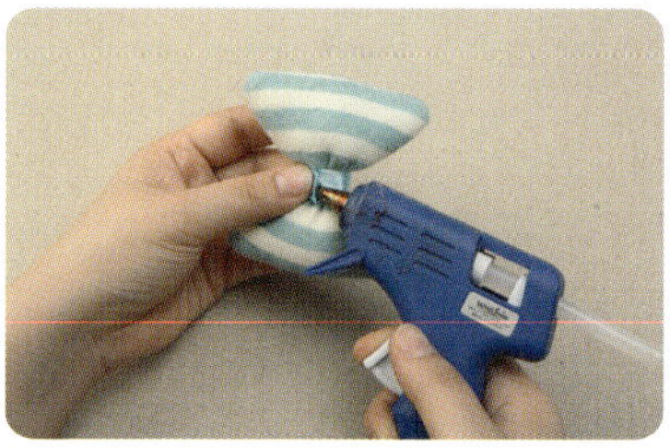

09 고정한 부분에서 1바퀴 감은 뒤 위로 올라온 부분 안쪽에 글루를 바른 뒤 붙입니다.

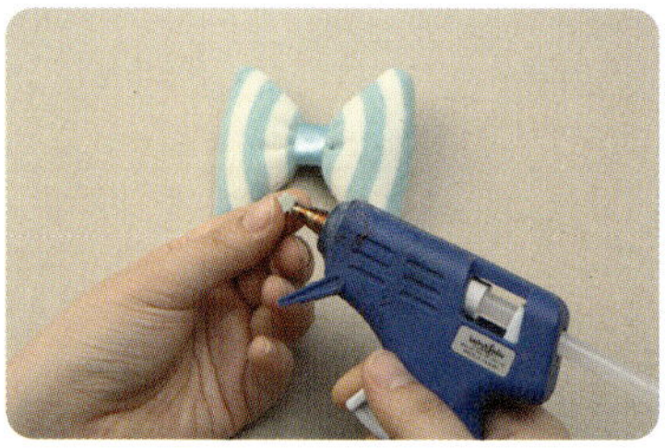

10 리본 모서리 근처에 꽃모양 단추를 글루건으로 붙입니다.

11 핀대 정면에 글루를 바른 뒤, 리본 뒷면에 핀대의 접착면을 대고 꾹 눌러 붙입니다.

TIP

핀대는 그냥 사용해도 좋고, 리본으로 감싸서 사용해도 좋습니다.

12 양말 1짝으로 리본핀 2개가 완성되었습니다.

21 블링블링 왕관 헤어밴드

10캐럿 에메랄드, 1등급 진주 3알, 순금 1kg?! '블링블링한 금 왕관 어떠세요?'

준비물

양말

노란색 양말 1짝

부자재

검은색 머리띠 1개, 반진주 3개, 하늘색 단추 1개

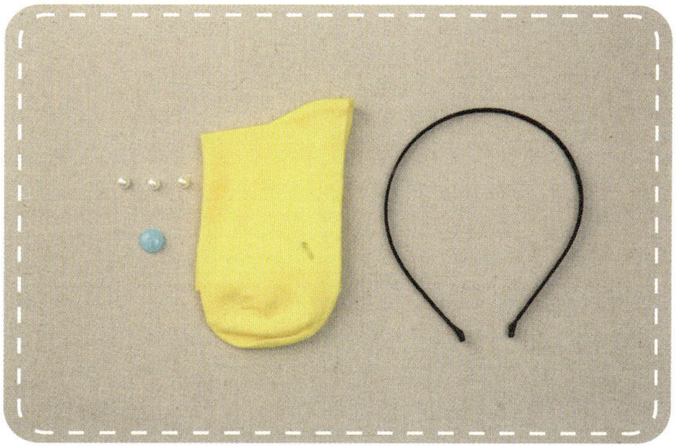

도안 그리기 가이드

• 실물본: 183쪽 •

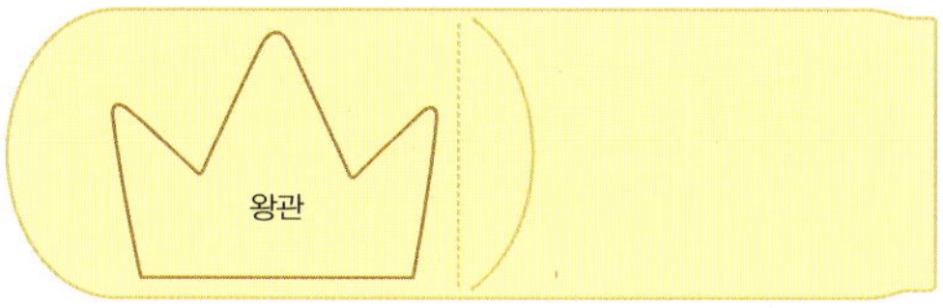

작업 과정

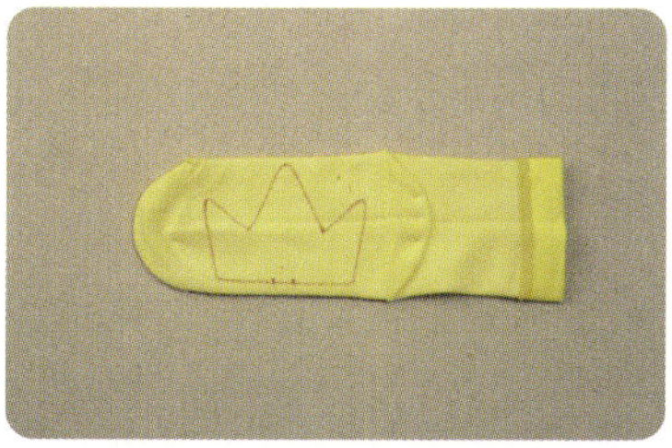

01 양말을 뒤집은 뒤, 도안 그리기 가이드를 참고하여 도안을 그립니다.

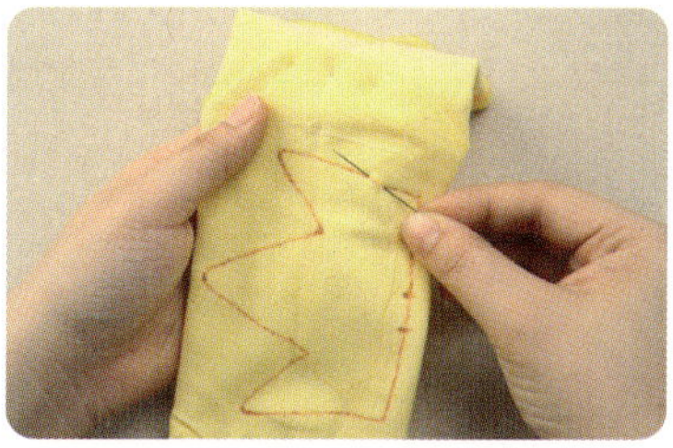

02 도안을 따라 창구멍을 제외한 부분을 바느질합니다.

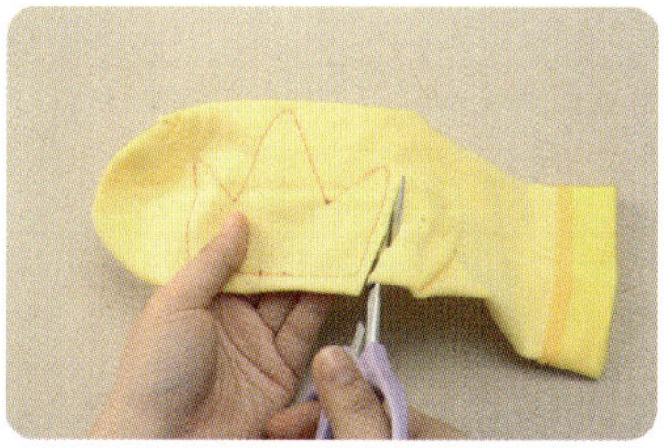

03 시접을 0.5cm 남기고 재단합니다.

04 창구멍을 통해 겸자로 뒤집습니다.

05 뒤집은 뒤 창구멍으로 솜을 집어넣습니다.

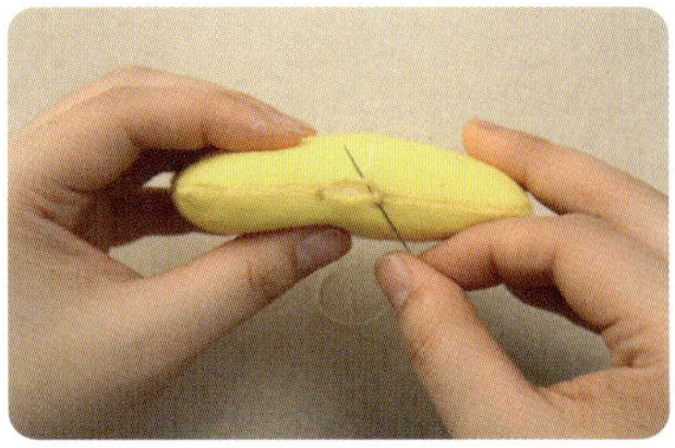

06 창구멍을 감침질로 막습니다.

07 왕관의 끝 부분에 반진주를 글루건으로 붙입니다.

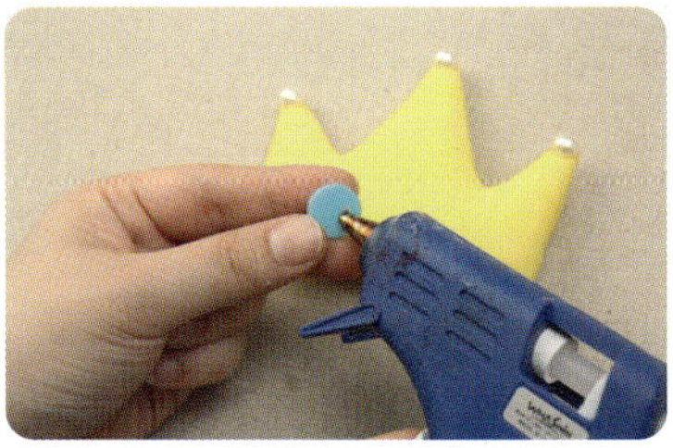

08 왕관 중앙에 하늘색 단추를 글루건으로 붙입니다.

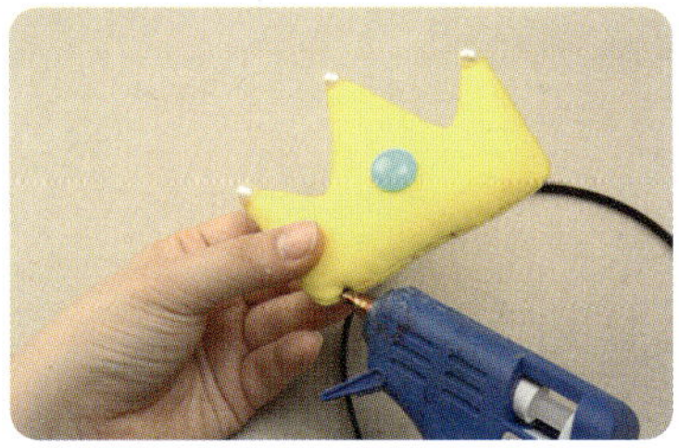

09 완성된 왕관의 아래쪽에 글루를 바릅니다.

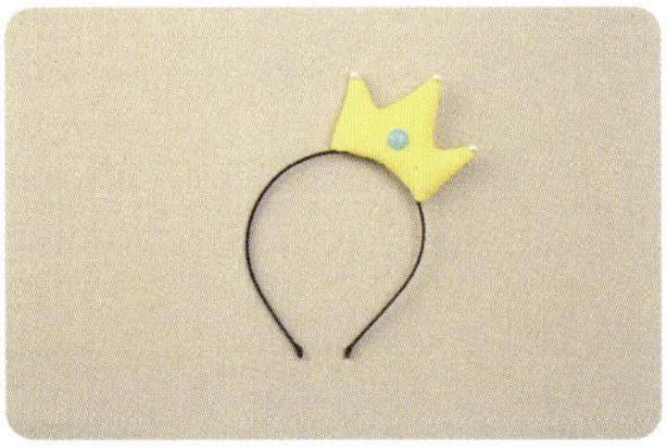

10 왕관을 머리띠 한쪽에 비스듬히 붙이면 완성됩니다.

ds and Phrases
rs, &c.
stralian and
es 225–248.
S. LTD.

22 동물 브로치 피기와 바니

심심한 가방에 하나, 밋밋한 셔츠에 하나. '포인트를 주고 싶을 땐 저희를 찾아 주세요.'

준비물

양말

분홍색 양말 1짝

부자재

흰색 펠트, 빨간색 도트 리본 테이프, 남색 도트 리본 테이프, 검은색 구슬 4개, 브로치 받침 2개

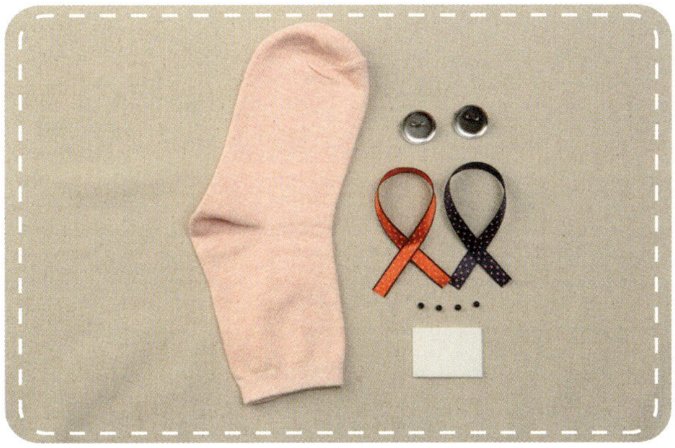

도안 그리기 가이드

• 실물본: 184쪽 •

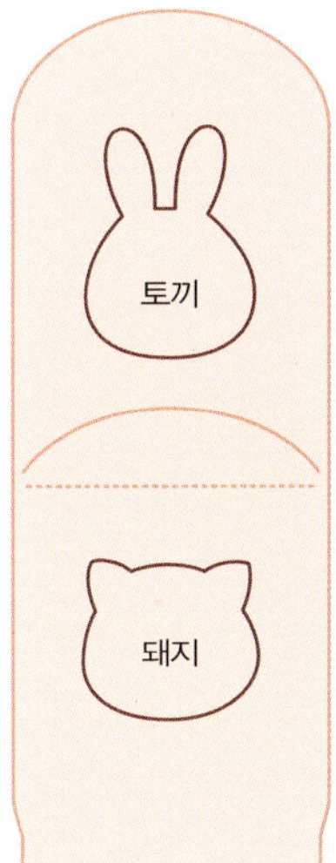

작업 과정

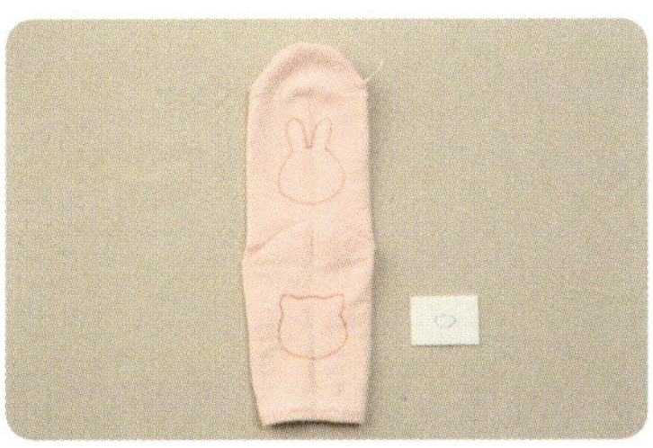

01 양말을 전부 뒤집은 뒤, 도안 그리기 가이드를 참고하여 양말에 도안을 그립니다.

TIP

펠트 도안 작업

펠트는 실물본의 크기보다 상하좌우에 약간 여유를 남겨 자른 뒤, 도안을 그린 부분만 오려내 사용합니다.

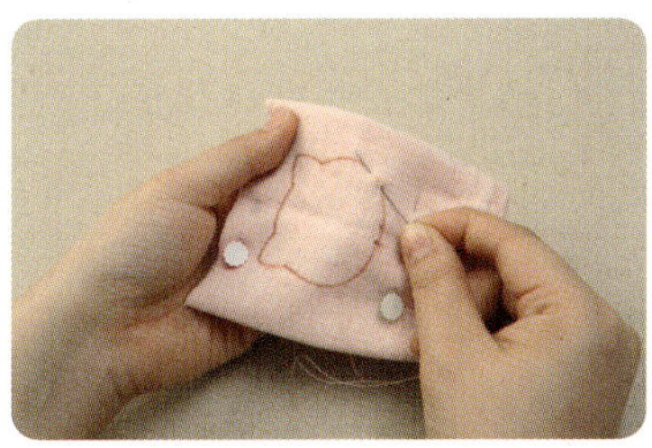

02 돼지 얼굴은 창구멍을 제외한 전체를 바느질합니다.

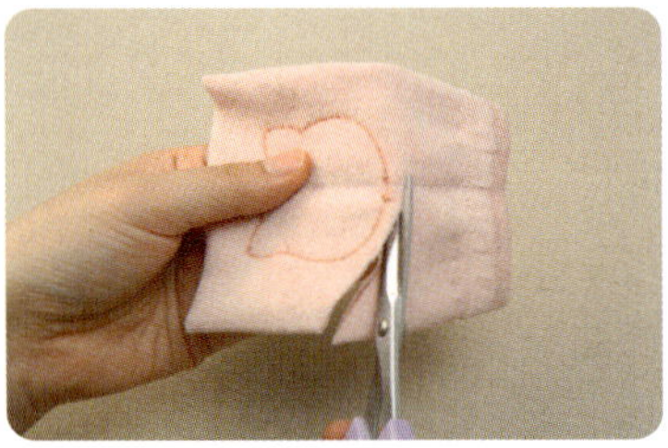

03 시접을 0.5cm 남기고 재단합니다.

04 토끼 얼굴도 창구멍을 제외한 전체를 바느질합니다.

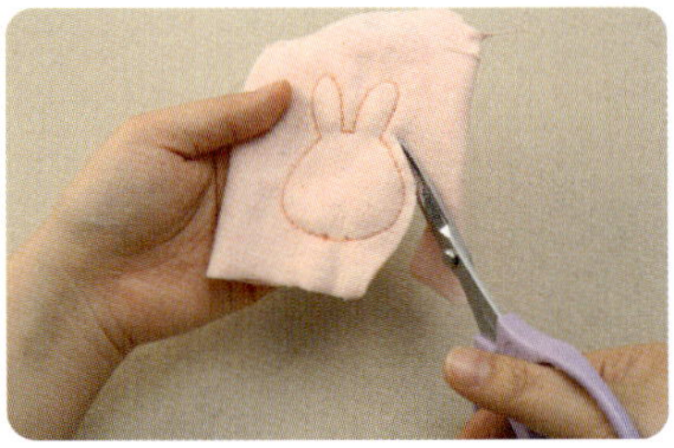

05 시접을 0.5cm 남기고 재단합니다.

06 돼지 코로 사용할 펠트도 재단합니다.

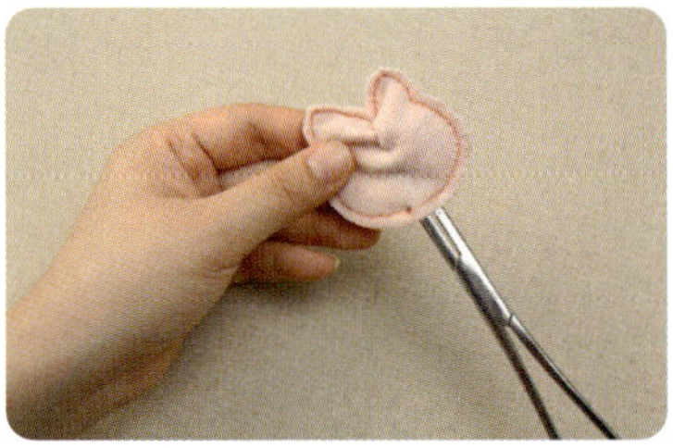

07 돼지는 창구멍으로 겸자를 넣어 뒤집습니다.

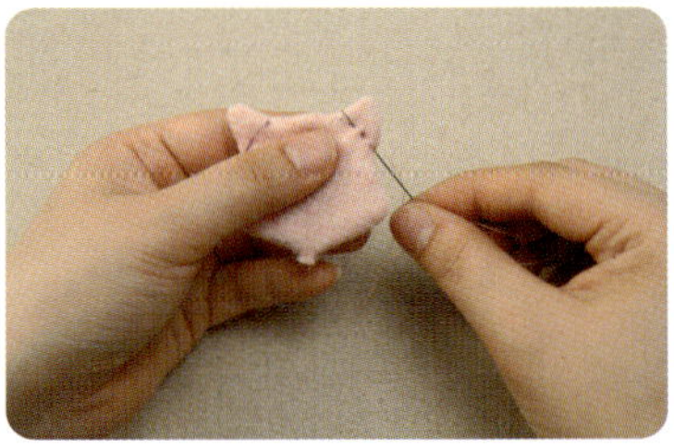

08 귀에 솜이 들어가지 않도록 경계를 홈질 스티치로 막습니다.

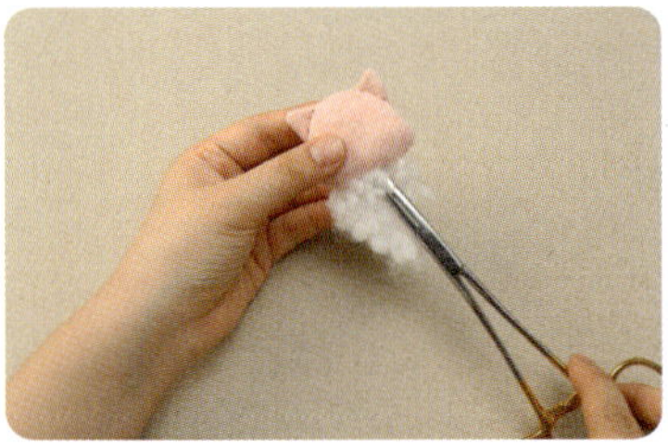

09 창구멍으로 솜을 집어넣습니다. 겸자를 이용하면 수월하게 넣을 수 있습니다.

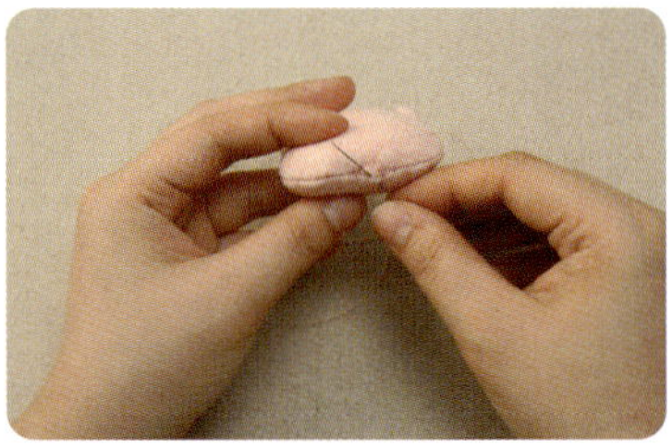

10 아래쪽 창구멍을 공그르기로 막습니다.

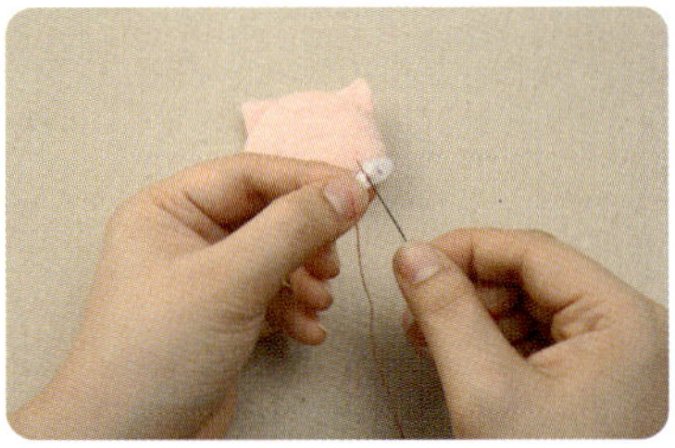

11 코 모양 펠트에 분홍색 실로 콧구멍을 수놓습니다.

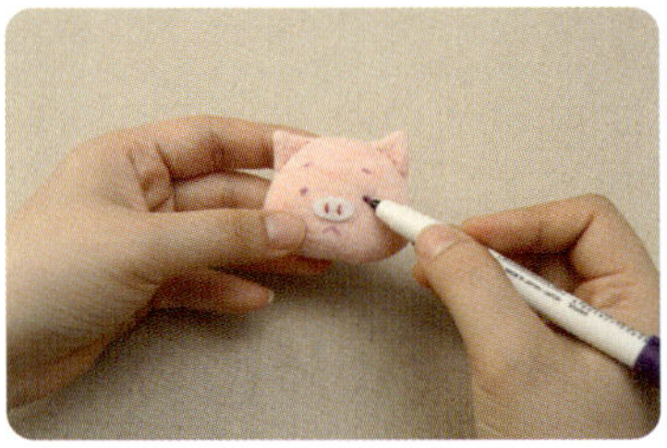

12 코의 위치에 준비한 펠트를 글루건으로 붙인 뒤 기화펜으로 눈과 눈썹, 입을 그립니다.

13 눈은 검은색 구슬을 대고 앞뒤를 관통해서 답니다.

14 입은 갈색 실로 수놓습니다.

15 볼에 블러셔를 발라 홍조를 만듭니다.

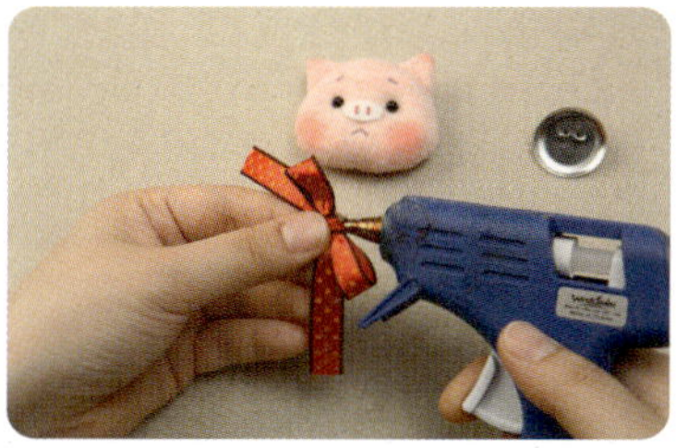

16 리본을 묶어서 목에 글루건으로 붙입니다.

17 브로치 받침에 글루를 발라 브로치 뒷부분에 꾹 눌러 붙입니다.

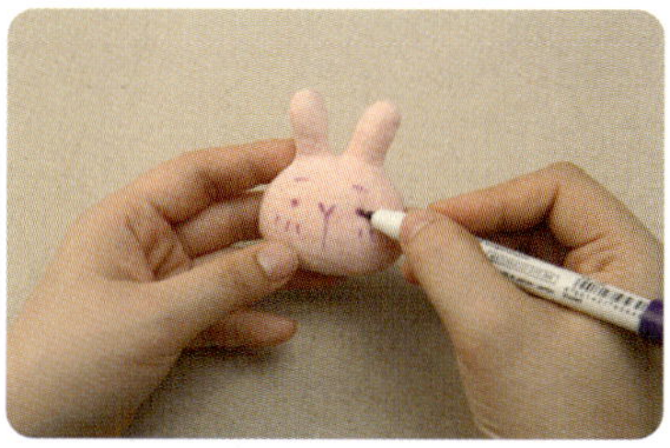

18 토끼도 같은 방법으로 만듭니다. 눈과 코, 입을 기화펜으로 그린 뒤, 코는 빨간색 실로 수놓습니다.

19 눈은 검은색 구슬을 대고 앞뒤를 관통해서 답니다.

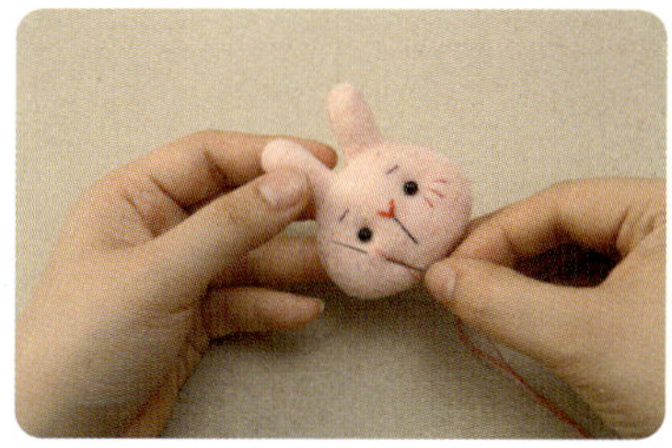

20 눈썹과 입은 진갈색 실로 수놓고, 홍조 빗금은 분홍색 실로 수놓습니다.

21 볼에 블러셔를 발라 홍조를 만듭니다.

22 리본을 묶어서 목에 글루건으로 붙인 뒤, 브로치 받침에 글루를 발라 뒤통수에 꾹 눌러 붙입니다.

23 양말 1짝으로 동물 얼굴 브로치 2개가 완성되었습니다.

부록

전 작품 실물본

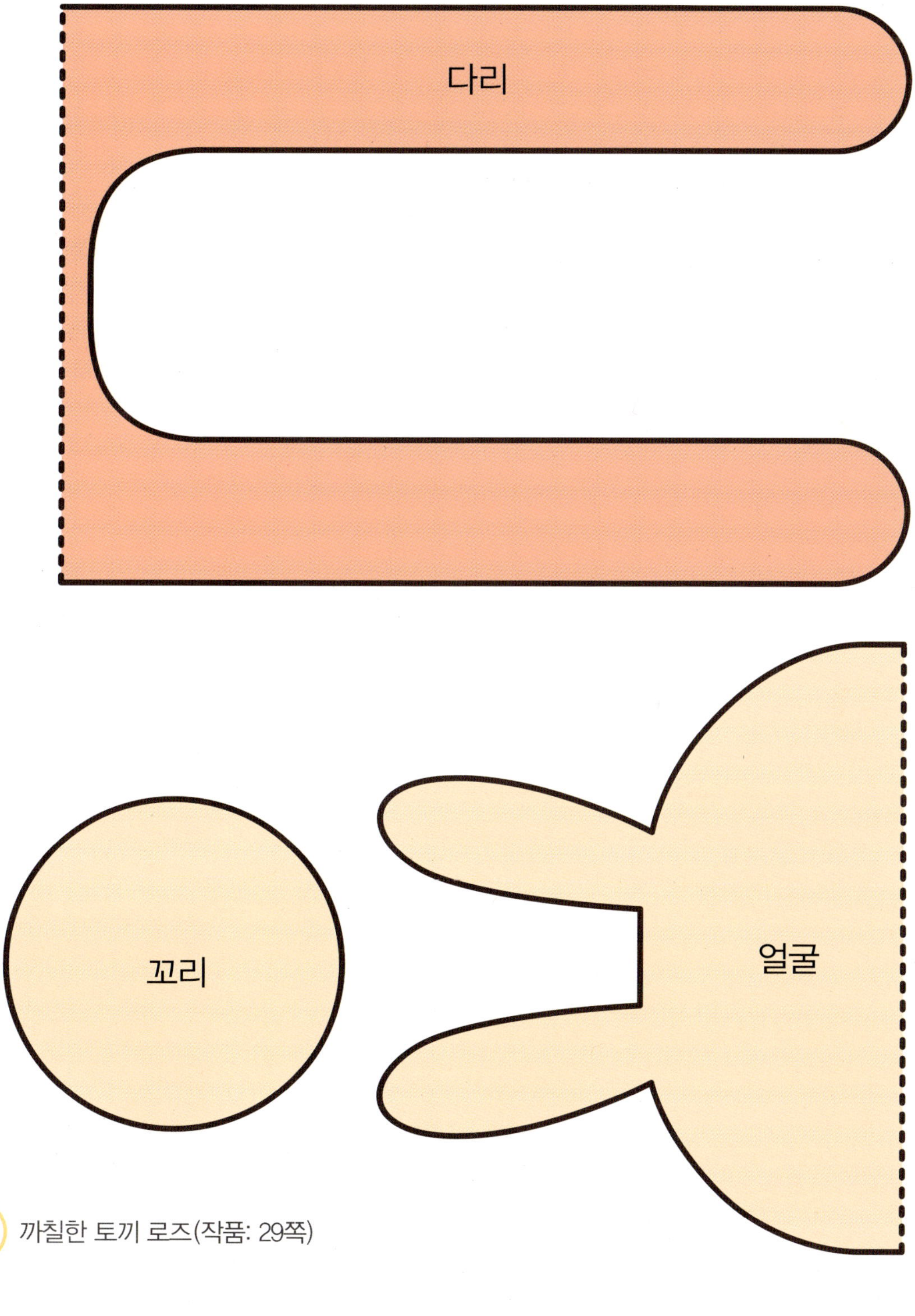

부록 01 까칠한 토끼 로즈(작품: 29쪽)

부록 02 왕눈이 개구리 퍼시(작품: 35쪽)

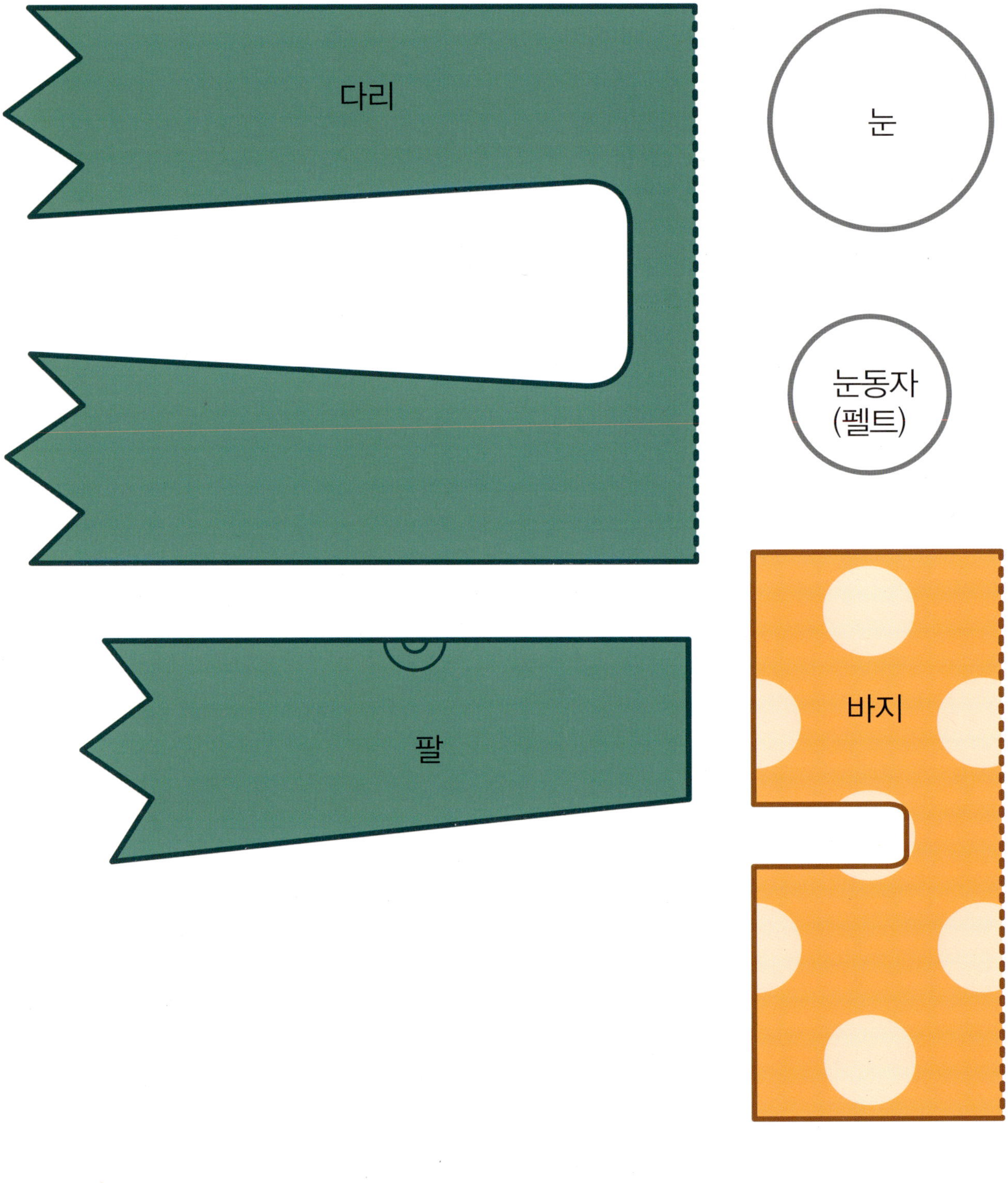

부록 03

밤의 제왕 박쥐 큐라(작품: 43쪽)

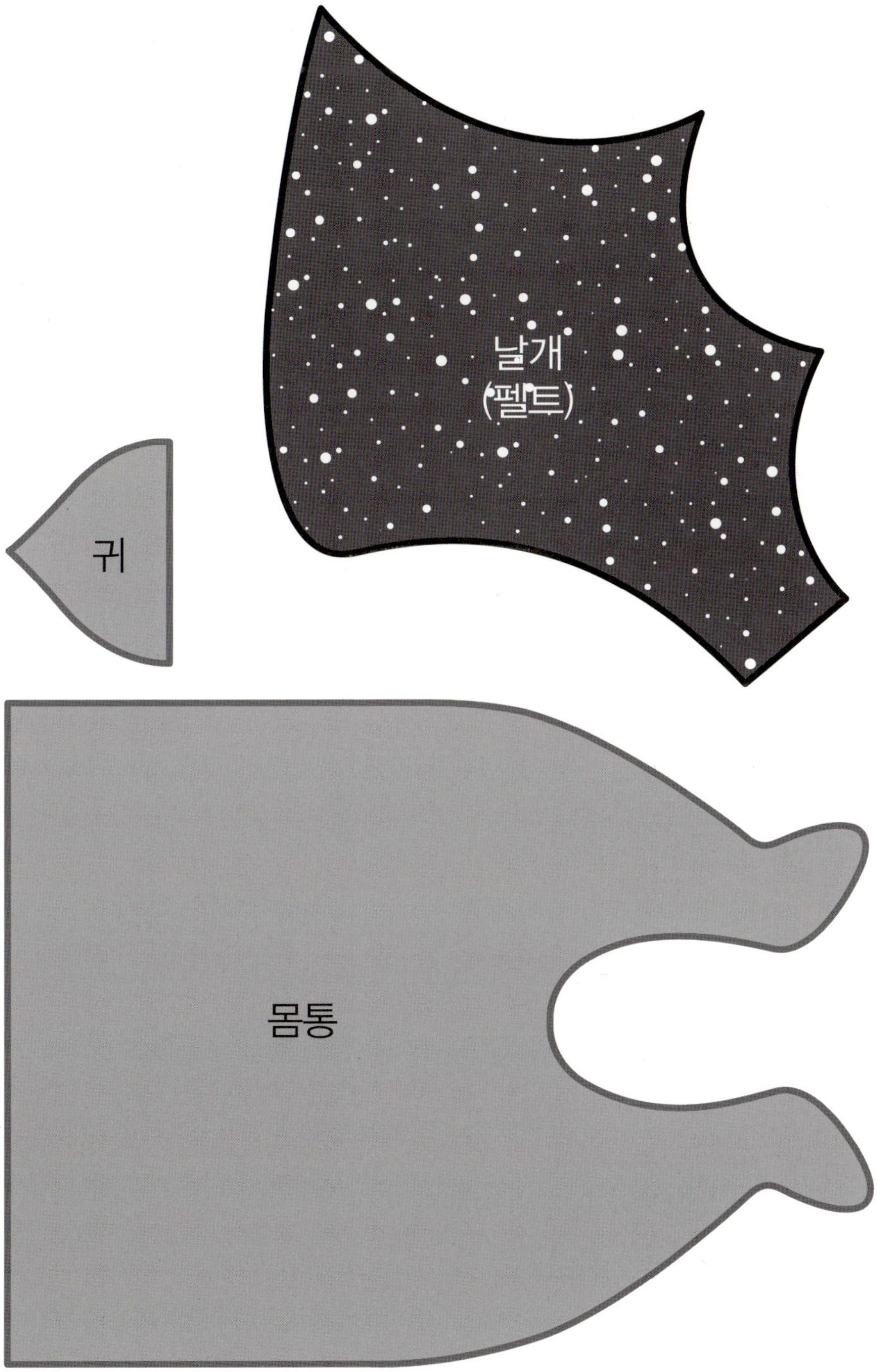

부록 04

아기돼지 와니(작품: 49쪽)

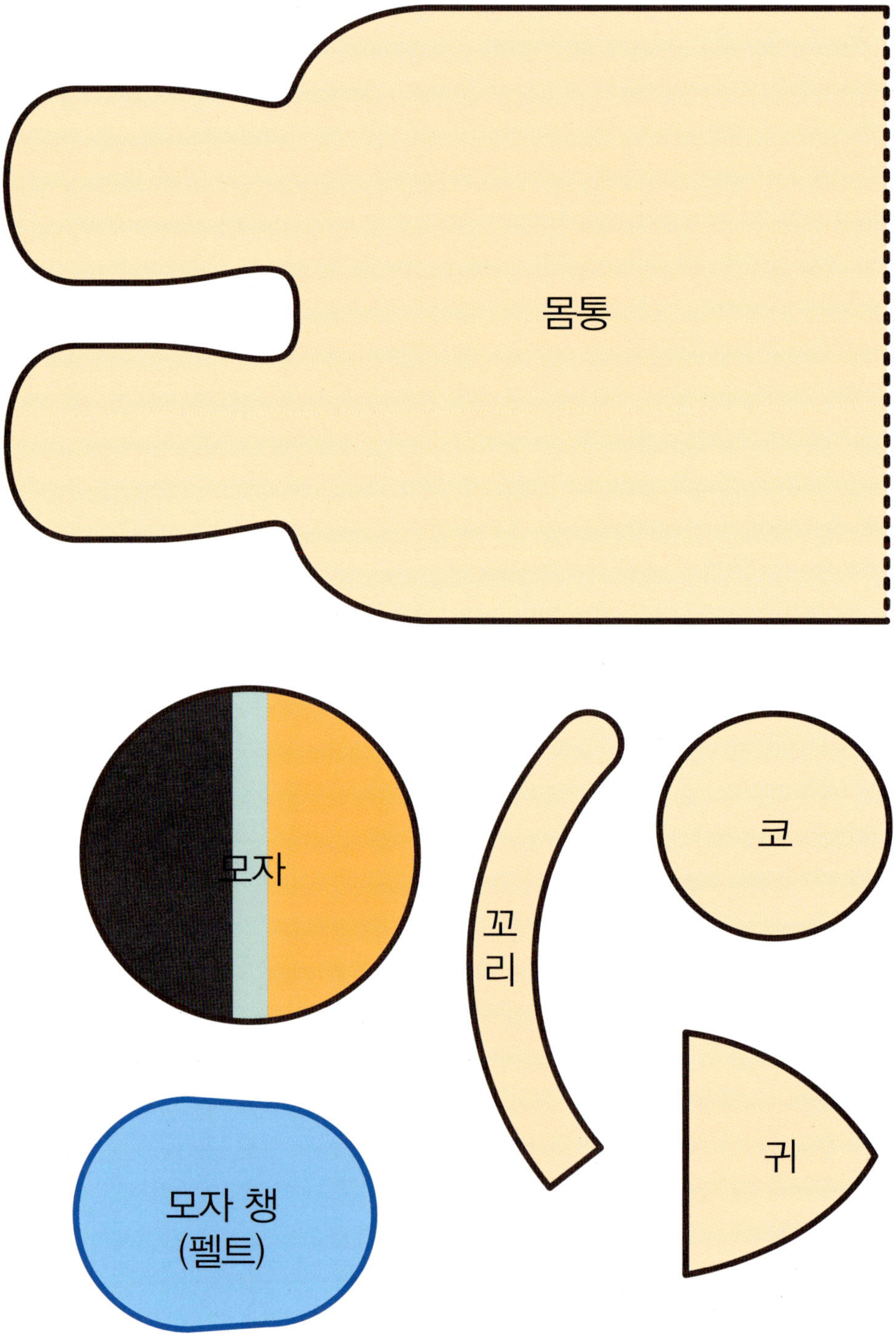

부록 05

소심한 아기곰 폴라(작품: 57쪽)

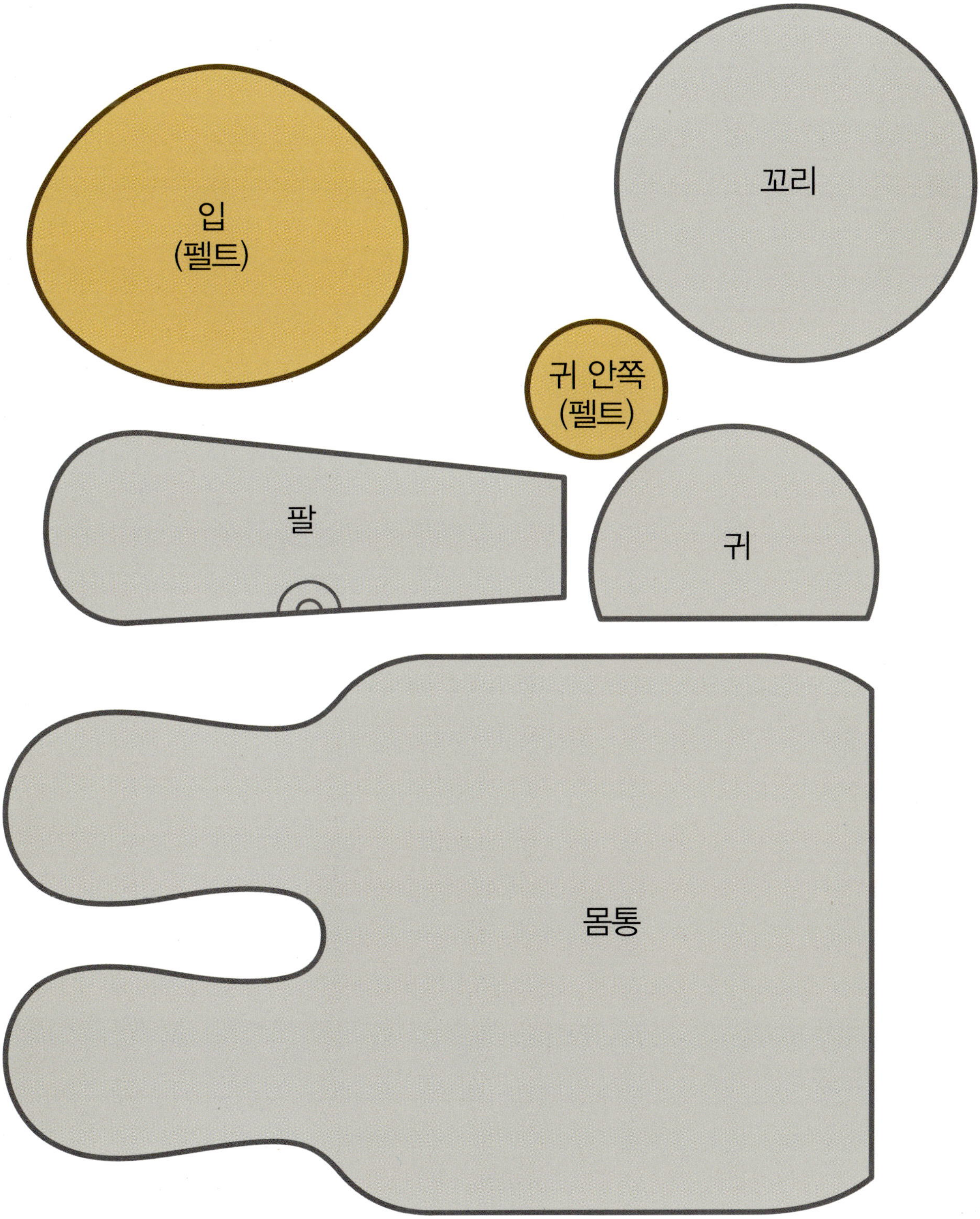

부록 06 강아지 화가 코비(작품: 65쪽)

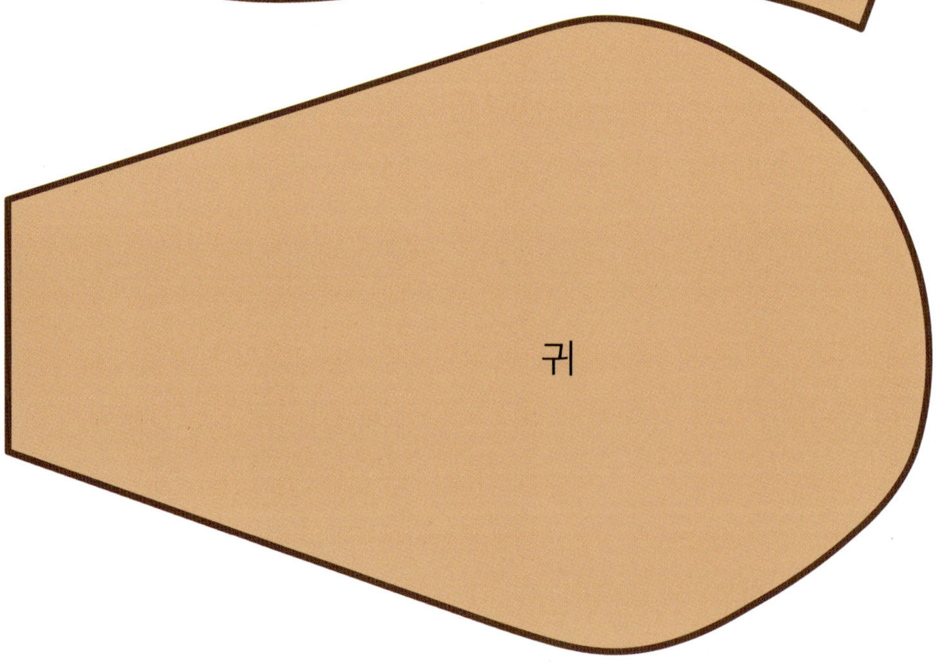

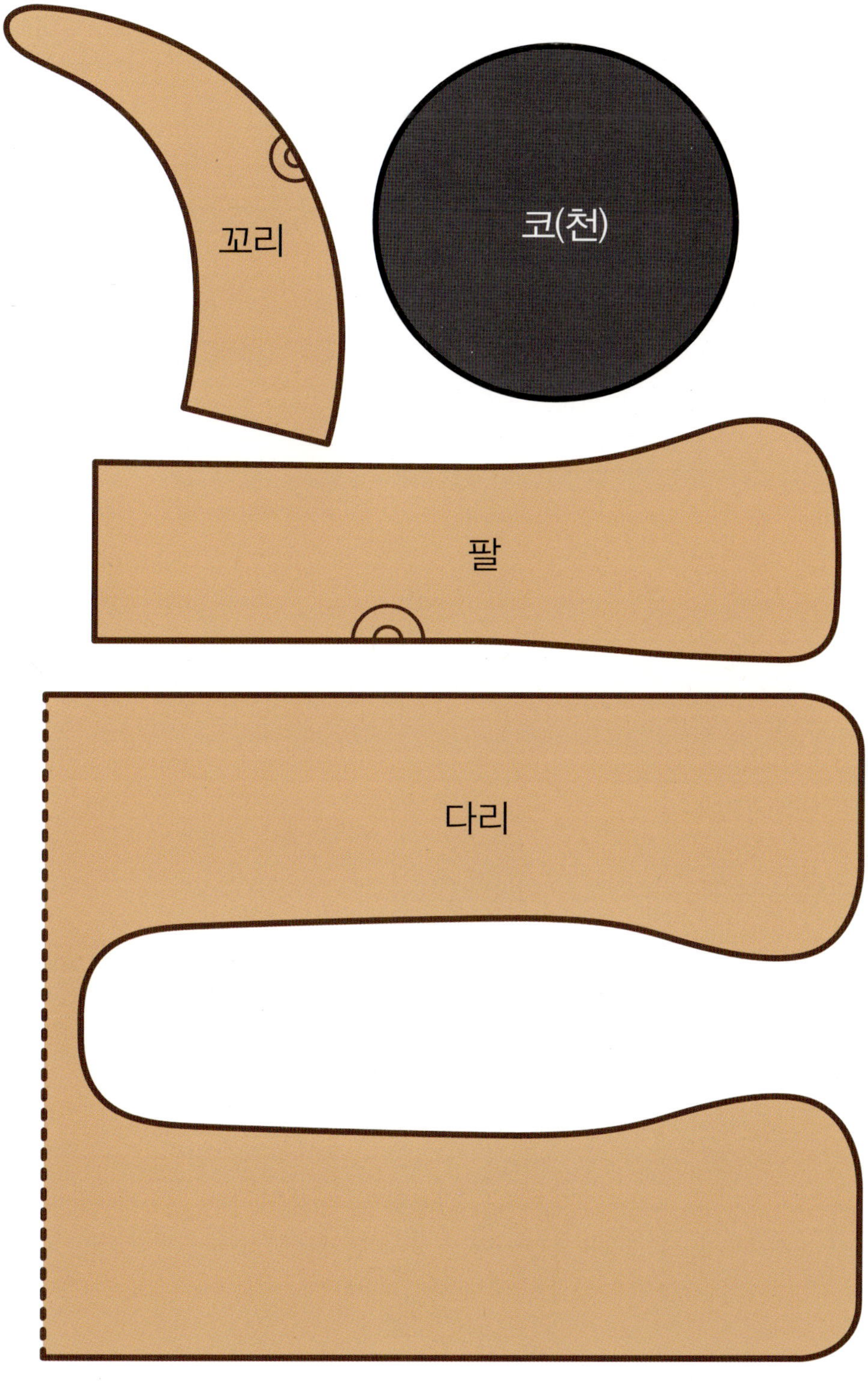
꼬리
코(천)
팔
다리

부록 07 애교쟁이 하마 릴리(작품: 73쪽)

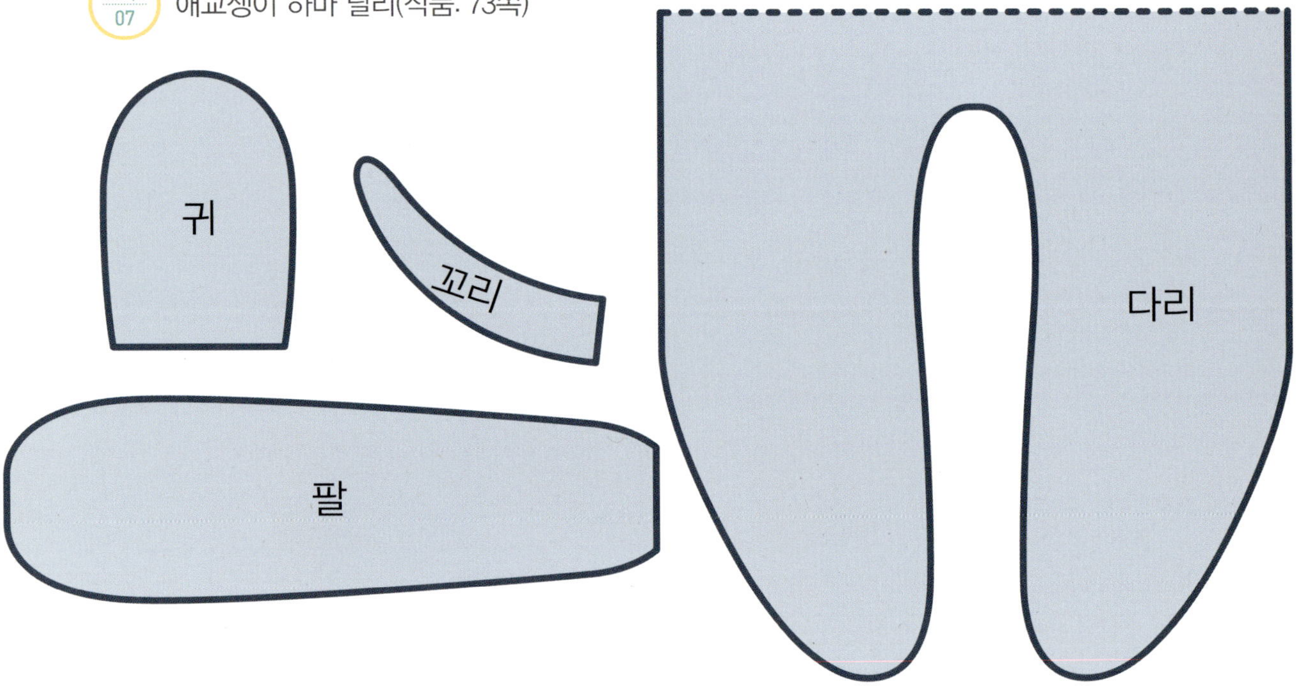

부록 09 낚시꾼 고양이 핑코(작품: 89쪽)

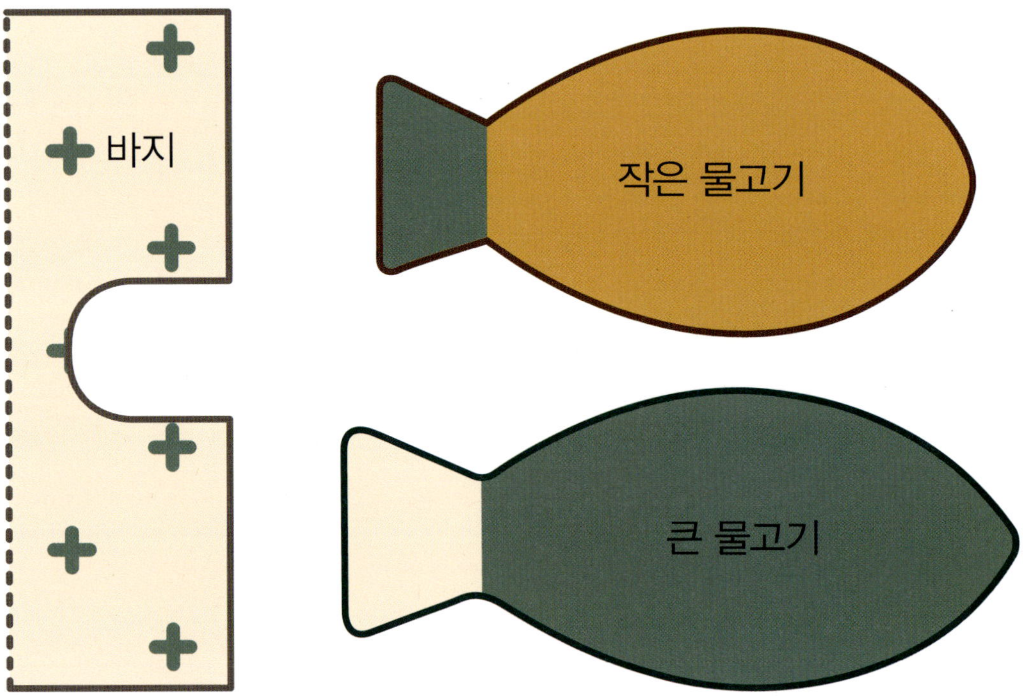

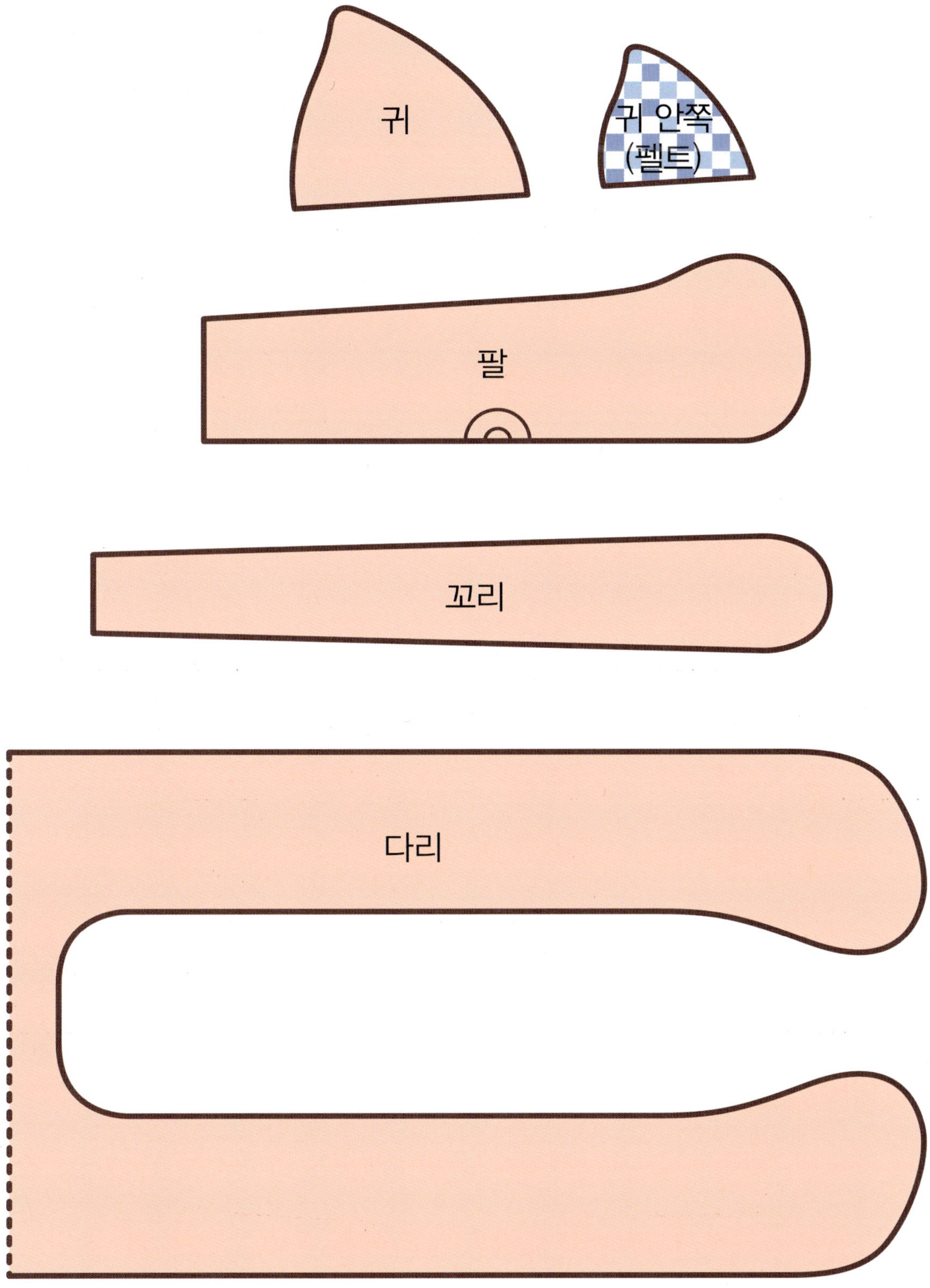
귀
귀 안쪽
(펠트)
팔
꼬리
다리

부록 08 서커스단 원숭이 타타(작품: 81쪽)

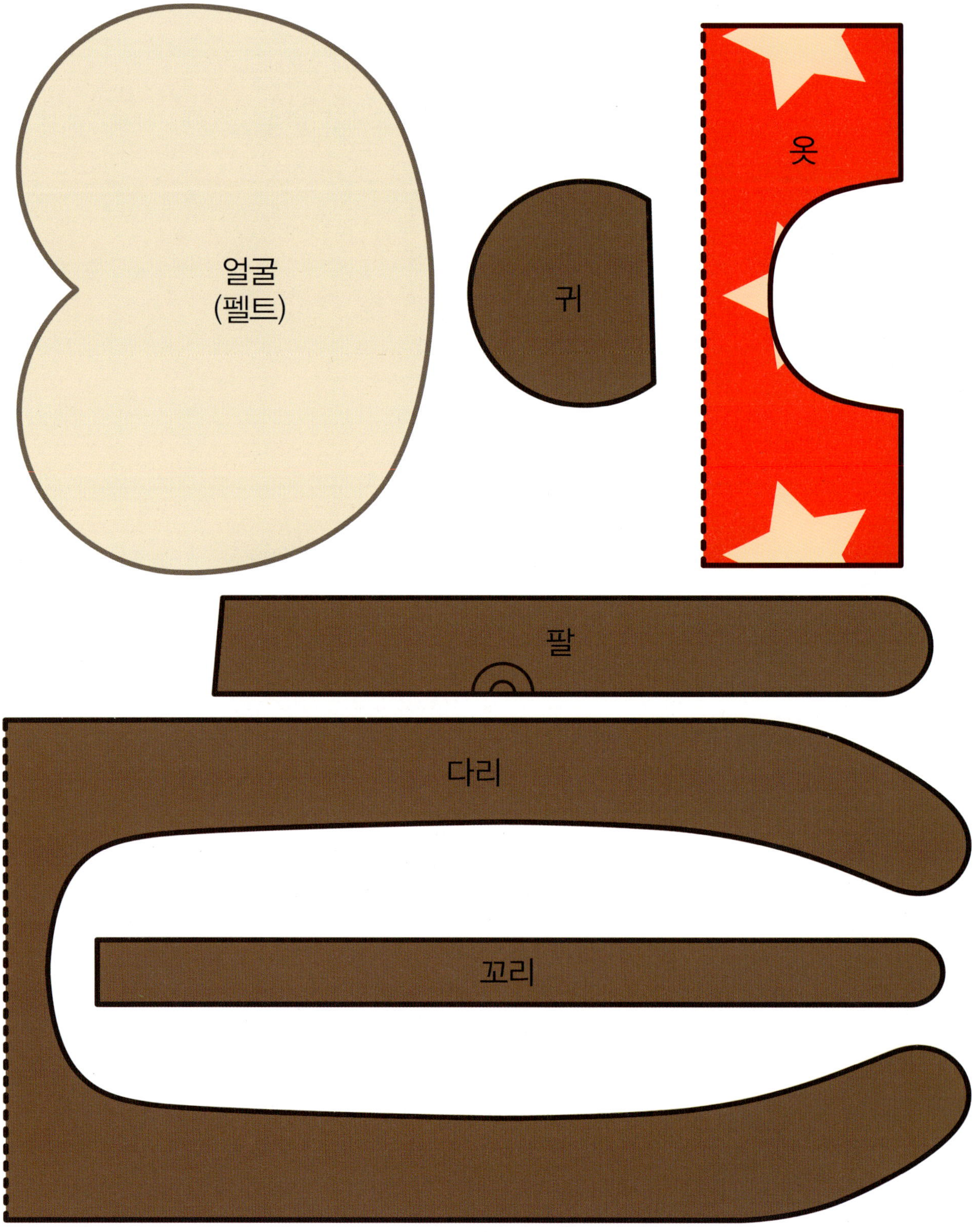

부록 10 장난꾸러기 아기양 롬(작품: 97쪽)

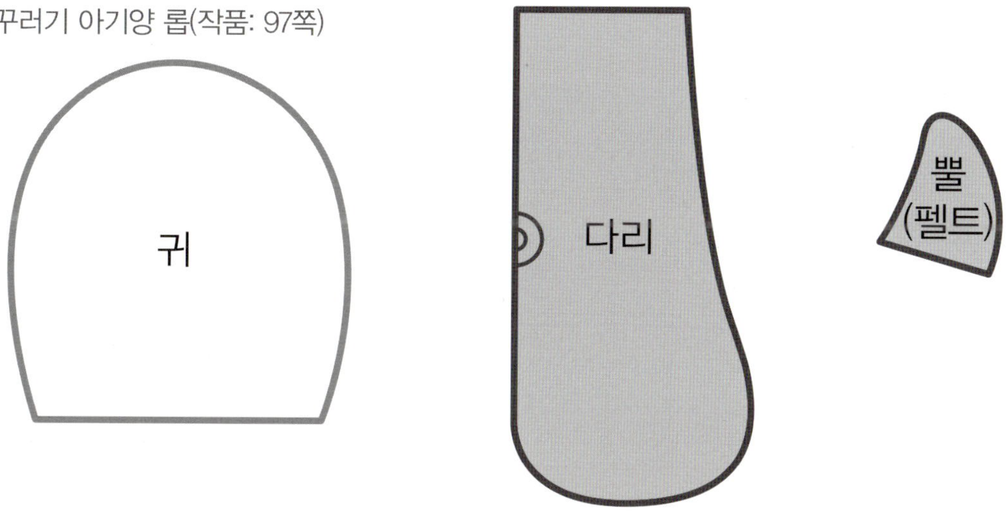

부록 11 신선한 우유를 좋아하는 젖소 하누(작품: 105쪽)

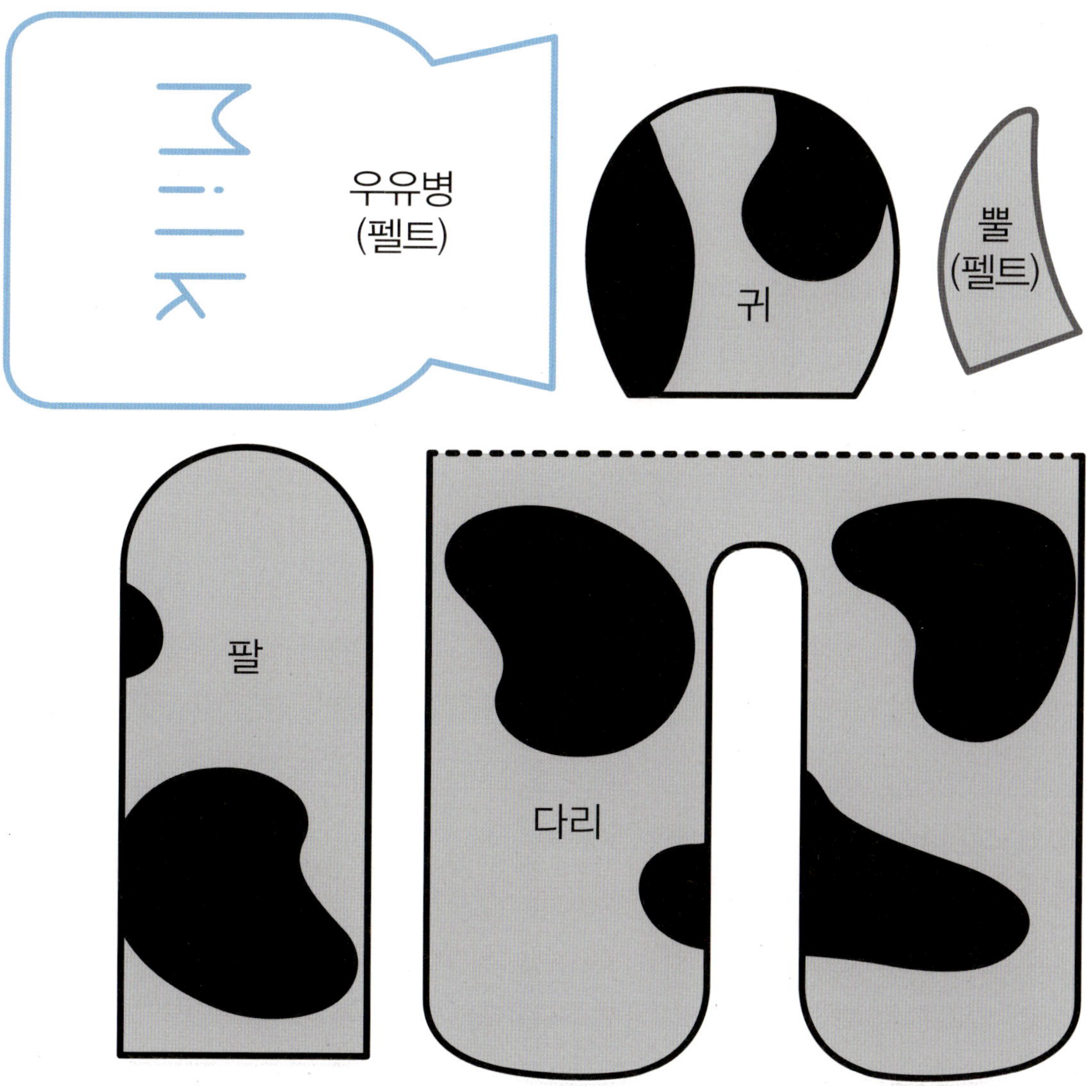

부록 12 요조숙녀 롭이어 레비(작품: 111쪽)

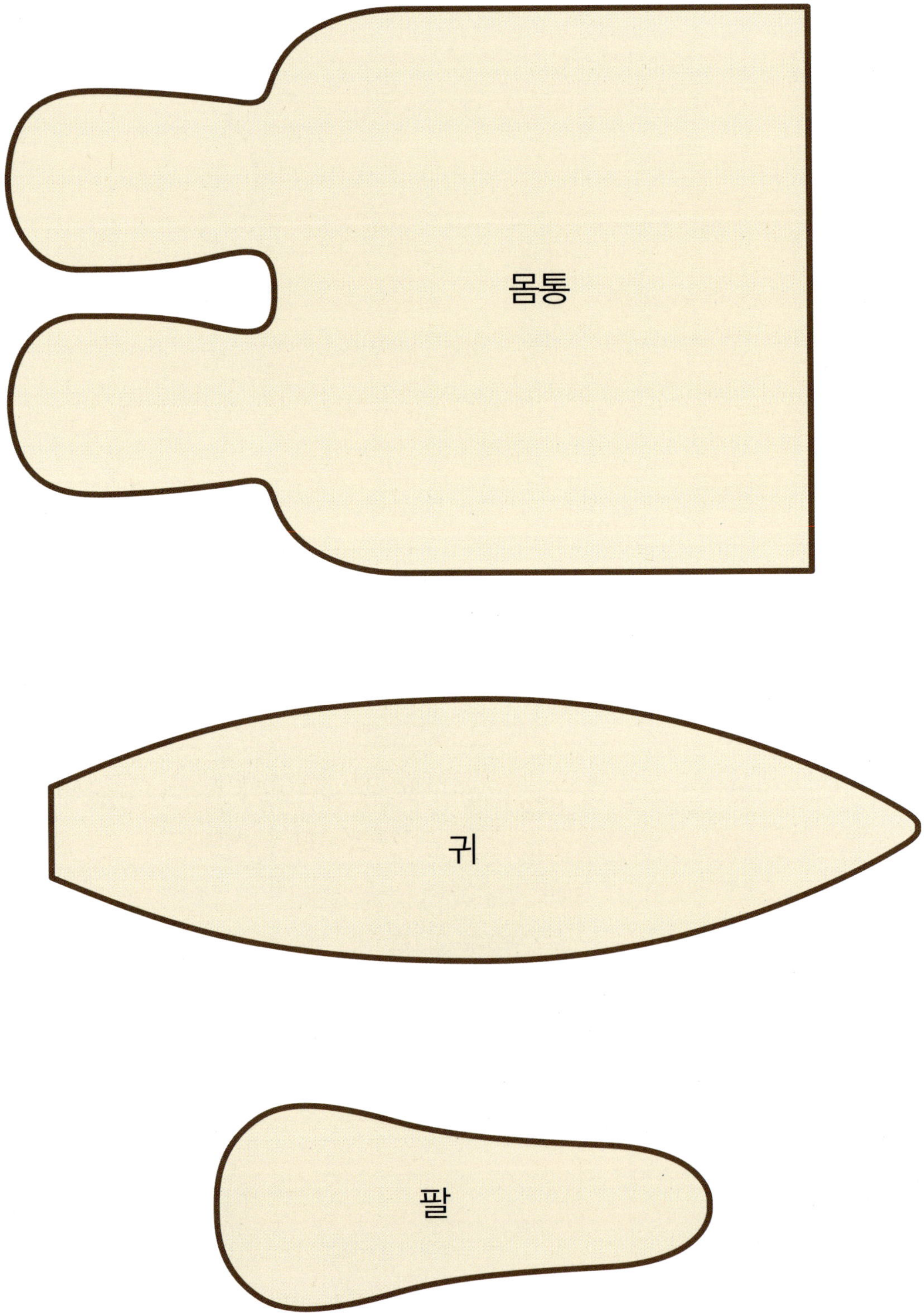

부록 13 수다쟁이 아기닭 토리(작품: 117쪽)

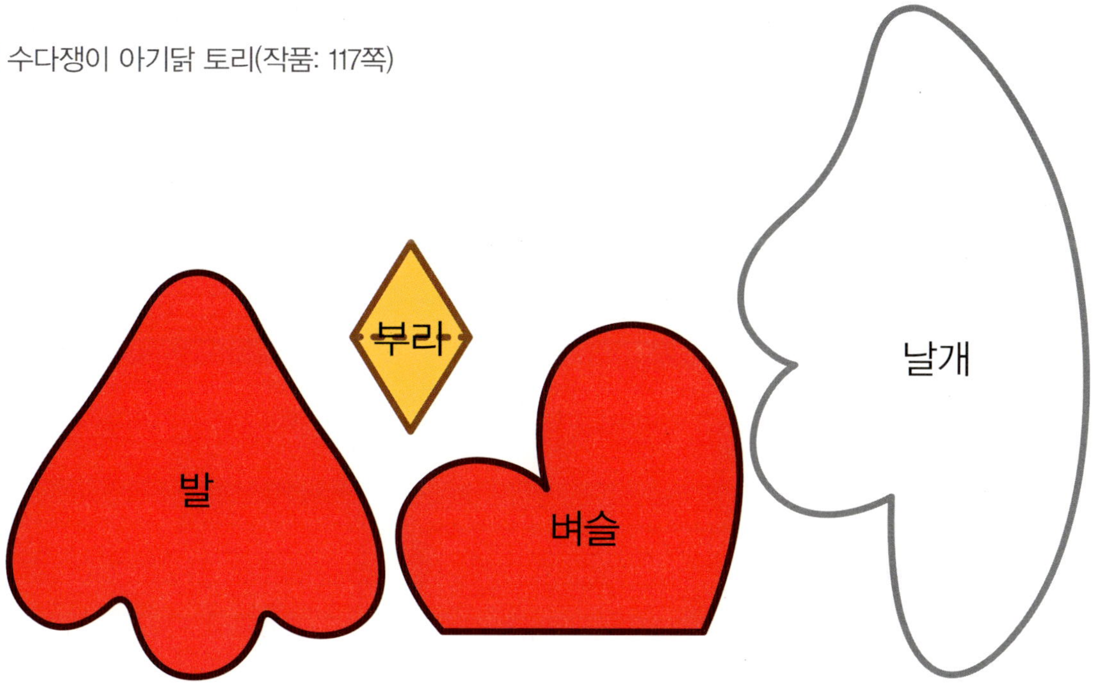

부록 14 학구파 까마귀 위즐(작품: 123쪽)

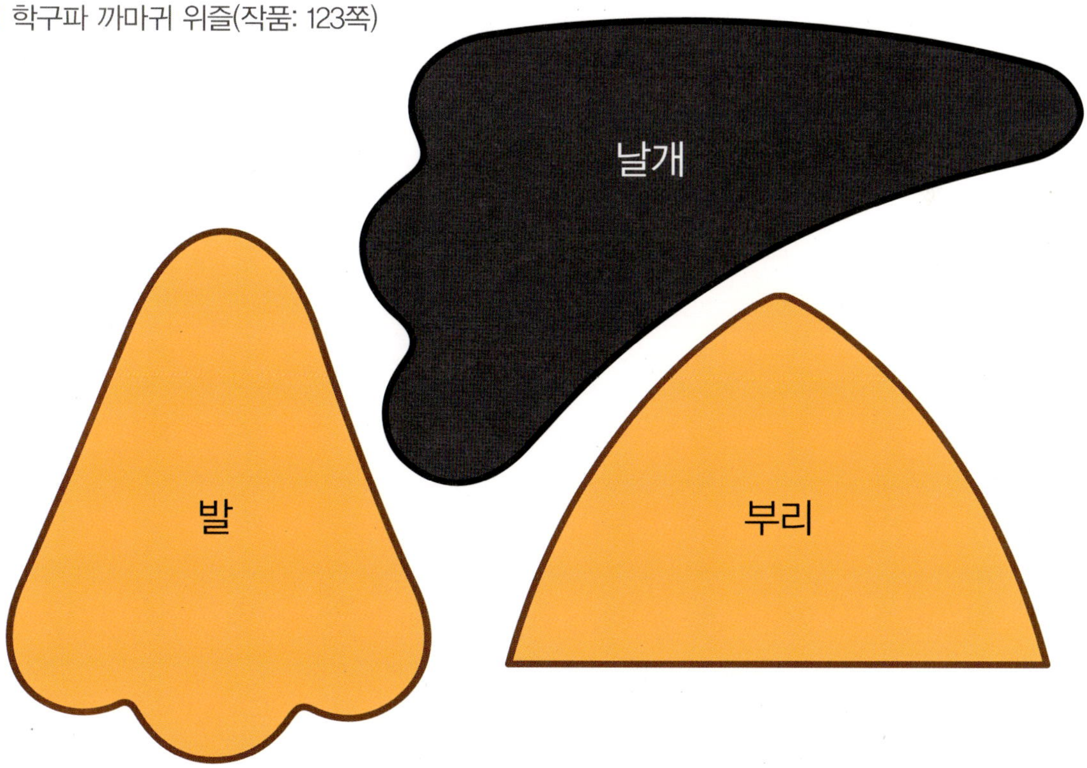

부록 15 토끼가 되고 싶은 아기 주노(작품: 129쪽)

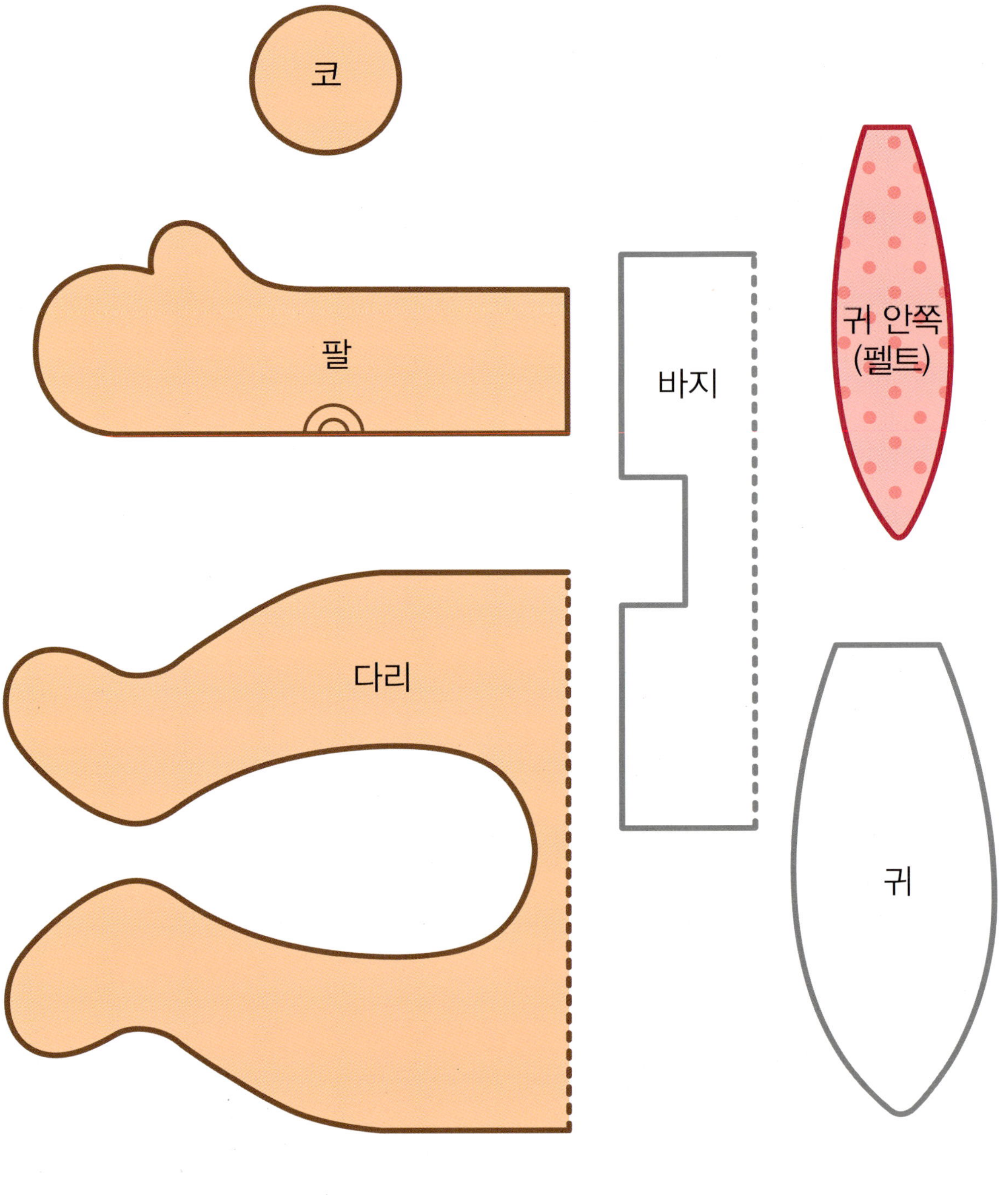

부록 16 미니미 과일 핀쿠션 쁘띠 애플과 탱글 오렌지(작품: 137쪽)

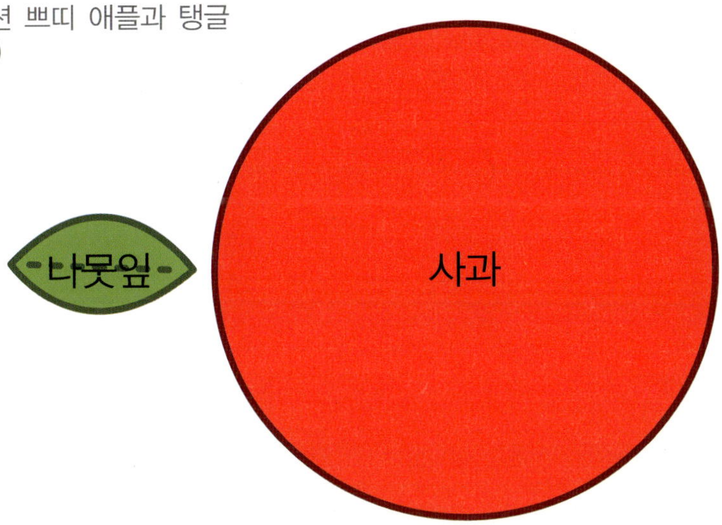

부록 17 할로윈 호박 핀쿠션과 미니 집게핀 (작품: 141쪽)

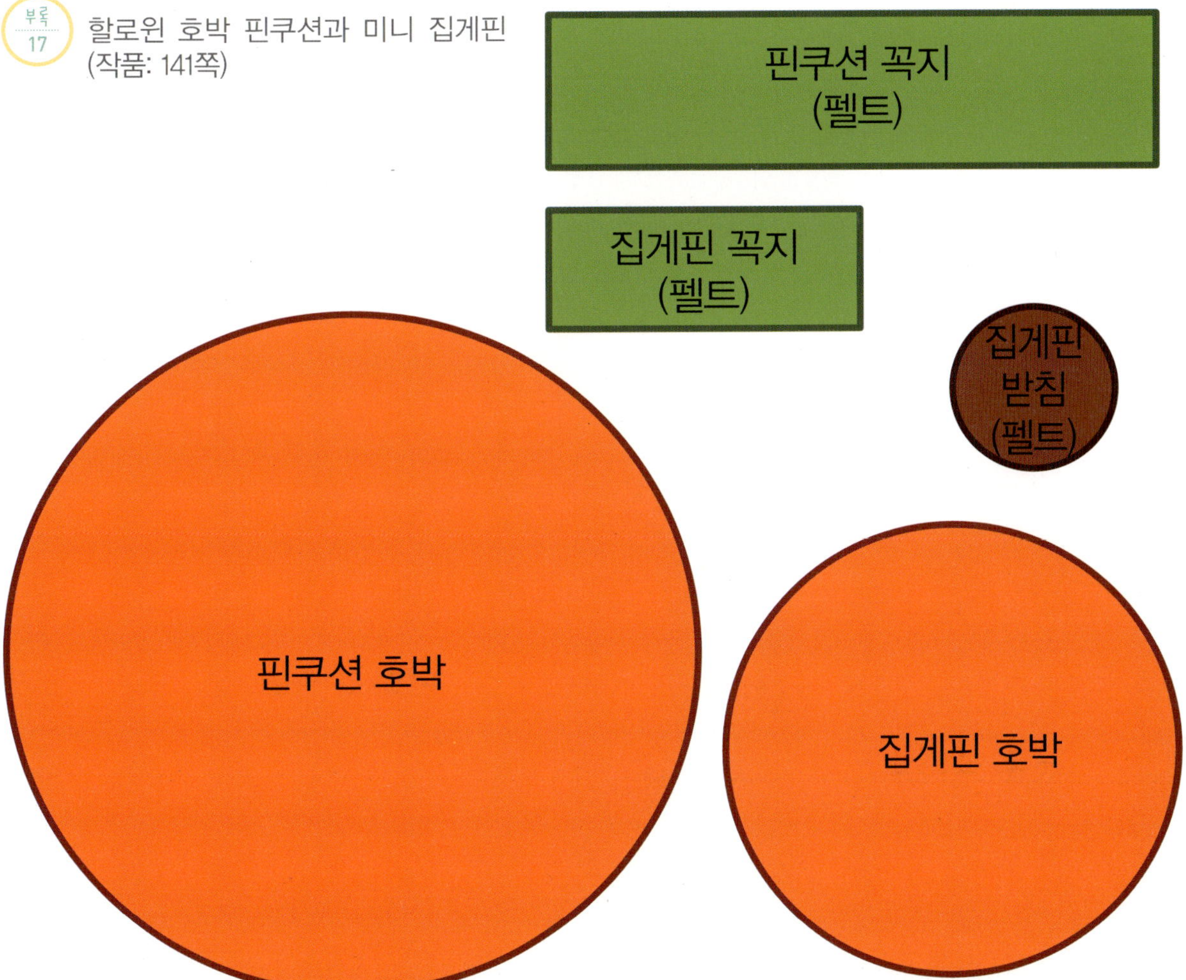

부록 18 할로윈 킹 스켈레톤 헤어핀(작품: 145쪽)

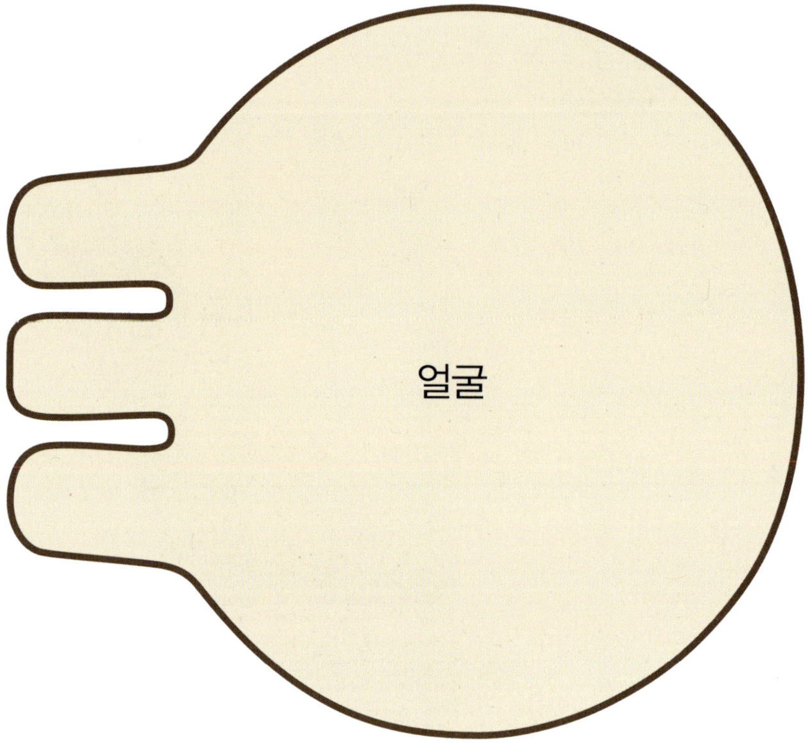

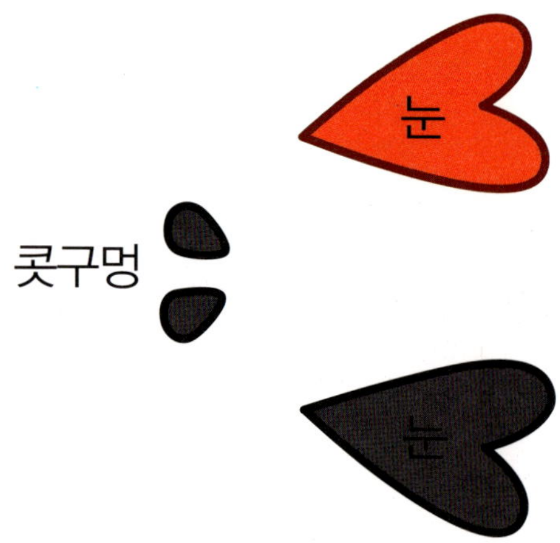

부록 19 할로윈 꼬마마녀 모자(작품: 149쪽)

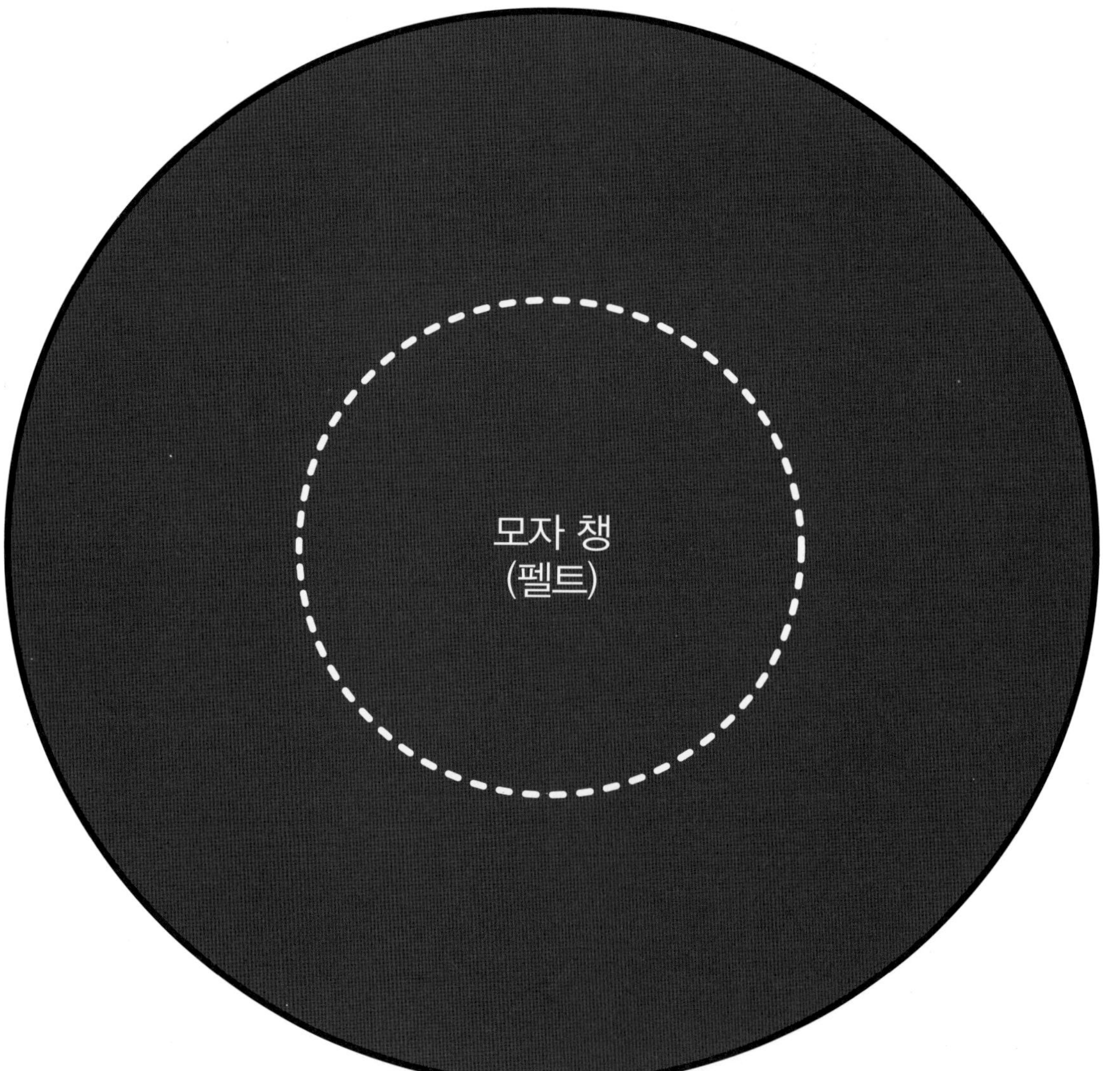
모자 챙
(펠트)

부록 20 줄무늬 캔디 리본핀(작품: 153쪽)

부록 21 블링블링 왕관 헤어밴드(작품: 157쪽)

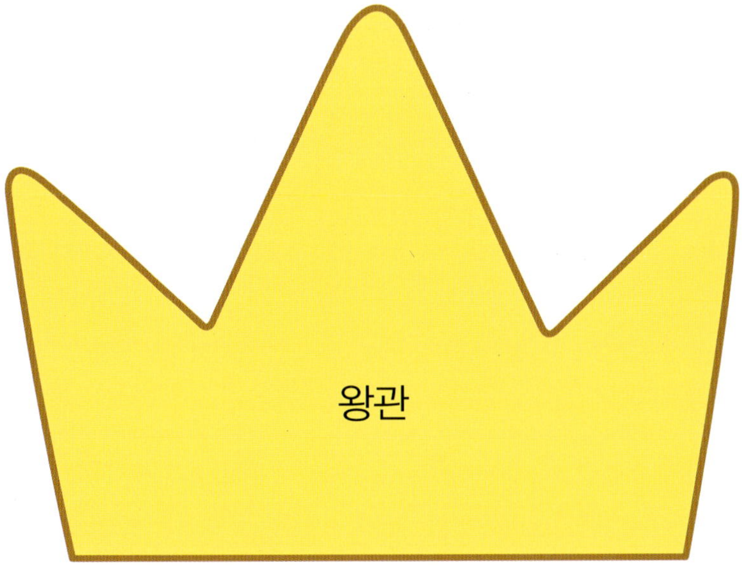

부록 22

동물 브로치 피기와 바니(작품: 161쪽)